O PROFESSOR DE PORTUGUÊS E A LITERATURA

Relações entre formação, hábitos de leitura e práticas de ensino

Gabriela Rodella de Oliveira

O PROFESSOR DE PORTUGUÊS E A LITERATURA

Relações entre formação, hábitos de leitura e práticas de ensino

alameda

Grafia atualizada segundo o Acordo Ortográfico da Língua Portuguesa de 1990, que entrou em vigor no Brasil em 2009.

Publishers: Joana Monteleone/Haroldo Ceravolo Sereza/Roberto Cosso
Edição: Joana Monteleone
Editor assistente: Vitor Rodrigo Donofrio Arruda
Projeto gráfico, capa e diagramação: Rogério Cantelli
Revisão: Marina Ruivo
Assistente de produção: Rogério Cantelli
Imagem da capa: charge de Moa Knorr Gutterres

Este livro foi publicado com o apoio da Fapesp

CIP-BRASIL. CATALOGAÇÃO-NA-FONTE
SINDICATO NACIONAL DOS EDITORES DE LIVROS, RJ

R593p

Oliveira, Gabriela Rodella de
O PROFESSOR DE PORTUGUÊS E A LITERATURA – RELAÇÕES ENTRE FORMAÇÃO, HÁBITOS DE LEITURA E PRÁTICAS DE ENSINO
Gabriela Rodella de Oliveira
São Paulo: Alameda, 2013.
300p.

Inclui bibliografia
ISBN 978-85-7939-176-7

1. Educação – Brasil. 2. Literatura brasileira – Estudo e ensino. 3 Leitura. I. Título

12-8455. CDD: 370
CDU: 37

040917

ALAMEDA CASA EDITORIAL
Rua Conselheiro Ramalho, 694 – Bela Vista
CEP 01325-000 – São Paulo, SP
Tel. (11) 3012-2400
www.alamedaeditorial.com.br

Para Marlene e Pedro,
que me ensinaram a olhar para o mundo.

Para Flávio,
meu coautor nesta vida.

é na hora de escrever que muitas vezes
fico consciente das coisas,
das quais, sendo inconsciente,
eu antes não sabia que sabia

Clarice Lispector

SUMÁRIO

LISTA DE ABREVIATURAS

ATP – Assistente técnico-pedagógico

CENP – Coordenadoria de Estudos e Normas Pedagógicas

DCNEM – Diretrizes Curriculares Nacionais para o Ensino Médio

DE – Diretoria de Ensino

EJA – Ensino de Jovens e Adultos

EMR – Ensino Médio em Rede

FEUSP – Faculdade de Educação da Universidade de São Paulo

FFLCH – Faculdade de Filosofia, Letras e Ciências Humanas

FNDE – Fundo Nacional de Desenvolvimento da Educação

HTPC – Hora de Trabalho Pedagógico Coletivo

LDB – Lei de Diretrizes e Bases

MEC – Ministério da Educação

MELP – Metodologia do Ensino de Língua Portuguesa

OCNEM – Orientações Curriculares Nacionais para o Ensino Médio

PAE – Programa de Aperfeiçoamento de Ensino

PCN – Parâmetros Curriculares Nacionais

PCN+ – Parâmetros em Ação

PCNEM – Parâmetros Curriculares Nacionais para o Ensino Médio

PNLD – Programa Nacional do Livro Didático

PNLEM – Programa Nacional do Livro para o Ensino Médio

PUC-SP – Pontifícia Universidade Católica de São Paulo

SEF – Secretaria do Ensino Fundamental

TRS – Trabalho na Rede do Saber

PREFÁCIO

A pesquisa de Gabriela Rodella de Oliveira penetra uma problemática que, na Educação, é de suprema relevância e tem sido objeto de muitas pesquisas, bem como se mostra igualmente importante para todos e em todas as esferas de atividades, não só no campo científico. Parece consensual hoje que o professor da escola básica não é um leitor experiente – reclama-se sobremaneira daquele da pública – e que, portanto, não é capaz de formar outros leitores. Este é inegavelmente o fator mais recorrente dentre aqueles considerados responsáveis pela má qualidade do ensino público.

Foram muitos os estudos realizados sobre a questão da leitura na escola nos últimos quarenta anos, tratados sob os mais diferentes prismas. Desses, a autora destaca quatro trabalhos acadêmicos, escritos a partir dos anos 1970, quando novos paradigmas começaram a ser discutidos: uma dissertação de mestrado, a de Maria Thereza Fraga Rocco – *Literatura e ensino: uma problemática*, defendida em 1975 –, e três teses de doutorado – a de Alice Vieira, *Análise de uma realidade escolar: o ensino de literatura no 2º grau, hoje*, defendida em 1988; a de Cyana Leahy-Dios, *Educação literária como metáfora social*, de 1995; e, por último, a de William Roberto Cereja, *Uma proposta dialógica de ensino de literatura no ensino médio*, de 2004.

Esses estudos, mesmo cobrindo um arco temporal considerável e lidando com aparatos teóricos, metodologias e instrumentos de pesquisa distintos, cada um a sua vez, contudo, chegam a conclusões semelhantes em relação à problemática de fundo, que é o ensino de literatura. E aqui permito-me citar sem aspas a síntese que faz Gabriela Rodella: de modo geral, responsabiliza-se a precária formação dos professores pelo fato de eles não se identificarem como produtores de conhecimento, como intelectuais capazes de definir e selecionar o que deve ser estudado por seus alunos; fica claro que, nas três últimas décadas, os professores continuam optando no ensino médio por um trabalho tradicional do ensino de história da literatura, de origem positivista, que privilegia o estudo dos dados sobre a biografia dos autores e o conhecimento de fatos da história literária e que se organiza a partir da leitura de textos curtos ou de fragmentos de obras dos autores selecionados dentro do cânone escolar; em função de uma formação teórica fragmentada, incapaz de embasar um trabalho consistente em sala de aula, os professores sentem dificuldade em manejar a análise do texto literário em si; apesar da sensível melhora do livro didático com a implantação dos programas de avaliação do governo federal, os professores tendem a escolher livros considerados mais tradicionais no trato com o conteúdo das disciplinas; as listas de livros e os programas dos exames vestibulares continuam influenciando o currículo escolar do ensino médio; as propostas oficiais que instigam mudanças nas práticas e concepções de ensino de literatura não têm surtido efeito na prática dos professores.

Ora, ao analisar as respostas de 87 professores ao questionário instituído na primeira etapa da pesquisa – "buscando construir um perfil médio de um professor de português da rede estadual da cidade de São Paulo hoje, com a intenção de investigar que tipo de sujeito leitor ele é e quais são as relações entre seus hábitos de leitura e sua prática docente", – Gabriela obtém algo semelhante ao que esses estudos anteriores haviam concluído. Ou seja, por mais de quatro décadas o problema persiste, persiste e resiste. As explicações tampouco variam muito, confluindo inevitavelmente para a precária formação dos professores, que, não por acaso, tem seu emblema na década de 70 do século passado, uma vez que, por um lado, transformações importantes ocorreram na escola brasileira, com a universalização do ensino e a necessidade urgente de arregimentar professores onde não havia, e, por outro lado, a movimentação de ideias novas sobre educação, cultura, literatura, nos países do mundo ocidental, exigia que se repensassem os conteúdos e as formas de ensiná-los.

Talvez agora, mais do que antes, a confluência desses dois fatores represente um entroncamento crucial para a escola, sobretudo no que tange ao ensino da literatura, que, em tempos de cultura digital, pede ares novos, ideias novas, modos de ler novos, textos novos, suportes novos... E é nesse nó que a pesquisa de Gabriela Rodella oferece ângulos de observação diferenciados, à medida que paulatinamente vai penetrando na intimidade do problema e dos professores. Pois a pretensão de originalidade não se encontra no ineditismo do objeto de estudo mas sim na maneira de tratá-lo, na identificação de um novo posto de observação e no rigor metodológico que ajuda a compreender e explicar.

A partir da constatação da persistência e resistência do problema, revelada na pesquisa quantitativa, a autora buscou refinar o olhar abordando mais detidamente a resposta de 16 professores – 12 que correspondiam ao perfil médio identificado na primeira etapa e quatro que se desviavam desse perfil –, de modo a investigar melhor quais os conceitos de literatura que mobilizam, como representam para si a prática de ensino de literatura e quais os principais problemas que eles enfrentam em suas salas de aula. Ainda que os dados da primeira etapa se mantenham, o aprofundamento das questões e a captação arguta das particularidades das respostas permitem conhecer um pouco da história familiar, hábitos culturais e literários, chegar enfim mais próximo dos sujeitos, aos quais vamos ter verdadeiramente acesso na fase seguinte e última do trabalho.

Embora a autora quisesse confrontar nessa etapa final os "desvios" do perfil médio, não foi exatamente o que ocorreu, por conta das próprias limitações da pesquisa (disposição e disponibilidade dos professores), o que ao fim e ao cabo veio a ser um bem para o trabalho. As quatro entrevistas individuais em profundidade foram distribuídas progressivamente, tendo em vista os "níveis de consciência relativa à própria formação, à história de leitura e às escolhas feitas em sala de aula". Ao apresentar desse modo a sequência escolhida – "num crescendo" em relação à consciência manifestada pelo professor na sua atividade –, a autora faz lembrar a visada lukacsiana quanto ao "máximo de consciência possível", que Lucien Goldmann retomou como elemento de uma práxis social capaz de lutar contra a reificação. Nesse sentido, ainda que tais autores não façam parte do arsenal teórico da autora, manifesta-se um anseio de luta política no cerne da pesquisa.

A primeira professora da sequência fugiu do enfrentamento das questões e se manteve como que irredutível ao engajamento na pessoalidade da entrevista, tendo a pesquisadora notado a dificuldade de um indivíduo que não habita de fato o lugar onde vive. Queria ser jornalista e só foi professora em razão das circunstâncias. Realidade ou fantasia? Justificativa para a insegurança assumida, para o sentimento de incompetência diante da constatação de ser uma não leitora obrigada a ensinar literatura para seus alunos? Sabemos que muitas vezes o imaginário reelabora o vivido no discurso e, talvez, ao buscar sentidos para a história de vida, dê a esta contornos antes inexistentes.

Quanto às outras três entrevistas, às vezes as histórias se parecem, como no caso do elemento familiar – mãe, tia, irmão – identificado como incentivador, como motivador do apego à leitura. São três histórias de vida de indivíduos provindos de meios culturais não intelectualizados – em condição socioeconômica "sem capital cultural objetivado e incorporado e uma formação escolar de baixa qualidade" – que foram se formando leitores nos encontros e eventos do percurso de vida. A literatura fortalece-os no trabalho em sala de aula, e os leva "a agir conscientemente no sentido de proporcionar aos estudantes as ferramentas necessárias ao desenvolvimento do hábito leitor e de uma boa relação com a literatura". Ora, Gabriela assistiu a apenas uma aula de cada professor, o que é muito pouco para estabelecer uma verificação, portanto o que a leva a afirmar a positividade da relação entre formação, hábitos de leitura e prática de ensino é a adesão aos discursos desses professores, que manifestam entusiasmo pela profissão, prazer em ensinar, autoconsciência, respeito pelo aluno – "compreendem o ponto de vista de seus alunos, o que lhes abre a possibilidade de desenvolver com eles uma relação de aliança e um trabalho que leve em conta suas reais competências". Além disso, ainda que explicações lógicas e sociológicas tenham sido bem articuladas e se mostrado esclarecedoras, a riqueza maior do trabalho se encontra na habilidade em selecionar, comentar, analisar, interpretar, enfim *construir* as relações entre formação, hábito de leitura e prática de ensino na história peculiar desses sujeitos.

Apoiando-se em Pierre Bourdieu, que lhe permitiu generalizar as informações colhidas para identificar e analisar os perfis dos grupos, e em Bernard Lahire, que propiciou caminhos para entender a particularidade de cada sujeito, o percurso analítico e interpretativo da pesquisadora foi portanto sendo batido palmo a palmo numa linguagem elegante, clara e interessada, com argúcia e sensibilidade. Gabriela Rodella se põe a si própria constantemente em questão, buscando explicitar preferências e resistências de sua parte ao longo das entrevistas, desse modo também esclarecendo sua posição em relação ao trabalho do professor com o ensino de literatura. Sobretudo, manteve sempre presente os alertas dos autores nos quais se apoia, de ter claro que a relação do pesquisador e do entrevistado é sempre uma relação de poder e requer autoconsciência máxima por parte do primeiro.

Neide Luzia de Rezende

introdução

UM PERCURSO DE PESQUISA

[...] a literatura é o sonho
acordado das civilizações.
Portanto, assim como não é possível haver
equilíbrio psíquico sem o sonho durante o
sono, talvez não haja equilíbrio social sem a
literatura. Deste modo, ela é fator indispensável de
humanização e, sendo assim, confirma o homem na
sua humanidade [...]

Antonio Candido

PONTO DE PARTIDA

Em 2001, fiz um estágio na Escola de Aplicação da USP, cumprindo créditos da disciplina de Metodologia do Ensino de Língua Portuguesa (MELP) da Faculdade de Educação da Universidade de São Paulo (FEUSP), no qual ministrei uma oficina de leitura e escrita para alunos do ensino médio. Na época, os adolescentes, de maneira geral bastante interessados, estavam entusiasmados e excitados com o lançamento do então quarto livro da série *Harry Potter*. Um dia, um dos garotos, participativo, inteligente e bem-humorado, me interpelou: precisava escolher um livro para ler em seu curso regular do 1º ano e gostaria que eu lhe indicasse o autor "menos chato" – Machado de Assis ou José de Alencar? A "chatice" identificada aos livros de leitura obrigatória e sancionada pela escola, no entanto, não parecia estar presente no trabalho de leitura que desenvolvíamos na oficina, de caráter optativo, nem na leitura pessoal que os adolescentes realizavam por conta própria. Por que esses dois autores seriam de antemão identificados à chatice, ao tédio e à obrigação da leitura escolar? Por que o garoto não se dirigiu ao seu professor de literatura? Como, por que e para quê é ensinada a literatura em nossas escolas?

≈

Em mesa-redonda sobre o ensino da escrita literária, escritores brasileiros[1] foram unânimes em relatar a importância que determinados

1 Informações fornecidas por Alcides Villaça, Chico Lopes, David Oscar Vaz e Luis Ruffato em mesa-redonda que tratou do tema "Escrita Literária:

professores tiveram em seus respectivos encantamentos com o texto literário. A leitura que uma professora de filosofia fez de um poema de Drummond levou Alcides Villaça a "compreender" a voz do poeta; um curso sobre literatura latino-americana fez com que David Oscar Vaz abandonasse a faculdade de Química e se tornasse escritor; por sua vez, aulas gravadas de Villaça proporcionaram a Luiz Ruffato a possibilidade de dar palestras sobre Machado de Assis. A "porta" para a literatura, aberta dentro da instituição escolar (tenha sido ela de ensino fundamental, médio ou universitário), foi essencial para a relação que esses escritores desenvolveram com as letras. O estabelecimento de um vínculo de identidade entre professor e aluno, necessário à formação da sensibilidade e da transmissão viva do conhecimento, parece ser capaz de operar "milagres inesperados" (Antonio Candido, 1981) e de transformar uma obrigação de leitura em novas perspectivas de vida.

Em coluna publicada no jornal *Folha de S. Paulo,* o psicanalista Contardo Calligaris, falando a respeito de sua experiência com alfabetização de adultos na Itália no começo da década de 1970, conta que fez parte de um grupo de acadêmicos que organizou um curso noturno para imigrantes que procuravam completar o ensino fundamental. O objetivo dos alunos era o diploma, condição para se candidatarem a um emprego público na Itália, mas

> [...] o que todos queriam, o que os motivava, depois de um trabalho brutal, a passar as noites numa sala de aula era outra coisa.
>
> Foi a pedido deles que inventei um jeito de resumir muitos daqueles livros sem os quais o mundo fica mais triste e pobre. Resumi a *Divina Comédia, Dom Quixote, Crime e Castigo* e *Moby Dick.* Resumi *Édipo Rei* e a *Fedra* de Racine. Resumi *O Jovem Törless* e

---

Ensina-se? Como? Conversa com escritores contemporâneos", realizada dentro do IV Seminário de Metodologia do Ensino de Língua Portuguesa da FEUSP – *Oralidade, Leitura e Escrita: confrontos e perspectivas,* em novembro de 2005.

> *O Coração das Trevas*. Para cada livro, eu contava a história, mostrava como ela nos tocava de perto e trazia um parágrafo ou dois de um momento crucial, para a gente ler e comentar. Às vezes, mudava as palavras ou endireitava a sintaxe, simplificava o texto.
>
> Mais pelo fim do curso, a gente ia ao cinema aos sábados. Depois do filme, durante noitadas das quais ainda sinto saudade, no café Landolt, era um festival de nexos e interpretações: "Ele fez que nem o capitão Ahab", "Ela era uma Fedra mesmo", "O outro se tomava pelo Grande Inquisidor" e por aí vai. As conversas se confundiam com o papo dos estudantes de letras nas mesas ao lado da nossa. Emocionava-me a familiaridade com a qual tratavam a tradição literária, mas o fato mais comovedor, para mim e para eles, era que sua experiência e sua fruição do mundo eram, de repente, mais ricas, mais complexas, mais humanas. (Calligaris, 2005).

Milagres inesperados na descrição de uma experiência de educação política realizada com trabalhadores imigrantes em plena época da Itália fascista, reafirmados por exemplos trazidos pelo crítico Antonio Candido (1995, p. 189), quando discorre sobre o escritor francês Jean Guéhenno, que, em 1934, numa experiência de leitura com gente modesta, deu-lhes a ler livros de Balzac, Stendhal e Flaubert, que os fascinaram; ou ainda quando fala sobre o interesse de operários portugueses pelos cursos nos quais o escritor e pensador Agostinho da Silva, na década de 1940, comentava textos de filósofos como Platão.

Tais experiências de educação política, que exigem sujeitos sociais políticos, certamente estão longe daquelas que tomam corpo no espaço institucional da escola atual no Brasil, dentro de um processo que se pretende democratizante, mas que, como se sabe, tropeça em si mesmo a todo momento. Nada nos impede, no entanto, de tomarmos essas experiências como baliza para o que se quer alcançar por meio da educação.

Antonio Candido, em conhecido texto intitulado "O direito à literatura" (1995),[2] pondera se o acesso à literatura constitui ou não um direito humano. Afirmando que todos têm direito não só à sobrevivência – direito a comida, a casa e a trabalho –, mas também à fruição mesma da vida, o crítico defende que o acesso a essa arte, entendida como uma necessidade profunda do ser humano, não pode deixar de ser assegurado. Isso porque a fabulação e a ficção seriam necessárias ao equilíbrio dos sujeitos. Analisando a função da literatura e distinguindo nela três faces – (1) "construção de objetos autônomos como estrutura e significado"; (2) "forma de expressão, manifestação de emoções e da visão do mundo dos indivíduos e dos grupos"; (3) "forma de conhecimento, inclusive como incorporação difusa e inconsciente" –, Candido afirma que a literatura, como "modelo de superação do caos", é necessária à organização interna do sujeito e à estabilidade social. Segundo o crítico, é por isso que:

> [...] nas nossas sociedades a literatura tem sido um instrumento poderoso de instrução e educação, entrando em currículos, sendo proposta a cada um como equipamento intelectual e afetivo. Os valores que a sociedade preconiza, ou os que considera prejudiciais, estão presentes nas diversas manifestações da ficção, da poesia e da ação dramática. A literatura confirma e nega, propõe e denuncia, apóia e combate, fornecendo a possibilidade de vivermos dialeticamente os problemas. Por isso é indispensável tanto a literatura sancionada quanto a literatura proscrita; a que os poderes sugerem e a que nasce dos movimentos de negação do estado de coisas predominante. (Candido, 1995, p. 243).

Sintetizadas no excerto, reflexões importantes identificam a literatura a um *equipamento intelectual e afetivo*, consideram-na portadora

2 O texto foi escrito para palestra no curso organizado em 1988 pela Comissão de Justiça e Paz da Arquidiocese de São Paulo sobre Direitos Humanos.

dos múltiplos valores da sociedade, relacionam a ela a possibilidade de aprender a viver *dialeticamente* os problemas e sinalizam para a existência de literaturas tanto *sancionadas* como *proscritas*.

Entender a literatura como um instrumento de maturação intelectual e afetiva, como um objeto representante e estruturante dos valores sociais, como um modo de pensar que inclui, além do eu, o outro na busca de uma unidade sintética, e como uma construção que traz em si o bem e o mal, que é validada pelo poder, mas que também pode surgir fora dele, em oposição a ele, justifica seu estatuto de necessidade vital na organização tanto do sujeito como da estabilidade social.

Também Umberto Eco, em seu texto "A Poética e nós" (2003), como Candido, identifica nessa necessidade de fabulação uma "função biológica" do homem. Para Eco, ler um conto é poder perceber que as coisas aconteceram de uma determinada maneira, para sempre, além dos nossos desejos de leitor. Essa descoberta, "educação ao Fado e à morte", é para ele uma das principais funções da literatura, o encontro do homem com seus limites.

Discorrendo sobre a importância da literatura, Roland Barthes, em sua aula inaugural da cadeira de semiologia literária do Colégio de França, pronunciada em 1977, chama a atenção para o fato de que

> Na língua, [...] servidão e poder se confundem inelutavelmente. Se chamamos liberdade não só a potência de subtrair-se ao poder, mas também e sobretudo a de não submeter ninguém, não pode então haver liberdade senão fora da linguagem. Infelizmente, a linguagem humana é sem exterior: é um lugar fechado. [...] Mas a nós, que não somos nem cavaleiros da fé nem super-homens, só nos resta, por assim dizer, trapacear com a língua, trapacear a língua. Essa trapaça salutar, essa esquiva, esse logro magnífico que permite ouvir a língua fora do poder, no esplendor de uma revolução permanente da linguagem, eu a chamo, quanto a mim: literatura. (Barthes, 1997, p. 15-16).

A literatura, essa trapaça da linguagem, subversão do poder instituído da língua, nos ensina sobre a liberdade, o diálogo, o outro, o caos e a possibilidade de ordenação, enfim, nos ensina sobre o que é ser humano. É nesse sentido que podemos entender a literatura como um "equipamento intelectual e afetivo", de que nos fala Candido em seu texto.

Em minha relação pessoal com a literatura, bisavó, tias-avós e avós tiveram papéis fundamentais. Minha avó materna, filha de um caboclo com descendente de portugueses, me ninava contando histórias das quais eu sempre pedia repeteco e de cujas melodias me lembro até hoje. Minha bisavó, mãe de meu avô paterno, e minhas tias-avós me presenteavam com livros que vinham de diversas partes do globo, escritos em línguas estranhas, que contavam histórias diferentes, as quais eu tentava decifrar. Mas é à minha avó paterna que devo o gosto pela leitura. Filha de advogado exportador de café, falecido após o *crash* da bolsa de 1929, ela foi educada por sua mãe, que transformou o casarão da família em pensão para moças "de fino trato" que vinham estudar na capital paulistana. Quando cursava o ginásio, perdeu um ano na escola porque "gastou" seu tempo de estudo lendo poesias e romances, o que costumava lamentar quando me narrava sua história. Foi dela que ganhei os primeiros livros de literatura adulta, como *Memórias de Adriano*, de Marguerite Yourcenar, e de quem herdei alguns exemplares de Steinbeck, Tchekov e Dostoiévski, que me emprestou pouco antes de falecer. Certamente a relação que estabeleci com a literatura em minha vida e o fato de sempre ter me saído bem nas disciplinas de língua portuguesa e de história durante os anos escolares – o que de alguma maneira me levou a cursar a faculdade de Letras na USP – estão relacionados ao que creio poder identificar como transmissão doméstica de um capital cultural, acumulado sem ostentação e até com certa displicência na casa de meus avós paternos, na forma de uma biblioteca pequena, mas seleta, que contava não somente com obras de literatura, mas também com os livros de artes plásticas de meu avô.

Em minha experiência pessoal de aprendizado de literatura na escola, pude, de fato, experimentar uma estranha sensação de liberdade quando, aos 15 anos, em uma leitura de "Tabacaria", de Fernando Pessoa, percebi repentinamente que as palavras podiam ter mais de um significado ao *mesmo* tempo. Essa percepção gerou simultaneamente certo torpor e uma euforia surda, que me acompanham até hoje quando deparo textos literários que, por razões diversas, prendem a minha atenção: experiência consciente do poder organizador e plurissignificante da literatura.

Mais tarde, já como professora durante a oficina de escrita anteriormente citada, entrei em contato com a tensão surgida entre os alunos quando propus a leitura de um conto de Rubem Fonseca (da década de 1970), carregado de palavrões e da violência de nossa sociedade atual. O desvelamento poderoso desta faceta social *dentro do ambiente escolar* causou desconforto, risos e inquietação. O reprimido, o recalcado, o proscrito estavam presentes sob a forma literária esteticamente organizada, possibilitando o contato com uma realidade de fora da escola, sobre a qual, dentro dela, se costuma calar.

Experiências que são para mim exemplos da "força indiscriminada e poderosa da própria realidade" (Candido, 1995) advindas da literatura, formativas de identidades leitoras.

Para que possa existir um ensino de literatura que leve em consideração o aluno como sujeito leitor e não se restrinja a práticas de leitura escolar obrigatórias são necessários professores que sejam leitores literários. Esses docentes, sujeitos de suas leituras, podem ser capazes de, ao desconhecer o efeito da obra literária sobre seus alunos, construir com eles um novo saber. Mas isso dependerá da formação desses professores, de seus hábitos de leitura – das oportunidades de leitura que tiveram e têm ao longo de suas vidas – e de suas relações com o objeto de seu trabalho – do prazer e da obrigação que sentem em relação ao texto literário. No entanto, docentes capazes de produzir um conhecimento conjunto com seus interlocutores parecem não corresponder ao perfil do professor que se encontra na escola pública hoje, cuja função está mais próxima do controle de uma aprendizagem roteirizada pelos livros didáticos do que da produção efetiva de um saber (Geraldi, 2002, p. 86-87). Docentes que não se tornaram leitores literários muito provavelmente não conseguirão imprimir uma voz própria aos textos que trabalharão em sala de aula. Talvez em função disso a tendência generalizada entre os professores de português ainda seja a de buscar um ensino de literatura encaixado em períodos históricos literários, com determinadas características de época que devem ser observadas, o que minimiza o poder da obra literária, homogeneizando as diferentes construções autônomas, trazendo a tranquilidade e o tédio da abordagem já consolidada.

Portanto, se partirmos do pressuposto teórico de que o acesso à literatura é um *direito* de todo cidadão e da observação prática de que alunos adolescentes, jovens e adultos são capazes de fruir o texto e a tradição literária quando a eles é possibilitado um acesso "não chato", uma das questões principais do ensino de literatura ainda parece estar identificada à figura do professor, com o qual o garoto de minha oficina não conseguia nem conversar. Será que os professores de português tiveram *direito* à literatura?

A CONSTRUÇÃO DO OBJETO

A pesquisa que aqui se propõe tem como *objeto* de estudo as relações entre formação, hábitos de leitura e prática do ensino de literatura dos professores de português do ensino médio da rede estadual da cidade de São Paulo. O objeto, assim exposto, claro e definido, não foi produzido por um "ato teórico inaugural" (Bourdieu, 2005b) de pesquisa. Pelo contrário, foi desenhado pouco a pouco, por meio de reflexões, de correções de curso dos trabalhos, de constantes discussões e a partir do próprio cruzamento dos métodos escolhidos para a coleta dos dados com os estudos teóricos que foram sendo realizados ao longo de todo o percurso, o que levou à problematização das questões, à análise dos dados e à sua construção.

Partindo do pressuposto de que muitas são as influências possíveis na formação de um leitor, de que os hábitos de leitura de pais e parentes, de pessoas do círculo social e os propagados pela escola ajudam a formar a identidade de um determinado leitor, concordamos com Smolka (1989, p. 34) quando afirma que "como se lê, para quê se lê, o que se pode e não se pode ler, quem lê, quem sabe, quem pode aprender, são procedimentos implícitos, não ensinados, mas internalizados no jogo das relações interpessoais".

No caso dos professores de português, cuja tarefa principal deveria ser a formação de leitores literários – e pelo que são considerados responsáveis e julgados bem-sucedidos ou fracassados –, pareceu-nos de extrema importância verificar quais são os procedimentos internalizados formadores de seus próprios hábitos leitores, visto que eles influenciam, consciente ou inconscientemente, sua prática de ensino e a formação de seus alunos. Por isso, nos interessou averiguar que tipo de leitores os professores de português são, quais as suas concepções acerca da literatura e de suas funções e quais as suas concepções acerca de *como* se deve ler e do *quê* se deve ler na escola – questões que certamente determinam não só a relação que esses professores têm com a disciplina que ministram, mas com a maneira como o ensino de literatura se estrutura na prática.

A opção por trabalhar com os professores atuantes no ensino público deu-se em razão não somente de sua responsabilidade para com um maior número de estudantes, como também pelo fato de esse ensino ser reconhecido como precário pelas várias instâncias da sociedade, entre elas a acadêmica e a governamental. Além disso, levou-se em consideração o fato de a presente pesquisa ter sido desenvolvida no âmbito de uma universidade pública. Já a escolha por investigar o nível médio de ensino deu-se em função de a literatura se constituir oficialmente como uma disciplina de estudo apenas nessa etapa do ensino básico.

A princípio, partimos de hipóteses que, ao longo do trabalho, percebemos terem sido *premissas* de nossa pesquisa. O levantamento feito a partir do estudo de investigações já realizadas sobre o assunto nos levou a considerar que: a relação dos professores de português com a literatura é tensa; sua formação, na maioria das vezes, é deficitária; eles não têm tempo para leituras não escolares; a leitura pelo prazer estético não está presente em seu cotidiano; eles se sentem pressionados a cumprir programas escolares para a preparação de alunos para os exames vestibulares; eles se sentem à vontade praticando métodos tradicionais de transmissão de conteúdos; eles são resistentes a mudanças. A partir dessas considerações, fomos a campo para verificar se tal quadro se mantinha e, se porventura mudanças houvesse, para investigar quais seriam e por que tomariam corpo.

Para tanto, desenvolvemos o trabalho em duas fases, combinando uma *pesquisa quantitativa,* de caráter exploratório, efetuada por intermédio de questionários aplicados a 87 professores de português do ensino médio da rede estadual da cidade de São Paulo, com uma *pesquisa qualitativa* realizada mediante entrevistas gravadas com quatro professores da mesma rede. Na primeira fase da pesquisa, buscamos traçar um perfil médio do professor de português, relativo a sua formação escolar, seus hábitos de leitura, sua prática de ensino de literatura e os principais problemas enfrentados em sala de aula. Já na segunda fase, houve a oportunidade de aprofundar as questões surgidas a partir da análise do conjunto de dados quantitativos por meio de entrevistas, o que abriu a possibilidade de reflexão sobre as relações existentes entre as condições de formação desses sujeitos, o desenvolvimento de disposições que levam a diferentes hábitos de leitura e as consequentes práticas de ensino de literatura.

Dessa maneira, buscamos contemplar os *objetivos* dessa pesquisa. No tocante à leitura, procuramos investigar a formação à qual os quatro professores entrevistados tiveram acesso e descrever seus hábitos de leitura. Com relação ao ensino de literatura, nos lançamos ao rastreamento das práticas docentes desses professores e ao objetivo de descobrir quais são e como são feitas as escolhas literárias que levam para a sala de aula. Tais relações sempre consideraram o perfil médio traçado a partir dos dados quantitativos.

Do *ponto de vista teórico*, para as reflexões sobre as concepções de ensino de literatura no Brasil foram considerados os trabalhos de Antonio Candido, Alfredo Bosi, Marisa Lajolo, Regina Zilberman, Maria Thereza Fraga Rocco, Alice Vieira, Cyana Leahy-Dios e William Roberto Cereja, entre outros. Também foram analisados os Parâmetros Curriculares Nacionais para o Ensino Médio (PCNEM), os Parâmetros em Ação (PCN+), o Programa Nacional do Livro Didático (PNLD) e as novas Orientações Curriculares Nacionais para o Ensino Médio (OCNEM), na direção de buscar compreender o que as instâncias governamentais determinam oficialmente para o currículo da disciplina de literatura.

Questões teóricas a respeito da leitura e dos conceitos de leitor literário, leitor erudito ou ainda leitor crítico foram trabalhadas a partir da perspectiva da História da Leitura, levando-se em consideração os estudos e reflexões de Roger Chartier, Robert Darnton e Michel De Certeau. Para as questões que versam especificamente sobre a leitura literária e o prazer estético foram considerados os conceitos da teoria da Estética da Recepção, partindo-se dos estudos de Hans Robert Jauss. Dentre as pesquisas que tomam como objeto o sujeito leitor foram analisados os recentes trabalhos desenvolvidos por pesquisadores franceses como Annie Rouxel, Christian Baudelot e Marie Cartier.

A princípio, havíamos cogitado usar como instrumento analítico dos discursos coletados por meio dos questionários e das entrevistas a análise do discurso de linha francesa, baseada nos estudos de Dominique Maingueneau e Oswald Ducrot. No entanto, à medida que coletamos os dados e passamos a analisá-los em conjunto, percebemos que a escolha pela análise de um suposto discurso dos professores, que pensávamos encontrar, ou de múltiplos discursos por eles proferidos não nos ajudariam a iluminar o objeto e as questões aqui propostas.

Nesse sentido, a base analítica dos dados quantitativos e qualitativos coletados nas duas fases da pesquisa, o arcabouço conceitual usado para enxergar, analisar e categorizar a realidade estudada, veio da leitura da teoria desenvolvida por Pierre Bourdieu. Foi a partir do estudo de seus textos que procuramos apreender uma "prática" de pesquisa, refletindo sobre os métodos que seriam utilizados, a estrutura de apresentação das análises, a construção do objeto e o nosso ponto de vista. Foi em função dessas leituras que procuramos apresentar a realidade e o lugar de onde falam os professores aqui pesquisados, buscando "substituir as imagens simplistas e unilaterais [...], por uma representação complexa e múltipla, fundada na expressão das mesmas realidades em discursos diferentes, às vezes inconciliáveis" (Bourdieu, 2003a, p. 11). Além de Bourdieu, o estudo de Bernard Lahire sobre o sucesso escolar nos meios populares também foi fundamental para que pudéssemos buscar as "razões do improvável", investigando as relações entre formação, hábitos de leitura e práticas diferenciadas de ensino de literatura em sujeitos que viveram em contextos com indicadores sociais desfavoráveis.

≈

A pesquisa que apresentamos, estruturada em três capítulos e uma conclusão, é resultado, portanto, desse trabalho artesanal de construção de um objeto, desenvolvido em três anos de aprendizagem.

No capítulo 1, *Literatura e ensino*, procuramos resgatar a origem do ensino de história da literatura nas escolas brasileiras; fizemos uma revisão bibliográfica de quatro pesquisas de campo acadêmicas com professores de literatura das últimas décadas; discutimos as propostas oficiais do governo para o ensino da disciplina literária; e examinamos os conceitos de leitura literária e de sujeito leitor.

Já no capítulo 2, *Os questionários*, traçamos um perfil médio do professor de português da rede estadual paulistana. Para tanto, tratamos das questões metodológicas pertinentes à aplicação de questionários; descrevemos o processo da coleta dos dados quantitativos; analisamos as respostas fechadas dos 87 docentes que participaram dessa fase da pesquisa; analisamos as respostas abertas de 16 professores selecionados dentre o *corpus*; e apontamos diferenças entre os percursos de quatro docentes dentre os 16 anteriormente citados.

Ao capítulo 3, *As entrevistas*, coube a análise dos dados qualitativos coletados na segunda fase da pesquisa, onde também foram discutidas as questões metodológicas relativas à coleta de dados por intermédio desse instrumento, a entrevista; descrevemos o processo de coleta desses dados; apontamos as bases teóricas que fundamentaram nossa análise; apresentamos os casos estudados e desenhamos algumas conclusões.

Por fim, na *Conclusão,* procuramos refletir sobre a validade dos procedimentos adotados; verificar se as questões levantadas foram respondidas; contrapor os dados analisados a partir da pesquisa quantitativa aos da pesquisa qualitativa; e apontar algumas questões inesperadas as quais deparamos ao longo do trabalho.

capítulo 1

LITERATURA E ENSINO

Estamos circundados de poderes imateriais
que não se limitam àqueles que chamamos valores
espirituais, como uma doutrina religiosa. [...]
E entre esses poderes, arrolarei também aquele
da tradição literária, ou seja, do complexo de
textos que a humanidade produziu e produz não
para fins práticos (como manter registros, anotar
leis e fórmulas científicas, fazer atas de sessões
ou providenciar horários ferroviários), mas antes
gratia sui, por amor de si mesma – e que se lêem por
deleite, elevação espiritual, ampliação dos próprios
conhecimentos, talvez por puro passatempo, sem
que ninguém nos obrigue a fazê-lo (com exceção das
obrigações escolares)

Umberto Eco

ENSINO DE LITERATURA E HISTÓRIA DA LITERATURA

Pensar sobre o lugar que a literatura ocupa na escola brasileira hoje significa refletir sobre sua posição dentro do currículo escolar. Para tal, o que propomos a seguir é o desenho de um breve panorama sobre a constituição da disciplina de literatura nas escolas brasileiras, a partir de resenhas de leituras efetuadas sobre o tema. Nosso objetivo é buscar compreender, do ponto de vista histórico, como a literatura passou a fazer parte do currículo escolar brasileiro, para que, posteriormente, possamos verificar e analisar o que acontece com ela na escola na atualidade.

≈

O ensino secundário brasileiro começou quando as escolas religiosas aqui instaladas, principalmente as jesuítas, passaram a se encarregar da educação da população branca formada por portugueses ou seus descendentes no sentido de prepará-los para o curso universitário português, caso quisessem frequentá-lo. Nesse modelo de educação colonial, a literatura era estudada ao lado da retórica, da gramática e do latim, e o domínio das letras clássicas era sinal de distinção, além de ser determinante de uma visão de mundo. Esse ensino era fundamentado por uma "concepção humanista"[1] e implicava uma visão da

---

1 Bourdieu, em análise de 1968 sobre o sistema de ensino francês, fala de uma "cultura 'desinteressada' da tradição humanista", afirmando que, "no seio de uma cultura clássica, todos os homens possuem em comum um mesmo tesouro de admiração, de modelos, de regras e, sobretudo de exemplos, metáforas, imagens,

literatura como "posse de um conhecimento erudito e de um patrimônio" (Zilberman, 1988a) e como um "conjunto de modelos estéticos" (Frederico e Osakabe, 2004) que reproduzia os valores de classes sociais privilegiadas, sendo criado e consumido por essas mesmas classes. Tal modelo de base renascentista perdurou por muito tempo na sociedade brasileira.

A segunda metade do século XIX trouxe, no entanto, algumas mudanças significativas para o ensino da disciplina. O conceito de literatura como conjunto de modelos persistiu, mas não se tratava mais dos modelos estéticos da "concepção clássica" e sim de modelos como "monumentos definidores das particularidades de uma língua e, via de regra, de uma nacionalidade" (Frederico e Osakabe, 2004). Essa mudança de concepção pode ser acompanhada no livro *Usos e abusos da literatura na escola*, no qual Marisa Lajolo (1982) narra como José Veríssimo, homem de letras e crítico literário, denunciava violentamente em sua obra *A educação nacional*, publicada em 1891, a invasão dos autores estrangeiros no ensino brasileiro e "a consequente falta de brasilidade dos textos didáticos disponíveis e propunha a nacionalização do material escolar" (Lajolo, 1982, p. 26). Envolvido nas discussões e debates sobre o que deveria ser o ensino brasileiro na virada do século XIX para o XX, Veríssimo propõe a reforma do *livro de leitura*, exigindo que ele fosse "não só feito por brasileiro, que não é o mais importante, mas brasileiro pelos assuntos, pelo espírito, pelos autores

---

palavras, em suma, uma linguagem comum" (2005a, p. 206). É nesse sentido que o sociólogo afirma então que o que "os indivíduos devem à escola [nessa tradição] é sobretudo um repertório de lugares-comuns, não apenas um discurso e uma linguagem comuns, mas também terrenos de encontro e acordo, problemas comuns e maneiras comuns de abordar tais problemas comuns" (p. 207). Essa "cultura humanista", à qual a elite teria acesso, funcionaria visando a unir os que a deteriam, além de servir também para diferenciá-los dos que não a teriam, funcionando como marca dessas elites: ela seria um luxo, um prazer que consagraria uma distinção.

transladados, pelos poetas reproduzidos e pelo sentimento nacional que o anime" (Veríssimo, 1906, *apud* Lajolo, 1982, p. 26). Reclamava, dessa maneira, que o Brasil era "o grande ausente da escola brasileira" e, para sanar essa falta, sugeria a implantação do ensino da história e da geografia nacionais, "tomando a Alemanha como exemplo do papel relevante da história-pátria na formação do sentimento nacional" (Veríssimo, 1906, *apud* Lajolo, 1982, p. 27).[2]

Segundo Francisco de Oliveira (2006), a abolição da escravatura e a República, nessa mesma época, foram momentos fundadores e de ruptura no Brasil, apoiados largamente por juristas, poetas e intelectuais já "modernos", como Joaquim Nabuco, Rui Barbosa, Castro Alves, Machado de Assis e Olavo Bilac. A partir dos anos 1930 a ciência social passou a ser sistematizada por meio dos estudos de Gilberto Freyre, Sérgio Buarque de Holanda e Caio Prado Júnior. Mas, como lembra Antonio Candido (2000), até esse período o principal meio de que o Brasil dispunha para conhecer-se a si mesmo era a literatura. A história, a geografia e a filosofia, segundo o crítico, eram pensadas no país por intermédio desta arte da palavra que detinha, portanto, um papel fundador na cultura nacional. Nesse sentido, Alfredo Bosi (2000) afirma que no "Brasil o projeto de integração da literatura na história nacional abrangente foi vitorioso e fecundo" e lembra que o "historicismo nacionalista é uma criação romântica, e no seu cerne já se contém o historicismo sociológico que o século XX herdou do positivismo e do evolucionismo" (Bosi, 2000, p. 12). Logo, é possível perceber o reflexo da mentalidade de uma época nas proposições

2 Nessa época, segundo o teórico Hans Robert Jauss (1994), a disciplina de história da literatura vivia seus tempos áureos na Alemanha e era encarada como a possibilidade de apresentar e de fomentar a ideia de individualidade nacional, buscada pelos intelectuais do país em função de sua tardia unificação.

educacionais de José Veríssimo, que instava o país a mudar de registro, a seguir o exemplo alemão e a estudar a literatura brasileira.

Outra perspectiva sobre o ensino de literatura dessa mesma época é dada por Márcia de Paula Gregório Razzini (2000), em tese de doutorado sobre a *Antologia nacional* (1895-1969).[3] No trabalho, a autora faz um estudo histórico do ensino de português e de literatura mediante a análise dos *programas de ensino* do Colégio Pedro II, escola secundária padrão fundada em 1837. Segundo Razzini, a literatura brasileira passou a constar do programa do Pedro II por volta de 1860 e, em 1892, entrou para a grade da escola sob a rubrica "história da literatura nacional". A própria *Antologia nacional* nasceu logo após a proclamação da República, quando o projeto de implantação de uma cultura brasileira a partir da educação reservou ao ensino de português e de literatura o papel de representação da pátria. E, de acordo com Márcia Razzini, seu sucesso foi resultado de uma abordagem moderna, com a apresentação de autores brasileiros e portugueses e excertos de suas obras divididos por períodos históricos dispostos na ordem cronológica inversa, do século XIX ao XVI, além de o lançamento ter correspondido a um período de nacionalismo extremo.[4] É interessante notar ainda que a *Antologia* chegou à 43ª edição em 1969 e que, na década de 1970, caiu em desuso em função da reforma do ensino básico a partir da publicação da Lei de Diretrizes e Bases

3 A seleta escolar, de autoria de Fausto Barreto e Carlos de Laet, foi usada por mais de setenta anos pelos alunos da escola secundária brasileira.

4 Seguindo já a linha cronológica da história da literatura, há a edição em dois volumes das *Noções de história da literatura*, escrita por Manuel Bandeira. Publicado em 1954 (não foi possível rastrear o ano da primeira edição) pela Companhia Editora Nacional, o compêndio também foi produzido atendendo à demanda do programa de literatura do Colégio Pedro II, como explica o próprio autor no prefácio à obra.

da Educação Nacional nº 5.692/71,[5] durante o governo do presidente Médici, em pleno regime militar. Tendo como objetivo suprir a necessidade de formação de mão de obra especializada que pudesse dar conta de uma industrialização acelerada, visando à integração do país ao capitalismo avançado, a nova lei gerou profundas mudanças no ensino básico brasileiro.[6]

Em seu texto "A teoria da literatura e a leitura na escola", Regina Zilberman (1988b) verifica o modo de circulação e consumo da literatura na escola por intermédio da análise da legislação, dos livros didáticos, dos manuais de história da literatura e das listas de leitura dos exames de seleção das universidades. A partir do estudo desse material, a autora conclui que, até 1970, a presença da literatura nos níveis iniciais de ensino era obrigatória e pautada pela visão da leitura *como meio* que servia para: transmitir a norma culta; conservar e defender o padrão elevado da língua de que a literatura é guardiã; inculcar valores e incutir o bom gosto; adquirir conhecimentos e obter vantagens pessoais; e transmitir o patrimônio da literatura brasileira. Para Zilberman, as principais modificações com relação ao ensino de literatura na educação que ocorreram a partir da reforma de 1971 foram:

---

5 Na Alemanha, segundo Jauss (1994), a história da literatura já havia entrado em declínio a partir da década de 1960. Como conta o autor, os livros que tratavam da disciplina de história da literatura – não mais obrigatória no ensino médio – só serviam para resolver charadas de jogos da burguesia, na falta de um dicionário decente de literatura. No período do pós-guerra, a disciplina foi sendo substituída por painéis globais ou de época, por estudos de enfoque sistemático, por manuais, enciclopédias e volumes interpretativos e, em função do rigor crítico, pelo estudo da estilística, da retórica, da semântica, da poética e dos gêneros.

6 William Roberto Cereja, em sua tese de doutorado, *Ensino de literatura*, explicita que a "finalidade central da reforma educacional era pôr em prática o acordo MEC-Usaid, firmado entre o Ministério da Educação e Cultura e o United States Agency for International Development, dos Estados Unidos, que garantia ao Brasil assistência técnica e cooperação financeira para a implantação de uma reforma educacional" (Cereja, 2005, p. 105).

> • O conhecimento do patrimônio da literatura brasileira fica aos cuidados do 2º grau e, sobretudo, dos cursos de Letras. Estes se encarregam do ensino das literaturas vernáculas (a literatura portuguesa esporadicamente é estudada no 2º grau) e adotam de preferência o ângulo cronológico, mesmo quando este é antecipadamente exigido nos vestibulares de acesso ao 3º grau. [...]
>
> • O texto literário *pode* ser utilizado no ensino da língua materna ou da gramática; contudo, mesmo nessas circunstâncias, ele se relaciona, antes de tudo, a atividades que, para se mostrarem coerentes com a denominação das disciplinas que as abriga, têm em vista o desenvolvimento das potencialidades expressivas e produção criativa dos estudantes. (Zilberman, 1988b, p. 125, grifo nosso).

Como resultado, a autora afirma que as literaturas "clássicas" brasileira e portuguesa perderam seu espaço e foram quase eliminadas do ensino básico. Zilberman ressalta ainda que, se por um lado o ensino do 2º grau passou a atender às exigências daqueles que precisavam de uma formação técnica, perdendo seu caráter "elitista" e abrindo mão assim de sua "orientação humanista" originária, por outro lado esse ensino não deixou de atender aos alunos do nível intermediário que dele necessitavam para a entrada na universidade. Nessa adaptação, no entanto, a "bagagem de conhecimento que o estudante transporta do ensino secundário para a universidade" é afetada e o ensino de literatura se torna refém do vestibular e se adapta "à ótica evolucionista que tende a ignorar a produção literária contemporânea e a examinar os textos sob o enfoque das escolas artísticas ou períodos estéticos que eles representam ou exemplificam" (Zilberman, 1988b, p. 133 e ss).

Em outra análise sobre os efeitos da reforma de 1971, agora a partir especificamente da *Proposição Curricular de Língua Portuguesa para o 2º Grau* (de 1977) e dos *Subsídios à Proposição* (1978), ambos documentos publicados pela Secretaria da Educação do Estado de São Paulo, Alice Vieira (2008) avalia que:

> Dos quatro objetivos gerais propostos, dois referem-se diretamente ao ensino de literatura: "*ampliar a compreensão do fenômeno literário, abrindo perspectivas comparativas do sistema literário e fora dele*" e "*desenvolver a capacidade de apreender os elementos significativos da cultura, especialmente a brasileira, como uma das dimensões da nossa historicidade*". Entre os objetivos específicos, encontramos mais três relacionados ao ensino de literatura: "*desenvolver uma visão crítica da história da literatura*", "*estimular a leitura, análise e discussão de textos literários*" e "*estimular a produção de textos*". (Vieira, 2008, grifos da autora).

Tais proposições da Secretaria constituíram uma mudança radical nas diretrizes educacionais do governo paulista. No *Programa Oficial* de 1965 do mesmo órgão, havia sido proposta para o ensino de literatura uma série de conteúdos, dos quais o professor precisaria dar conta em sala de aula. A partir do final da década de 1970, como se vê pelo excerto acima, passou-se a tratar de objetivos que o docente deveria alcançar. Essa mudança nos documentos oficiais deixou os professores sem base, segundo a autora, para que pudessem mudar com convicção seu método de trabalho. Para Vieira (2008), apesar de tais objetivos levarem em conta "não a historiografia, mas sim a relação diacrônica e sincrônica entre autores, obras e contexto social e político", apesar de a leitura da literatura brasileira, portuguesa e de língua portuguesa ser considerada fundamental para que "durante a análise e discussão dos textos, os alunos ampliem a compreensão do fenômeno literário e da cultura de um povo", apesar de ser indicado o estudo de "temas e formas com o intuito de criar condições para que haja um conhecimento crítico da literatura e de sua história" e apesar de, dessa maneira, a *Proposição* e seus *Subsídios* refletirem inclusive o que era discutido sobre o ensino de literatura à época na França e na Alemanha,[7] os documentos não tiveram efeito sobre os professores, que ficaram sem saber de que modo poderiam ensinar história da literatura sem seguir a linha cronológica, distribuir os conteúdos entre as séries e operar a seleção de autores e obras. Como resultado, eles continuaram seguindo os livros didáticos organizados a partir da história da literatura, com suas escolas artísticas e seus períodos estéticos, a biografia dos autores e a contextualização histórica e deixaram de lado as orientações do governo estadual.

Há mais de vinte anos, Marisa Lajolo (1982) sugeria dois caminhos de entrelaçamento da literatura com a educação: a educação *pela* literatura e a educação *para* a literatura. No primeiro caso, a literatura se torna um instrumento pedagógico por meio do qual certos valores são transmitidos, mas perde sua especificidade estética e sua identidade. No segundo caso, a literatura passa a ser instrumento e objeto, meio e fim. Nesse sentido, a escola passa a ser um espaço privilegiado para a formação de leitores literários e cabe a ela a sensibilização para o estético literário. Comparando a análise de manuais didáticos da década de 1980 ao estudo produzido sobre a obra didática de Olavo Bilac, a autora chega à conclusão de que quase nada havia mudado: o ensino de literatura continuava tendo um espaço garantido, mas

> Parece que só muito raramente se pensou no potencial representado pela escola para a formação de um público literariamente amadurecido. A tradição do ensino da literatura habituou-se a ver os alunos como recipientes vazios que cumpria encher com

---

7 Segundo Vieira, na mesma época, estudiosos como Roland Barthes, Roger Duchêne, Michel Mansuy, Tzvetan Todorov e Jean Ricardou enfatizavam a importância da leitura das obras literárias nas escolas, em detrimento do estudo da historiografia, e a teoria da Estética da Recepção, da qual Jauss é o autor mais conhecido, surgida na Alemanha na década de 1970, trazia para o centro dos estudos literários o leitor.

> informações da mais desencontrada natureza, todas elas periféricas ao fato literário. Biografia do autor, influências que recebeu, cargos públicos que ocupou, tudo isso tem ofuscado os autores didáticos. [...] Tudo isso, como se sabe, *ad nauseam*, hoje, está aquém e além do fato literário em si. Se tal calamidade só encontrasse guarida nas obras antigas, o susto seria menor. Mas a insistência com que essa postura [...] invade manuais contemporâneos, mais do que imprópria, é patética. De alguns desses livros didáticos contemporâneos, já se ocupou nosso velho e inédito mestrado.[8] Regredindo no tempo, é coisa análoga o que se encontra nos livros do começo do século. [...] As condições de produção e recepção do texto literário para e na escola parecem diluir suas marcas especificamente estéticas. (Lajolo, 1982, p. 49-50).

Seja com o objetivo de dar conta dos exames de seleção das universidades, seja por não conseguirem dar conta de proposições inovadoras para o ensino de literatura, em função de uma formação precária ou por terem à mão manuais didáticos que perpetuam o trabalho com o entorno da literatura em vez de enfocarem o fato literário em si, a verdade é que os professores parecem reféns do ensino de história da literatura da maneira como ele se cristalizou na escola brasileira desde o final do século XIX. Resta-nos investigar se essa postura persiste até hoje e quais as razões de tal persistência.

A PESQUISA DE CAMPO SOBRE O ENSINO DE LITERATURA NAS ÚLTIMAS DÉCADAS

Além das pesquisas de cunho histórico a respeito do ensino de literatura às quais nos referimos no tópico acima (cujos enfoques variam dos materiais didáticos usados nas aulas à análise de leis e parâmetros

---

8 Lajolo se refere à sua dissertação de mestrado, *Teoria literária e ensino de literatura* (1975).

adotados pelas instâncias governamentais), existem inúmeras pesquisas de campo sobre o ensino da disciplina que começaram a ser realizadas a partir da década de 1970 e que contaram com a participação efetiva de professores respondendo a entrevistas e questionários. A análise de quatro pesquisas de campo acadêmicas sobre o tema, uma de cada década, leva à percepção de que, apesar de o enfoque e os objetivos desses estudos variarem, os problemas por eles levantados existem e persistem até os dias de hoje.

Em 1975, a professora e pesquisadora Maria Thereza Fraga Rocco (1981) discutiu uma série de questões a respeito do ensino de literatura em uma obra *Literatura/Ensino: uma problemática*. Nela, afirma que se preocupa

> [...] com certos aspectos culturais da formação do homem sobretudo em nosso tempo, denunciado como sendo um tempo de crise. E, por acreditar ainda na literatura como veículo essencial para o desenvolvimento da imaginação criadora, bem como para a perpetuação de valores fundamentais, tal preocupação, como não poderia deixar de ser, volta-se, e de maneira incisiva, para o ensino literário. (Rocco, 1981, p. 3).

A identificação do papel da literatura como formadora do homem, essencial para o desenvolvimento da imaginação criadora e perpetuadora de valores fundamentais, leva a autora a trabalhar com as seguintes questões: "Seria ainda possível um contato com textos literários por parte de adolescentes, jovens e adultos, em diferentes níveis de escolaridade? Será válido ensinar literatura? Por que e em que termos?" (Rocco, 1981, p. 4).

A partir de uma pesquisa de caráter exploratório, na qual entrevistou 31 professores e 202 alunos (estes com idades entre 11 e 17 anos),

Rocco traça um panorama do ensino de literatura em meados da década de 1970. Nas conversas com os professores, eles falam de seus objetivos com o ensino de literatura, priorizando "as inferências do humano, do histórico, da aquisição de cultura bem como do hábito de leitura", mas levando também em consideração "a importância de se salientar o valor de uma organização especial de linguagem e da apreensão dessa organização" (Rocco, 1981, p. 32) no trabalho com o texto literário. Além disso, os professores identificam preferências de gênero por parte dos alunos (meninas gostariam de histórias de amor; meninos gostariam de aventura), preferência por obras curtas, com linguagem contemporânea, e relatam a dificuldade do trabalho com a análise literária (que, segundo eles, comprometeria o prazer do texto). A priorização do trabalho com dados culturais em detrimento do trabalho com o texto literário em si e a dificuldade de manejar a análise do texto aparecem claramente nos depoimentos dos professores da época. E é importante salientar que essas questões reaparecem nas pesquisas posteriores, ao longo de mais de trinta anos.

Em seu trabalho, Rocco detecta também a dependência dos professores em relação aos livros didáticos e seus roteiros estruturados de estudo do texto. Essa dependência, segundo a pesquisadora, seria causada por uma formação "inconsistente e defeituosa", pela falta de tempo para o preparo das aulas e por uma imposição do sistema. A autora percebe ainda a falta de preocupação dos docentes com a expectativa dos alunos em relação à disciplina e a quase inexistência de trabalhos com obras maiores (apontando para o trabalho com obras pequenas e com os fragmentos oferecidos pelo livro didático), dados que também constam de pesquisas mais recentes. Mas, apesar das falhas, dos desvios e da ausência de critérios para a seleção de textos e teorias que a pesquisadora verifica e analisa a partir das respostas dos professores, ela identifica nelas:

> [...] esboços de trabalhos com características de *potencial* positivo, que poderiam ser *atualizados*, com alto grau de validade, se embasados em conhecimentos reais, onde critérios fossem estabelecidos em níveis menos práticos e mais científicos. (Rocco, 1981, p. 45, grifos nossos).

A análise das entrevistas dos alunos leva Rocco a definir um esboço de "professor-modelo", que aliaria três tipos diferentes de professor:

1. o que está preocupado com "o valor da linguagem de um texto, de suas funções, enquanto objeto estruturado de forma especial";
2. aquele que "se preocupa com a gramática e que poderia fazer dessa preocupação um meio auxiliar de apreensão dessa organicidade da linguagem";
3. o "que se preocupa com inferências humanas, morais, sociais, psicológicas, históricas" e as privilegia no ensino de literatura (Rocco, 1981, p. 59-60).

Constatando que o terceiro tipo de professor prevaleceu nitidamente em sua pesquisa, a autora pondera que, mesmo que os aspectos humano, cultural e histórico dos textos literários fossem o foco do trabalho dos docentes, eles deveriam ser trabalhados "como componentes-consequentes de uma literariedade definidora do texto e não como determinantes dessa literariedade" (Rocco, 1981, p. 60). Chamando a atenção ainda para o fato de que o estudo da biografia do autor e o da história literária poderiam ser feitos com "extrema dinamicidade" e serem signos a mais para a penetração nas obras literárias, Rocco conclui que esses aspectos acabam assumindo um "caráter puramente culturalista, informacional e normativo" no ensino da disciplina. Apoiada na análise dos depoimentos, sugere que os alunos deveriam entrar em contato primeiramente com textos contemporâneos a eles, para que, depois de fisgados pela experiência da leitura do texto literário, pudessem explorar textos de outras épocas.

Ao longo de todo o trabalho, nas análises críticas e sugestões propostas, percebe-se claramente a preocupação de Rocco com o estudo da literariedade e da especificidade do texto literário, o que fica claro já na apresentação que Antonio Candido faz ao seu trabalho: "o padrão de que Maria Thereza Fraga Rocco se serve para avaliar a eficácia do ensino e a consciência da natureza do texto se baseia em *posições modernas da teoria, que realçam a especificidade do literário*" (Rocco, 1981, p. xii, grifos nossos). Tais "posições modernas da teoria", referência à corrente estruturalista que influenciava os estudos literários da academia na época, determinavam uma postura perante o texto literário que se concentrava no estudo de suas formas. Parece ser prioritariamente dessa perspectiva que a autora conduz a sua pesquisa, sem desconsiderar, no entanto, outros aspectos importantes relativos ao ensino de literatura.

Explicitando, porém, que sua intenção não era assumir uma posição crítica em relação aos professores entrevistados, mas possibilitar, por meio de suas falas, novas soluções e "a correção de alguns erros que se perpetuam há muito tempo, dentro da tradição pedagógica culturalística, onde a literatura sempre teve conceitos puramente finalistas e utilitários, isto é: ... *servia para, mostrava como* ... ou ainda *reproduzia a vida*" (Rocco, 1981, p. 36), a autora traça um diagnóstico do ensino de literatura e seus problemas que, apesar de passados mais de trinta anos, parece-nos válido até hoje. Suas questões continuam no horizonte de professores, alunos, pesquisadores, autores e editores de livros didáticos, além de mobilizarem atualmente também as instâncias governamentais.

Mais de uma década depois, Alice Vieira retomou o tema do ensino de literatura no ensino médio em sua tese de doutorado *Análise de uma realidade escolar: o ensino de literatura no 2º grau, hoje*, defendida em 1988, a partir de três questões: "O que deve ser ensinado, segundo a Secretaria de Educação?; O que é ensinado, nas escolas da capital?; e O que é cobrado, ao término do 2º grau, nos exames vestibulares?". A posição do governo estadual sobre o ensino de literatura é analisada por meio da reflexão sobre a *Proposição Curricular de Língua Portuguesa para o 2º grau* (1977) e seus *Subsídios* (1979), assunto já comentado no tópico anterior. O que efetivamente acontece nas salas de aula das escolas paulistanas é contemplado pela pesquisa de campo desenvolvida a partir de questionários respondidos por professores e alunos do 2º grau da época. O que é cobrado nos exames vestibulares é coberto por meio da análise das questões sobre literatura do vestibular da Fuvest, de São Paulo. Nesse momento, nos interessa rever algumas questões importantes levantadas por Vieira no que diz respeito às práticas do ensino de literatura nas salas de aula.

Primeiramente a autora constata que, em 1984, passados sete anos da implantação da *Proposição* pelo governo estadual, grande parte dos professores (67%) afirmava utilizá-la apenas parcialmente. Em suas reflexões, Vieira pondera que a resistência específica dos alunos de Práticas de Ensino de Português da Faculdade de Educação da Universidade de São Paulo (FEUSP) à *Proposição* se deve provavelmente à realidade encontrada nas escolas oficiais, a um certo "apego ao ensino tradicional de literatura", a uma preocupação em transmitir "conhecimentos adquiridos na universidade" e ao esquecimento de que a formação de leitores é "mais importante do que o conhecimento sobre fatos da literatura" (Vieira, 1988, p. 47 e ss). Esses aspectos levantados pela pesquisa, além da análise de outras questões colocadas aos professores, permitem delinear que a prática do ensino de literatura na década de 1980 era tradicional e baseada na historiografia literária, dentro da linha "culturalística e informativa" de que falava Rocco uma década antes. Vieira observa também que, de maneira geral, as críticas dos professores ao documento oficial não se referem à sua concepção, mas à impossibilidade de aplicá-lo na escola, ou seja, a questões de ordem prática. Refletindo acerca da distância entre o discurso oficial sobre o ensino e os problemas do professor, a autora afirma que "em nosso país, as reformas de ensino, os currículos, as propostas metodológicas, enfim, tudo o que se refere à Educação é imposto de cima para baixo" (Vieira, 1988, p. 47).

Outra questão que nos interessa diz respeito especificamente aos objetivos do ensino de literatura. Sobre esse tópico, a autora constata que dos 98 professores de 2º grau entrevistados para a pesquisa, com diferentes formações e provenientes de diferentes classes sociais, 90% identificavam como objetivo principal do ensino literário a ampliação da "formação cultural e humanística do aluno", em detrimento do trabalho com o texto literário ou mesmo com o estímulo ao prazer da leitura. A priorização da "transmissão de valores sociais, culturais e éticos, centrando-se nos conteúdos ideológicos expressos e deixando em segundo plano os valores estéticos da obra", na qual "a função cultural da literatura está em primeiro lugar" (Vieira, 1988, p. 52 e ss.), nos remete ao que Rocco definiu como conceito puramente finalista de literatura, que *"servia para, mostrava como"* (Rocco, 1981, p. 60). E é interessante notar que, embora 50% dos professores que participaram da pesquisa identifiquem no alunado interesse pelo ensino de literatura, 35% afirmem que os alunos aceitam bem textos contemporâneos e 29% digam que eles rejeitam textos clássicos, quase 84% dos professores "iniciam seus cursos seguindo a linha cronológica da história da literatura" (Vieira, 1988, p. 64). Diante desses dados, a pesquisadora constata que a força da tradição no ensino de literatura induz os professores a resistirem a mudanças que poderiam beneficiar esse ensino.

Partindo da constatação de que a maioria dos professores pesquisados adotava um livro didático (ainda que os tenham criticado severamente) e se preocupava com os conteúdos cobrados nos exames dos vestibulares,[9] Vieira traça um diagnóstico do ensino de literatura, no qual a leitura efetiva dos textos literários é substituída pela leitura de fragmentos contidos nos livros didáticos e que prioriza o conhecimento/reconhecimento de fatos da história literária e da biografia dos autores e o aspecto gramatical dos textos, em detrimento da análise da organização específica da linguagem literária. Tal realidade leva a autora à conclusão de que o "ideal de ensino" não é alcançado por conta das concepções que os professores têm a respeito *do que seja* e *de para que possa servir* o ensino de literatura. Por essas razões, conclui que "o ensino de literatura, tanto no Brasil como em outros países, não vem alcançando seu objetivo de despertar, no jovem, o interesse pela literatura, bem como o de desenvolver a compreensão do fato estético" (Vieira, 1990, p. 16).

Para Vieira, por meio de uma "concepção de ensino de literatura despida de preconceitos, afastada da tradição escolar e aberta à realidade cultural de nosso tempo" (Vieira, 1990, p. 2) e do estabelecimento de uma *relação de prazer* entre texto e leitor – prazer este que se transformaria de "emocional" em "estético" por meio dos conhecimentos adquiridos, das experiências vividas e do repertório cultural

9 Vieira (1988, p. 84) constata que 83,4% dos professores que lecionavam no 3º ano do 2º grau da cidade de São Paulo dedicavam parte de suas aulas à preparação para o vestibular. Como a autora avalia que a influência exercida sobre as escolas secundárias pela Fuvest, de São Paulo, é grande, conclui que a Fundação teria, portanto, a prerrogativa de, mudando a forma de seus exames, gerar mudanças no currículo escolar. Sua sugestão vai então no sentido de propor essas modificações, para que as escolas pudessem se abrir a novas concepções, sem que precisassem cumprir um currículo baseado numa visão tradicional do ensino de literatura. Modificações dessa ordem já são percebidas não só no vestibular da Fuvest, mas também em outros grandes e importantes exames de seleção do país.

que o aluno construiria ao longo de sua formação –, os professores poderiam alcançar o objetivo principal do ensino de literatura, a saber, a formação de leitores. Mas, para tanto, a autora identifica a necessidade de cursos de aperfeiçoamento e de reciclagem dos professores.

É possível perceber na perspectiva de Vieira sobre o ensino de literatura os reflexos de um discurso do prazer da leitura, resultado dos debates que ocorriam na Europa sobre o assunto (cf. Barthes, 2006). Passados quase vinte anos, as discussões sobre a fruição do texto literário e a formação de leitores como metas do ensino de literatura no ensino médio, além do debate sobre a deficitária formação do corpo docente brasileiro, continuam sendo objeto de estudo de pesquisas acadêmicas e ganharam lugar nos documentos oficiais do governo federal.

~

Em 1995, Cyana Leahy-Dios conduziu uma pesquisa de campo com alunos e professores brasileiros e ingleses, traçando um panorama da *prática* do ensino de literatura em sala de aula no ensino médio (e equivalente curso preparatório inglês) nesses dois países. O estudo, que fez parte de sua tese de doutorado, baseou-se na análise de entrevistas com professores e alunos e na observação de aulas de literatura em escolas do Rio de Janeiro e de Londres, e foi publicado no livro *Educação literária como metáfora social*. Nele, além da inversão da perspectiva de mudança no ensino literário – "Entendendo o perfil da educação literária como uma metáfora social, será possível mudar o perfil da disciplina sem mudar a sociedade?"–, há a identificação de um novo jogo de forças no campo educacional, explicitada na "reflexão político-cultural sobre uma disciplina que, segundo os pragmáticos, deveria estar extinta dos currículos escolares" (Leahy-Dios, 2000, p. 14).

Apesar de levar em conta que, ao se transformar em uma disciplina escolar, a literatura sofre alterações históricas e sociais, deixando de ser "só" literatura, para se tornar conteúdo disciplinar – objeto de estudo com funções, matéria cuja acumulação deverá ser avaliada, submetida a uma pedagogia, a um método de ensino, a uma didática –, a autora explicita o que entende como mais importante no ensino literário: em uma época em que a tendência pragmática neoliberal domina o âmbito das discussões curriculares escolares, Leahy-Dios denuncia que a orientação tecnicista deixa em "segundo plano o fato de que a educação é um *empreendimento político*" e o fato de que "um dos benefícios potenciais da literatura é a *ampliação do sentido* das múltiplas possibilidades de vida no leitor [...]; ela nos dá uma chance de *viver* dilemas morais" (1995, p. 27, grifos nossos).

Para a pesquisadora, os objetivos políticos do ensino de literatura são entendidos como modos potenciais de resistência, o que a leva à análise de que, como os interesses de entidades governamentais, perpassados por ideologias, estarão sempre presentes nas políticas educacionais,

> [...] a manutenção do modelo positivista implantado em 1890 pela Primeira República para o ensino de literatura nas escolas é curiosa e anacrônica, mas permanece quase sem retoques. Nenhuma insatisfação é suficiente para ameaçar a ideologia do "discurso nacional" e, por enquanto, os exames vestibulares representam a certeza oficial da homogeneidade de conhecimentos e a identidade cultural dos valores de classe média na educação literária. (Leahy-Dios, 2000, p. 73).

Ou seja, a manutenção do atual modelo de ensino literário, "paradigma positivista calcado na história literária", que privilegia uma "objetividade pseudocientífica", estaria a serviço de um sistema que serviria à classe média brasileira e imporia estes valores de classe a todos. Mas aqui seria o caso de se perguntar: quem está insatisfeito com esse ensino? Os alunos? Certamente. A academia? Parte dela, com certeza. A elite? Talvez sim, talvez não. As instâncias governamentais? Mas e os professores? Estariam eles insatisfeitos com os moldes desse ensino?

O que Leahy-Dios parece apontar é que os professores estão inseguros: quando questionados sobre conhecimentos teóricos, quase sempre os confundem com dados histórico-biográficos. Essa falha, segundo a autora, está no cerne da "dificuldade de definir e conceituar a ligação entre o saber teórico fragmentado passado a esses professores nos anos de sua formação e o conhecimento específico com que devem trabalhar em suas próprias salas de aula ao se licenciarem" (Leahy-Dios, 2000, p. 73). Inseguros com relação à sua própria formação, os docentes assumem o discurso do livro didático, porque não se veem como produtores de conhecimento, como intelectuais, e consideram os autores de livros didáticos mais bem equipados do que eles próprios para definir e selecionar o que deve ser estudado.

Citando James Gribble (1983), Leahy-Dios (2000, p. 111) afirma que "os proponentes de uma educação rígida e formal temem o uso da literatura não apenas por suas características recreativas e educativas, mas também por ela ser 'moralmente perigosa', devido às sensações e sentimentos que pode provocar". Por isso a autora ressalta, apoiada em Eagleton, a importância da teoria e da crítica literária no ensino de literatura, já que só elas podem levar à construção de um outro nível de consciência no trabalho com o texto: a consciência crítica, que traz em si um posicionamento político. Para isso, contudo, aponta que serão necessários professores seguros de sua formação e de sua capacidade para lidar com a literatura na sala de aula e para se desvencilharem da imbricada rede criada pelas escolhas governamentais, pelo uso de livros didáticos e pelas exigências dos exames de entrada nas universidades.

Uma década depois, William Roberto Cereja empreendeu nova pesquisa de doutorado sobre o tema, dessa vez tendo como meta a elaboração de uma *proposta didática* para o ensino de literatura em nível médio. Seu livro *Ensino de literatura: uma proposta dialógica para o trabalho com literatura*, lançado em 2005, é a publicação dessa pesquisa, que foi baseada em dados colhidos pelo autor em entrevistas com alunos e professores das redes particular e pública de ensino, na análise e na crítica aos exames vestibulares e às propostas curriculares governamentais, em uma reflexão do ponto de vista histórico sobre a constituição da história literária em disciplina escolar, no levantamento de pontos comuns entre as teorias de Mikhail Bakhtin, Antonio Candido e Hans Robert Jauss, resultando em uma proposta didática.

Nas entrevistas coletadas com alunos do ensino médio, o autor constata que a maioria deles vê a literatura como uma disciplina que estuda autores e obras e que somente um pequeno número deles identifica o ensino de literatura ao aprendizado de leitura do texto literário. Tais dados levam Cereja a questionar o tipo de ensino literário que está em curso nas escolas brasileiras de hoje. Essa concepção dos alunos, contudo, não os impede de propor modificações didáticas quando inquiridos (aulas participativas, mais discussões sobre textos, relações entre literatura e outras artes etc.) ou de demonstrarem interesse pela disciplina. De onde o autor deduz que há espaço para mudanças no ensino de literatura e que uma nova proposta, que leve em consideração as sugestões do alunado, poderia trazer um novo tipo de engajamento.

Por outro lado, as entrevistas mostram que os professores têm conceitos genéricos e imprecisos a respeito do que seja o objeto de estudo do ensino de literatura e do que possa ser uma metodologia para esse ensino, além de tampouco terem clareza quanto aos objetivos desse ensino. Para Cereja, a falta de um planejamento detalhado de curso, a adoção metodológica do ensino de história da literatura e a preocupação exacerbada com a preparação dos alunos para o vestibular são os fatores responsáveis pelo atual estado do ensino de literatura.

A partir deste diagnóstico, o autor aponta o descompasso entre as proposições governamentais, que se esforçam por fomentar e determinar mudanças no ensino de literatura, e a realidade desse ensino nas salas de aula. Além disso, também contribuiria para a permanência do atual estado do ensino literário a manutenção de um

> [...] *discurso didático sobre literatura,* produzido e apresentado, em primeira instância, pelo professor e, em segunda instância, produzido socialmente por diferentes agentes: o livro didático, os programas universitários, as referências historiográficas disponíveis para consulta dos professores, o programa de vestibular de algumas universidades, alguns sites da internet, etc. (Cereja, 2005, p. 57, grifos do autor).

Ainda segundo o autor, o *círculo vicioso* em que caiu o ensino de literatura,

> [...] demonstra o distanciamento dos professores universitários de Literatura Brasileira, Literatura Portuguesa e Teoria Literária – geralmente absorvidos por questões de natureza crítica – dos problemas que envolvem o ensino de leitura e literatura na escola, assim como a inoperância de boa parte dos cursos de Prática de Ensino – que trabalham com estudantes ainda não absorvidos pelo mercado de trabalho e, portanto, sem os *vícios* deste – no sentido de questionar esse *impasse*, rever o papel da escola e apontar novas perspectivas de ensino nessa área do conhecimento. (Cereja, 2005, p. 72, grifos nossos).

Para Cereja, tal círculo vicioso evidencia ainda a posição "conservadora" de escolas e professores que mantêm práticas "arraigadas" de ensino literário, talvez na busca de segurança e estabilidade.

Círculo vicioso e vícios do professorado, práticas arraigadas e enrijecidas, posições conservadoras, situação de impasse... A partir dos dados coletados nas entrevistas, o autor expõe e ao mesmo tempo julga e critica o atual modelo de ensino de literatura demonstrando, por meio da reconstituição histórica de suas origens e das reflexões originadas dos dados coletados nas entrevistas, como esse modelo resiste e permanece em vigor nas escolas até hoje. E, partindo da análise dos documentos oficiais sobre o ensino literário e da reflexão teórica sobre a literatura, constrói sua proposta didática que, sem descartar a historiografia literária, sugere uma abordagem que trabalhe com a diacronia e a sincronia simultaneamente. Como sua proposta já havia sido publicada em seus livros didáticos (que há anos fazem sucesso no mercado editorial), pode-se dizer que seu trabalho consiste, na realidade, em traçar um panorama do jogo de forças que está presente no campo do ensino literário e em apontar as supostas causas desse conhecido e insistente "fracasso".

O que podemos depreender das pesquisas de campo acima é que, embora tenham sido analisados por perspectivas diferentes, os problemas identificados no ensino de literatura ao longo de mais de três décadas são os mesmos e se perpetuam no sistema escolar.

Sobre a formação – De modo geral, responsabiliza-se a precária formação dos professores pelo fato de eles não se identificarem como produtores de conhecimento, como intelectuais capazes de definir e selecionar o que deve ser estudado por seus alunos. Em função disso, os professores tendem a trabalhar com a história da literatura e se tornam dependentes dos livros didáticos considerados conservadores e de seus roteiros estruturados de ensino.[10] Por conseguinte, uma

10 Geraldi (2002) chama a atenção para as diferentes identidades atribuídas ao professor ao longo da história. Segundo ele, a partir do mercantilismo, a figura do docente deixa de ser produtora de um saber para ser uma transmissora do saber

reorganização dos cursos de licenciatura e a necessidade de cursos de aperfeiçoamento e de formação são indicados.

Sobre o ensino de história da literatura – Fica claro que, nas três últimas décadas, os professores continuam optando por um trabalho tradicional do ensino de história da literatura, de origem positivista, que privilegia o estudo dos dados sobre a biografia dos autores e o conhecimento de fatos da história literária e que se organiza a partir da leitura de textos curtos ou de fragmentos de obras dos autores selecionados dentro do cânone escolar. Apesar da crítica feita a esse tipo de ensino dentro da academia, hoje assumida como discurso oficial do governo, os professores continuam adotando essa metodologia, o que parece gerar alunos desmotivados, além de não formar leitores.

Sobre o trabalho com o texto literário e o desenvolvimento do hábito de leitura – Em função de uma formação teórica fragmentada, incapaz de embasar um trabalho consistente em sala de aula, os professores sentem dificuldade em manejar a análise do texto literário em si. Isso se reflete na inexistência de trabalhos com textos maiores e na ausência do trabalho com a organização da linguagem literária e com os valores estéticos de uma obra. A falta de tratamento apropriado ao texto literário dificulta o desenvolvimento do hábito de leitura e impede a formação de leitores que tenham prazer com a literatura.

Sobre o trabalho com livros didáticos – O programa de avaliação de livros didáticos (o PNLD, do qual trataremos mais adiante),

---

produzido por outrem. Já nos dias atuais, em função do avanço da tecnologia, entre outros fatores, a identidade do professor estaria mais ligada ao controle da aprendizagem. Nesse sentido, o pesquisador analisa que, após a escolha do livro didático, cabe ao docente "controlar o tempo de contato do aprendiz com o material previamente selecionado; definir o tempo de exercício e sua quantidade; comparar as respostas do aluno com as respostas dadas no 'manual do professor'; marcar o dia da 'verificação da aprendizagem'" (Geraldi, 2002, p. 94), funções que metaforicamente compara às de um capataz de fábrica.

implantado pelo governo desde 1996, trouxe uma melhora sensível na qualidade desse material de apoio, além do incentivo ao surgimento de livros com novas propostas didáticas e metodológicas para o trabalho com o ensino literário. A distribuição de livros de português para o ensino médio, iniciada em 2005, deve ampliar as possibilidades de escolha do professor nessa área. Mas vale lembrar que, segundo pesquisas patrocinadas pelo próprio governo, os professores tendem a escolher livros considerados mais tradicionais no trato com o conteúdo das disciplinas, o que nos leva a questionar o peso de inovações nesse instrumento de ensino na prática efetiva do professor.

Sobre a preparação para o vestibular – Ainda que já sejam sentidas mudanças no que tange aos conteúdos de literatura em alguns exames vestibulares importantes do país – como o da Fuvest –, as listas de livros e os programas desses exames continuam influenciando o currículo escolar do ensino médio. Se, por um lado, essa questão leva os professores a organizarem parte de suas aulas em função do que será cobrado nesses exames, o que pode ser considerado uma imposição em seu trabalho, por outro lado, essas listas asseguram a leitura de pelo menos alguns livros de literatura por parte dos alunos do último ano desse nível de ensino (ainda que haja a proliferação de resumos de obras).

Sobre a distância entre o discurso oficial e os problemas do professor – Entre os discursos oficiais sobre o ensino de literatura e os problemas enfrentados pelo professor na sala de aula, é identificado um descompasso. Apesar de as proposições governamentais fomentarem mudanças nesse ensino, algo impede que essas diretrizes sejam postas em prática. Talvez elas não sejam claras o suficiente, talvez não tragam em si uma proposta metodológica, talvez sejam encaradas como uma imposição, talvez não sejam compreendidas e discutidas a ponto de poderem ser colocadas em prática. A verdade é que as propostas não têm surtido efeito e esse é um problema que diz respeito ao professor, à academia e às instâncias governamentais.

Então, passemos a uma breve recapitulação das propostas governamentais apresentadas após a implementação da Lei de Diretrizes e Bases da Educação Nacional (LDB), Lei Federal nº 9.394, de 20 de dezembro de 1996.

OS PCNEM/1999, OS PCN+/2002 E O PNLEM/2005

Em 1997, o governo Fernando Henrique Cardoso e seu ministro da Educação, Paulo Renato de Souza, fizeram chegar às escolas os primeiros Parâmetros Curriculares Nacionais (PCN),[11] destinados ao primeiro e segundo ciclos do ensino fundamental. Organizados em documentos relativos às diversas áreas do conhecimento que deveriam obrigatoriamente ser objeto de estudo dos alunos de 1ª a 4ª séries, os PCN buscavam atender aos termos do artigo 9º, inciso IV, da LDB 9.394/96, que remeteu à União a incumbência de formular diretrizes capazes de nortear os currículos e seus conteúdos mínimos, visando a uma formação comum para o exercício da cidadania. Logo em seguida vieram os PCN voltados ao terceiro e quarto ciclos do ensino fundamental (1998) e os Parâmetros Curriculares Nacionais do Ensino Médio (PCNEM), lançados em 1999. Dessa maneira, o governo procurava cumprir seu dever de criar "referenciais para a renovação e reelaboração da proposta curricular" e afirmava "a questão curricular como de inegável importância para a política educacional da nação brasileira" (MEC, 1997, p. 9 e 14).

---

11 Como explicaremos mais adiante, houve uma proposta preliminar inicial, que passou por um amplo processo de discussão em âmbito nacional durante os anos de 1995 e 1996. Mas a publicação oficial desses primeiros parâmetros, referentes ao primeiro e segundo ciclos do ensino fundamental, ocorreu apenas em 1997.

Como atesta o governo nos próprios parâmetros, a elaboração dos PCN originou-se de estudos das propostas curriculares de estados e municípios da União, de análises da Fundação Carlos Chagas sobre currículos oficiais e do contato com experiências de outros países, formulando-se daí uma proposta inicial. Tal proposta foi então discutida por docentes de universidades públicas e particulares, técnicos de secretarias estaduais e municipais de educação, especialistas, educadores, professores, membros de conselhos estaduais de educação, representantes de sindicatos e entidades ligadas ao magistério. A partir dos pareceres e das análises críticas foram formulados os parâmetros.

Paralelo aos PCN surgiu o Programa Nacional do Livro Didático (PNLD), por intermédio do qual o governo se propôs a avaliar os livros didáticos inscritos pelas editoras do mercado nacional no programa, a produzir um guia com os livros que fossem aprovados nessa avaliação, a distribuir os guias às escolas da rede pública, possibilitando que os professores escolhessem os livros com os quais gostariam de trabalhar, e a comprar e distribuir os livros para todos os alunos da rede pública, progressivamente.[12] Os programas são mantidos com recursos financeiros provenientes do Orçamento Geral da União, da arrecadação do salário-educação (no caso do ensino fundamental) e do Programa de Melhoria e Expansão do Ensino Médio (Promed),

12 Primeiramente, o PNLD atendeu aos alunos do ensino fundamental; o ensino médio começou a ser atendido somente a partir de 2005, de forma experimental, com a distribuição de livros de português e matemática aos alunos dos 1os anos desse nível das regiões Norte e Nordeste. A distribuição de livros dessas disciplinas foi universalizada em 2006. Em 2007, os alunos passaram a receber também livros de biologia e, em 2008, foi universalizada a distribuição de livros de química e de história. Atualmente o governo distribui aos alunos desse nível de ensino também livros de geografia, física, sociologia, filosofia e artes.

segundo consta no site do Fundo Nacional do Desenvolvimento da Educação (FNDE).[13]

No PNLD estão previstos editais de convocação para a inscrição dos livros didáticos, nos quais constam os princípios e critérios comuns e específicos (por áreas de conhecimento) para a avaliação e a seleção dos livros a serem efetuadas pelo governo. Nesses editais são tratadas desde questões técnicas de apresentação das informações que obrigatoriamente devem estar nos livros até questões de âmbito curricular discutidas nos PCN. Ditando as normas para a avaliação dos livros didáticos e com relação estreita com os parâmetros, os editais expõem um sistema que atribui aos livros didáticos a responsabilidade pela incorporação de novas metodologias e conteúdos de ensino e por sua difusão aos professores de todas as áreas. É possível perceber ainda, nas linhas e entrelinhas dos editais, a tendência de encarar o livro didático e seu manual do professor como um suposto instrumento de formação do professorado brasileiro mais carente, que teria seu acesso à informação limitado à publicação dos PCN, aos guias de livros didáticos e aos próprios livros didáticos.

Mediante os editais, as avaliações dos livros, os guias com os livros aprovados e o atendimento à escolha feita pelos professores, o Ministério da Educação (MEC) cumpre parte de seu papel oferecendo, pelo menos teoricamente, por intermédio de uma diversidade de títulos, uma multiplicidade de alternativas metodológicas e pedagógicas. Mas nem sempre os professores estão preparados para as mudanças metodológicas exigidas pelos editais governamentais às editoras de livros didáticos e impostas a eles.

Em pesquisa de campo sobre os padrões de escolha dos livros didáticos por parte dos professores, realizada sob encomenda para a Secretaria do Ensino Fundamental (SEF), Antônio Augusto Gomes

---

13 www.fnde.gov.br

Batista (2002) constatou e analisou a tendência do professorado de escolher livros "recomendados com restrições", que traziam uma metodologia e um conteúdo mais tradicionais, em detrimento de livros "recomendados com distinção",[14] considerados mais modernos e atualizados. Segundo Batista:

> Os professores parecem buscar nos livros uma síntese adequada do que devem transmitir aos alunos, assim como um conjunto de atividades que explorem, fixem e avaliem esses conteúdos transmitidos. Parecem buscar, portanto, um instrumento adequado a um esquema didático baseado na exposição dos conteúdos pelo livro, em sua explicação e comentário pelo docente, na realização subsequente de atividades e exercícios pelos alunos e em sua posterior correção pelo professor. Trata-se do esquema didático que se firmou de modo mais arraigado na tradição escolar – centrado no eixo da transmissão – e oposto aos esquemas didáticos centrados no eixo dos alunos, voltados para indução à apreensão de regras e princípios, para a descoberta ou para a experimentação e que, historicamente, tendem a ser propostos por movimentos de renovação pedagógica. (Batista, 2002, p. 4).

Apesar da tendência conservadora com relação à escolha dos livros didáticos constatada pelo autor em sua pesquisa junto a professores do ensino fundamental, a recepção dos parâmetros relativos a esse ciclo de ensino gerou debates produtivos nas reuniões pedagógicas escolares, nos cursos de formação de professores e nos meios

14 Na pesquisa, o autor trabalhou com essas categorias de avaliação, que eram propostas pelo governo nos PNLD da época. Atualmente, tais categorias não existem mais e os livros são apenas avaliados como disponíveis à adoção ou excluídos do programa.

acadêmicos, e os PNLD relativos ao ensino fundamental promoveram mudanças substanciais nos livros didáticos.[15]

O mesmo não se pode dizer, no entanto, dos PCNEM publicados em 1999. Tornando explícito que o ensino médio deixava de ser propedêutico ao ensino superior ou um estudo preparatório para uma profissão técnica, em linhas gerais os PCNEM indicaram que esse ciclo passava a ter como objetivo a formação geral do cidadão crítico. No que diz respeito ao tratamento dispensado à literatura – disciplina para cujo ensino não foram contempladas diretrizes específicas, tendo sido seu conteúdo disperso entre os ensinos de língua portuguesa e de artes, ambas situadas na área de "Linguagens, Códigos e suas Tecnologias" –, os documentos causaram grande insatisfação, tanto nos professores, que os ignoraram, como na academia.[16]

Sinalizando que esse ensino deveria deixar de ser pautado pela história da literatura, que a ele diria respeito uma "estética da sensibilidade" e que ele estaria integrado à área de leitura, o documento chega

---

15 Sobre o assunto, conferir, por exemplo, o parecer crítico para o debate dos PCNEM produzido pelos professores doutores Enid Yatsuda Frederico e Haquira Osakabe (2004).

16 As professoras Maria Helena Nery Garcez, da área de Literatura Portuguesa da Faculdade de Filosofia, Letras e Ciências Humanas (FFLCH) da Universidade de São Paulo (USP), e Neide Luzia de Rezende, da área de Metodologia do Ensino de Língua Portuguesa da Faculdade de Educação da USP (FEUSP), fizeram declarações críticas ao *Jornal da USP*; os escritores Cláudio Willer, Moacyr Scliar e João Ubaldo Ribeiro manifestaram-se contra as orientações governamentais (*apud* CEREJA, 2005, p. 116); os *Cadernos de Pesquisa* da Fundação Carlos Chagas (nº 19, mar./2000) e um artigo de Cristiano Amaral Garboggini Di Giorgi, publicado na *Revista Teoria e Prática* (ano 15, nº 27, jun./1996), também repercutiram o debate em torno dos PCNEM (*apud* LOPES, 2003, p. 41); e os professores Haquira Osakabe e Enid Yatsuda Frederico (2004) produziram, a pedido do próprio governo, uma crítica ao tratamento da disciplina de literatura nos PCNEM e PCN+, que serviu de base para debates regionais organizados pelo MEC sobre o tema ao longo de 2004.

a levantar questões importantes (como o questionamento do ensino do cânone literário, por exemplo), mas não as desenvolve, deixando-as a cargo da reflexão e da prática do professor. A literatura, pescada nas entrelinhas do discurso oficial, é sempre encarada em sua função de referencial linguístico ("recursos expressivos da linguagem verbal"; "O texto literário se apropria desse jogo [linguístico] do possível com maestria"; "sua transgressão [da norma], denominada estilo"), o que é pertinente, já que uma das facetas do texto literário é seu poder de construção, como afirma Antonio Candido. Mas para ser compreendida a fundo, essa construção precisa ser considerada também nos planos da expressão e do conhecimento, como um todo a partir do qual se podem criar sentidos profundos e humanizadores. Além disso, quando definem como competências e habilidades a serem desenvolvidas pela disciplina de língua portuguesa "recuperar, pelo estudo do texto literário, as formas instituídas de construção do imaginário coletivo, o patrimônio representativo da cultura e as classificações preservadas e divulgadas, no eixo temporal e espacial" (MEC, 1999, p. 145), os PCNEM dão margem a que se entenda como parâmetro de ensino de literatura, mais uma vez, a história da literatura e o trabalho a partir da biografia dos autores canônicos, do contexto de época e das características das escolas literárias.

Percebendo que os PCNEM não haviam sido assimilados pelos professores, o governo promoveu a publicação dos PCN+ (MEC, 2002), com a intenção de explicar, desenvolver e traduzir as orientações dos PCNEM.[17] Com relação à literatura, os novos parâmetros de-

---

17 Elisa Cristina Lopes, em sua tese *Por onde caminha a literatura no ensino médio*, defendida na FEUSP em 2003, cita entrevista de 4 dez. 2000 do então ministro da Educação, Paulo Renato de Souza, à *Folha de S. Paulo*, em que ele declarava: "Quando definimos os PCN, achávamos que eles iriam impactar a escola imediatamente. Depois nos demos conta em reuniões com secretários que os Parâmetros não estavam sendo assimilados pelos professores. Tivemos que

finiam como habilidades e competências a serem desenvolvidas pela disciplina de língua portuguesa "identificar manifestações no eixo temporal, reconhecendo os momentos de tradição e ruptura", e sugeriam a possibilidade do estudo das "obras clássicas de nossa literatura" e do trabalho com a perspectiva histórica, ainda que ressaltassem que o objetivo primeiro da disciplina no ensino médio deveria ser a formação de leitores e não de identificadores de "escolas literárias, com seus respectivos autores e estilos".

Mas se os PCN+ contemplavam a possibilidade de um trabalho com uma certa história da literatura, o mesmo não aconteceu com o edital de convocação para inscrição de livro didático no processo de avaliação e seleção de obras para o Programa Nacional do Livro Didático do Ensino Médio – PNLEM/2005, no qual ficou explícita a expectativa de que os livros didáticos de português desse ciclo contivessem inovações no campo do ensino da literatura. A "tradicional concepção informativa de literatura, entendida como conjunto de conhecimentos histórico-culturais e estéticos que se supõem poder fazer a mediação entre o leitor e a obra" foi considerada excessivamente normativa e canônica, o que acabaria "perturbando o efetivo trabalho do leitor" (MEC, 2003, p. 29-31). Segundo o edital, enfocar a literatura do ponto de vista de uma suposta evolução cronológica, fornecer um quadro de época, informar sobre as escolas literárias, apresentar dados biográficos e analisar dados das obras (tais como tema, personagens principais, enredo, espaço e tempo – no caso da prosa – e conteúdo, rimas, ritmo e imagens – no caso da poesia) seria equivalente a relegar a um plano secundário a leitura efetiva do texto. Em nome de uma prioridade do contato direto com o texto literário, o

lançar os parâmetros em ação [PCN+], que explicavam melhor como desenvolvê-los na prática".

que se exigiu no edital foi uma mudança nas propostas de ensino, que deveriam dar prioridade a

> [...] familiarizar o aluno com uma atitude de disponibilidade diante do texto literário, fazendo de seu contato com este uma efetiva experiência. Por experiência, nesse caso, entenda-se um contato primordialmente sensível entre o aluno e o texto, de tal forma que desse contato resulte alguma mudança em seu modo de perceber a realidade. (MEC, 2003, p. 29).

Para resolver as diferenças presentes nos vários discursos enunciados pelo governo nas propostas dos PCNEM/1999, dos PCN+/2002 e do edital PNLEM/2005 sobre o ensino de literatura, foram publicadas em julho de 2006, no site do MEC/FNDE, as novas Orientações Curriculares Nacionais para o Ensino Médio (OCNEM), nas quais há finalmente um documento específico sobre o ensino dessa disciplina. Tais orientações levaram em consideração os debates que o ensino de literatura já vinha suscitando há tempos na academia.

AS OCNEM/2006 E A LEITURA LITERÁRIA

Partindo da constatação de que a "dimensão formativa do leitor" iniciada no ensino fundamental se perde no ensino médio em função dos impasses peculiares a esse nível de ensino, que passam pelo trabalho com textos mais afastados dos estudantes do ponto de vista cronológico ou que possuem uma linguagem mais elaborada – o que faz com que sejam, portanto, objeto de uma apropriação mais difícil –, e em função de objetivos pragmáticos, que, de acordo com o documento, estão associados aos manuais didáticos, que continuam cumprindo bem ou mal o papel de referência curricular, as orientações propõem como eixo do trabalho em sala de aula a leitura integral da obra literária. Tal eixo explicita a mudança de foco proposta para o ensino de literatura, que descarta o ensino estruturado a partir da história da literatura e do trabalho com informações externas ao texto literário e define como objetivo principal da disciplina a formação do leitor literário, capaz de fruir o texto.

Esse prazer estético, segundo as OCNEM, só será alcançado pela experiência estética, definida como

> [...] *o contato efetivo com o texto*. Só assim será possível experimentar a sensação de estranhamento que a elaboração peculiar do texto literário, pelo uso incomum de linguagem, consegue produzir no leitor; o qual, por sua vez, estimulado, contribui com sua própria visão de mundo para a fruição estética. A experiência construída a partir dessa troca de significados possibilita, pois, a ampliação de horizontes, o questionamento do já dado, o encontro da sensibilidade, a reflexão, enfim, um tipo de conhecimento diferente do científico, já que objetivamente não pode ser medido. O prazer estético é, então, compreendido aqui como conhecimento, participação, fruição. (MEC, 2006, p. 55, grifos nossos).

Nesse sentido, as OCNEM destacam que a seleção dos textos que serão trabalhados em sala de aula efetuada pelos professores é fundamental e que a escolha de qualquer texto escrito, "popular ou erudito", deve levar em consideração o mesmo "crivo que se usa para os escritos canônicos: Há ou não intencionalidade artística?; A realização correspondeu à intenção?; Quais os recursos utilizados para tal?; Qual o seu significado histórico-social?; Proporciona o texto o estranhamento, o prazer estético?" (MEC, 2006, p. 57). O que parece estar posto em questão, portanto, é a defesa de uma qualidade estética do texto, com vistas à formação de leitores literários.

Mas o que seriam leitores literários? Para definir esse conceito, as OCNEM recorrem ao teórico Umberto Eco e à sua identificação de dois tipos básico de leitor: "O primeiro é a vítima, designada pelas próprias estratégias enunciativas, o segundo é o leitor crítico, que ri do modo pelo qual foi levado a ser vítima designada" (Eco, 1989, *apud* MEC, 2006, p. 68). Conforme as orientações, o leitor vítima seria aquele interessado no conteúdo do texto, enquanto o leitor crítico se preocuparia com a questão formal, com o "como" a história é contada. Ressaltando que não se trata de descartar as leituras "mais leves", escolhas que por vezes levam os leitores a esquecerem as mazelas do cotidiano, o que o documento destaca é que o leitor crítico pode deixar-se ser vítima quando quer, o contrário, no entanto, não acontecendo. Logo, a questão fulcral do ensino de literatura se torna fornecer as condições necessárias para que os alunos possam se tornar leitores críticos, ou seja, leitores literários.

~

Essa distinção conceitual entre dois modos de leitura também está presente nas reflexões de Pierre Bourdieu (2003c; 2007), sob um outro ponto de vista, agora acerca do consumo cultural das diferentes classes sociais. Para o sociólogo, duas grandes ordens de disposições orientam a formação do gosto e do consumo de bens culturais: disposições de ordem ética e de ordem estética.

As disposições de ordem ética, características das classes populares, determinam um *habitus*[18] de consumo baseado em valores éticos, que busca nas obras o que elas "querem dizer", seu conteúdo, isto é,

---

18 Bourdieu (1988) entende por *habitus* o sistema de disposições pelas quais a história se encarna nos corpos, "a interiorização da exterioridade e a exteriorização da interioridade", o que quer dizer que o "corpo está no mundo social, e o mundo social está no corpo. E a incorporação do social, realizada pela aprendizagem, é o fundamento da presença no mundo social, que supõe a ação socialmente bem-sucedida e a experiência ordinária desse mundo como evidentes". O *habitus* é "o modo como a sociedade se torna depositada nas pessoas sob a forma de disposições duráveis, ou capacidades treinadas e propensões estruturadas para pensar, sentir e agir de modos determinados, que então as guiam nas suas

sua função representativa, sua funcionalidade, descartando as questões formais. Tais disposições levam ao que poderíamos chamar de uma "leitura comum",[19] que implica uma relação ética, funcional, com a obra de arte, tendo como base valores éticos ou profissionais do grupo social do qual o consumidor faz parte.

Já as disposições estéticas, privilégio das classes cultivadas, pressupõem liberdade em relação às pressões materiais e às urgências temporais, o que leva à possibilidade de um distanciamento entre o objeto consumido e aquele que o consome e, por conseguinte, ao acesso a uma arte "desinteressada", que não precisa ter função ou utilidade externa, mas que pode ser consumida por si mesma, sem outra finalidade. Tais disposições levam ao que poderíamos chamar de uma leitura literária ou erudita, na qual o texto é tratado como forma pura e o prazer estético se torna a única e primeira razão de ler (Baudelot e Cartier, 1998).

Presente na base do desenvolvimento das diferentes disposições éticas e estéticas está o que Bourdieu chama de *capital cultural*, conceito por ele criado para dar conta da desigualdade de desempenho escolar de crianças provenientes de diferentes classes sociais, no intuito de romper com os pressupostos inerentes que consideravam o sucesso ou o fracasso escolar efeito de "aptidões" ou de "capital humano". Constatando haver uma transmissão doméstica desse tipo de capital, o sociólogo identifica que ele pode existir sob três formas: no estado incorporado (sob a forma de disposições duráveis do organismo); no estado objetivado

respostas criativas aos constrangimentos e solicitações do seu meio social existente" (Wacquant, 2007).

19 O termo "leitura comum" é usado por Robert Darnton (1992) para qualificar o modo de leitura de um negociante de final do século XVIII, que utiliza o texto como um instrumento para chegar a fins que lhe são exteriores.

(em forma de livros, quadros, objetos); e no estado institucionalizado (sob a forma de certificados e diplomas escolares).[20]

Diferentes disposições determinadas por diferentes *habitus* e capitais culturais definiriam, portanto, diferentes modos de leitura e de apropriação das obras literárias. É assim que, para que o aluno se torne um leitor literário, é necessário que ele possa desenvolver as

---

20 Para Bourdieu (1998), no *estado incorporado*, o capital cultural está ligado ao corpo e pressupõe sua incorporação. Esse capital é, assim, um trabalho do sujeito sobre si mesmo e relaciona-se ao investimento pessoal. O capital cultural incorporado "[...] é um ter que se tornou ser, uma propriedade que se fez corpo e tornou-se parte integrante da 'pessoa', um *habitus*. Aquele que o possui 'pagou com sua própria pessoa e com aquilo que tem de mais pessoal, seu tempo. [...] Pelo fato de estar ligado, de múltiplas formas, à pessoa em sua singularidade biológica e ser objeto de uma transmissão hereditária que é sempre altamente dissimulada, e até mesmo invisível, [...] consegue acumular os prestígios da propriedade inata e os méritos da aquisição. Por consequência, [...] está mais predisposto a funcionar como capital simbólico, ou seja, desconhecido e reconhecido, exercendo um efeito de (des)conhecimento, por exemplo, no mercado matrimonial ou no mercado de bens culturais, onde o capital econômico não é plenamente reconhecido" (Bourdieu, 1998, p. 74-75). No *estado objetivado,* esse capital encontra-se em sua materialidade, tal como livros, escritos, pinturas, monumentos etc. Tal capital cultural é transmissível, mas, segundo o sociólogo, "é preciso não esquecer, todavia, que ele só existe e subsiste como capital ativo e atuante, de forma material e simbólica, na condição de ser apropriado pelos agentes e utilizado como arma e objeto das lutas que se travam nos campos da produção cultural (campo artístico, científico etc.) e, para além desses, no campo das classes sociais, onde os agentes obtêm benefícios proporcionais ao domínio que possuem desse capital objetivado, portanto, na medida de seu capital incorporado" (1998, p. 78). Logo, o capital cultural incorporado é condição de apropriação do capital cultural objetivado. No *estado institucionalizado,* esse capital vai se materializar em diplomas e certificados, que conferem ao seu portador um valor convencional, constante e juridicamente garantido no que diz respeito à cultura. Isso se deve, em parte, ao que Bourdieu chama de "magia", isto é, uma "crença coletiva" que atribui um valor instituído, um "reconhecimento institucional" aos diplomados.

disposições estéticas que levem ao hábito específico desse tipo de leitura, sem esquecer a necessidade de aquisição de capital cultural, objetivado e incorporado.

Sob um outro enfoque, Hans Robert Jauss, teórico da Estética da Recepção, também entende que uma obra literária pode ser julgada em função de duas séries de critérios. A primeira, de ordem estética, é constituída de critérios internos ao campo artístico e literário, dentro do qual a avaliação da qualidade do texto é feita levando-se em conta outras obras do mesmo autor ou de outros escritores e se efetua sob o prisma da crítica literária, de seus conceitos e de seus valores historicamente estabelecidos. A segunda, de ordem ética, externa ao campo literário, teria como critérios de julgamento os valores da experiência e da vida cotidiana associados, direta ou indiretamente, às condições sociais do leitor (Baudelot e Cartier, 1998).

Jauss, no entanto, não quer com isso acusar os critérios estéticos de elitistas. Ao contrário, o teórico defende a experiência estética da arte e o prazer estético que daí advém como possibilidades de se chegar ao conhecimento e à ação. Em suas palavras:

> Em que consiste porém a experiência estética original? Como, afinal de contas, o prazer estético se distingue do prazer dos sentidos? Como a função estética do prazer se relaciona com outras funções do mundo cotidiano? [...] A função cognitiva do prazer estético, que ainda se mostrava no *Faust* do Goethe contra a capacidade cognitiva abstrata e conceitual, só foi abandonada no século XIX, com a autonomização progressiva da arte. Também para a arte antiga, pré-autônoma, que de múltiplas formas mediava a ação, aquela função cognitiva era inquestionável. Hoje, ao invés, levianamente acusa-se muitas vezes a arte de corroborar os interesses dominantes, sendo mal compreendida ao ser tomada como mera transfiguração do *status quo* e, assim, severamente rejeitada. (Jauss, 2002, p. 95-96).

A questão então continuaria sendo: como conduzir os alunos à experiência estética, longe de uma práxis utilitária, e ao prazer que essa experiência pode trazer?

≈

Recentes pesquisas francesas realizadas com adolescentes sobre suas práticas de leitura, que têm como objeto a formação de sujeitos leitores, são concomitantes a uma nova perspectiva que se abre para o ensino de literatura na França. Jean Verrier (2007), por exemplo, recoloca a questão do ensino da disciplina dentro do âmbito escolar francês, retomando as reflexões de Sartre e indicando a nova direção que esse ensino parece tomar: "O aspecto mais característico dessas últimas décadas é talvez esse deslocamento que consiste em fazer não a pergunta que fazia muito pertinentemente Sartre em 1947, 'o que é a literatura?', mas 'o que é a leitura literária?'" (Verrier, 2007, p. 211). Portanto, não se trata mais de ensinar um conteúdo, a literatura, mas de ensinar um modo de ler um texto específico, de ensinar a leitura literária.

Baudelot e Cartier (1998), em pesquisa de largo espectro em que acompanharam um grupo de mais de 800 adolescentes durante três anos, coletando dados sobre seus hábitos de leitura, levantaram algumas questões. Uma delas tem que ver com a constatação de uma diminuição das práticas de leitura entre os jovens na passagem do *collège* (nosso ensino fundamental II) ao *lycée* (relativo ao nosso ensino médio). Segundo eles, os adolescentes, acostumados a leituras comuns, marcadas por disposições éticas, nas quais procuram entretenimento, identificação, respostas a questões imediatas que os preocupam e que fazem parte de seu cotidiano, leituras que fazem parte de um circuito que inclui a televisão, o cinema e a internet, encontram dificuldades quando, no liceu, deparam a obrigação da leitura de livros orientada dentro de um universo de referências literárias, atividade marcada por disposições estéticas, que exige deles o distanciamento e a reflexão. A leitura dos grandes autores que fazem parte do programa, conforme os pesquisadores, é efetuada pelos jovens como uma prática sem crença: no liceu, a leitura escolar passa a ser uma leitura forçada.

Annie Rouxel (2012), pesquisando autobiografias de leitores e identidades literárias no liceu e na universidade, também identifica uma cisão entre o leitor escolar e "o outro leitor que está em nós". Para ela, a obrigação escolar da leitura é vista pelos jovens como causadora de "feridas" e os leva a conjugar o verbo *ler* juntamente com o verbo *dever*. A pesquisadora identifica quatro categorias distintas de sujeitos leitores: o escapista, *"le fugueur"* (que escapa à realidade em suas leituras; leitura de evasão, de ritmo rápido, interessada na intriga, na trama); o espectador (que privilegia os ecos dos textos em si mesmos e cuja empatia com os personagens suscita uma viagem dentro da própria identidade); o boêmio (cuja leitura serve à meditação, à divagação, ao gozo); e o crítico (leitor *expert*, sensível aos efeitos do texto e atento à sua forma). A partir da análise dos discursos dos leitores, Rouxel constata que a instituição escolar tende a hierarquizar esses diferentes leitores e chama a atenção para o fato de que todos esses "tipos" estão presentes nos que praticam a leitura literária. Nessa direção, conclui que são urgentes atividades escolares que considerem a formação do sujeito leitor e suas diferentes facetas e não se restrinjam a práticas formais de leitura: "Essas atividades que se sustentam numa confrontação íntima do jovem leitor e do texto literário dão mais lugar à expressão da subjetividade e deveriam favorecer a emergência de gostos e de uma identidade literária." (Rouxel, 2012, p. 83).

Logo, trata-se da formação de sujeitos leitores que possam gozar da experiência estética perante o texto literário, objetivo compartilhado pelas OCNEM recém-publicadas e com as quais concordamos. Mas para que alunos possam ser formados dentro dessa perspectiva, os próprios professores precisam ser eles mesmos sujeitos de suas leituras. As questões que nos colocamos então foram: são os professores leitores literários?; estão eles preparados para ensinar a seus alunos uma leitura literária? Com essa perspectiva em mente, partimos para a pesquisa de campo a fim de, pela via da análise de dados empíricos, conferir as possibilidades reais de uma tal orientação curricular ser colocada em prática.

capítulo 2

OS QUESTIONÁRIOS

"[a escrita e a leitura] não podem ser objetos de um procedimento espontâneo de aquisição: trata-se aí, necessariamente, de práticas sociais instituídas em que o simples contato com os escritos e a observação das leituras, silenciosas ou não, não são suficientes para transmitir"

François Bresson

PERSPECTIVA METODOLÓGICA

Considerando a hipótese de que professores de português só serão capazes de ensinar leitura literária se forem efetivos leitores literários, propusemo-nos a buscar elementos que nos ajudassem a traçar uma espécie de perfil médio de um professor de português da rede estadual da cidade de São Paulo hoje, com a intenção de investigar que tipo de sujeito leitor ele é e quais são as relações entre seus hábitos de leitura e sua prática docente.

Para conseguir elementos que ajudassem a responder a tais questões, optamos primeiramente por uma pesquisa de caráter exploratório, a partir da qual procuramos identificar tendências e padrões relevantes. Tal exploração foi realizada com o auxílio de um questionário com perguntas abertas e fechadas aplicado a 87 docentes, provenientes de 83 estabelecimentos estaduais[1] destinados exclusivamente ao ensino médio, de um total de 213 existentes na cidade. Ainda que a pesquisa conte com respostas de professores provenientes de 39% das escolas estaduais paulistanas desse nível de ensino, os dados obtidos não têm pretensão de representatividade estatística de uma realidade, uma vez que não é essa a proposta deste trabalho.[2]

---

1 Cf. a relação de escolas estaduais no Anexo B.

2 Uma investigação por método estatístico não se encontrava no âmbito de nossas possibilidades no mestrado, tanto em função de nossos objetivos e de nossa formação como dos prazos então previstos para o desenvolvimento da pesquisa.

Um primeiro conjunto de dados foi coletado em quatro entrevistas compreensivas[3] com professoras da rede estadual que assistiram às aulas de Metodologia do Ensino de Língua Portuguesa (MELP) da FEUSP no primeiro semestre de 2006, a título de curso de extensão.[4] A partir dessas entrevistas, conversas livres sobre os hábitos pessoais de leitura, sobre as concepções de literatura e sobre suas práticas de ensino, que foram gravadas e analisadas, foi elaborado um questionário, constituído de 34 questões, abrangendo os seguintes aspectos:

1. **dados pessoais e profissionais** (nome, idade, escola e região em que trabalha, anos para os quais leciona, tempo de atuação como professor, horas semanais trabalhadas);
2. **formação** (nível de formação escolar dos pais; se cursou o ensino fundamental e o médio em escola pública ou privada; faculdade que frequentou; se faz ou fez cursos de especialização ou pós-graduação);
3. **hábitos de leitura** (hábitos de leitura na família durante a infância; se existiam livros na casa de seus pais; hábitos de leitura no presente; formação como leitor literário);

---

3 Utilizamos aqui o termo no sentido weberiano, a partir de Kaufmann (1996, *apud* Zago, 2003), que define esse tipo de entrevista como um instrumento integrante na construção do objeto pesquisado, cujas questões previamente definidas podem sofrer alterações conforme o direcionamento que se pretende dar à investigação. Trata-se, assim, de entrevista não estruturada, constituída no diálogo entre informante e pesquisador.

4 Na época, participávamos do Programa de Aperfeiçoamento de Ensino (PAE) como monitora desse curso de MELP e já havíamos tido contato com essas docentes em sala de aula. Criado em 1992 pela Pró-Reitoria da Universidade de São Paulo, o PAE é um programa de estágio destinado exclusivamente aos alunos de pós-graduação de mestrado e doutorado matriculados na USP e que tem como objetivo aprimorar a formação desses pós-graduandos para o exercício da docência no ensino superior. Nele, está prevista uma etapa de Estágio Supervisionado em Docência, que é realizada especificamente em disciplinas de graduação. Mais informações sobre o programa podem ser encontradas no site da USP: www.usp.br.

4. **literatura e ensino** (avaliação do ensino de literatura quando aluno e como professor; prática de ensino de literatura; frutos que colhe e problemas que encontra).[5]

Ir de escola em escola em busca de um número significativo de professores para compor a nossa amostra que pudesse responder ao questionário, visando a constituir com algum rigor esse perfil médio do professor, revelou-se desde o início impossível, devido às limitações dos prazos de uma pesquisa de mestrado. Portanto, a possibilidade de que ele fosse aplicado a vários professores simultaneamente em reuniões do Trabalho na Rede do Saber (TRS),[6] em que são realizados estudos dirigidos com a presença de docentes do estado de diversas áreas, pareceu alentadora. Tais reuniões fazem parte do programa de formação continuada do governo estadual paulista para professores do ensino médio intitulado Ensino Médio em Rede (EMR).[7]

---

5 Cf. questionário no Anexo A.

6 O acesso às reuniões se tornou possível graças a duas colegas de pós-graduação, Regina Resek e Márcia Feitosa, funcionárias à época, respectivamente, da Secretaria da Educação do Estado de São Paulo e da Diretoria de Ensino (DE) Leste 4, a quem mais uma vez agradecemos.

7 O programa, de formação em serviço de professores, existiu de 2004 a 2006, durante a gestão Alckmin, e foi uma iniciativa do então secretário da Educação, Gabriel Chalita. Quando José Serra assumiu o governo estadual em 2007, o EMR foi temporariamente suspenso. Esse programa foi elaborado tendo em vista os problemas detectados a partir do Sistema de Avaliação de Rendimento do Estado de São Paulo (Saresp), e todo o material utilizado nas atividades foi produzido pela Coordenadoria de Estudos e Normas Pedagógicas (CENP). Segundo seu regimento (http://www.rededosaber.sp.gov.br/portais/emrede/Home/Regimento/tabid/596/language/pt-BR/Default.aspx, acesso em 13/3/2012), o EMR tinha como objetivos: discutir o currículo do ensino médio; desenvolver nos assistentes técnico-pedagógicos e professores coordenadores capacidade de análise crítica de propostas curriculares e orientá-los no planejamento de intervenções na escola; desenvolver competências leitoras e escritoras dos agentes educacionais; promover a integração de professores de diferentes áreas; possibilitar a esses agentes o acesso e a utilização de novas tecnologias de

Partimos, então, para a aplicação do questionário em quatro Diretorias Educacionais (DE) de diferentes pontos da cidade:[8] Centro-Oeste, Leste 4, Norte 1 e Sul 3. Dessa maneira, em cinco visitas a quatro DE pudemos obter respostas de grupos de professores e, ao mesmo tempo, verificar, pelos dados coletados em regiões diversas da cidade, as diferenças que existem na formação e nas práticas de ensino dos professores em função do local no qual atuam e onde provavelmente moram.

---

comunicação visando a sua formação. Podiam participar do programa professores do ensino médio, professores coordenadores e mediadores (supervisores e assistentes técnico-pedagógicos). Estavam previstos trabalhos coletivos e individuais. Era esperado dos professores que participassem das atividades nas diretorias de ensino e que repassassem as informações e discussões realizadas aos colegas de suas respectivas escolas nas reuniões de Hora de Trabalho Pedagógico Coletivo (HTPC). Os professores que participavam do programa recebiam um certificado de conclusão equivalente a um curso de extensão cultural.

As críticas feitas ao EMR pelos próprios coordenadores, assistentes técnico-pedagógicos e pelos professores que dele participaram, ouvidas durante a coleta de dados, foram as seguintes: 1) os programas de formação continuada geralmente tiram o professor da escola e o deixam sem substituto à altura; 2) o espaço para as discussões nas HTPCs é parco; 3) a parceria entre as oficinas (nas quais os programas acontecem) e as escolas é difícil de ser estabelecida; 4) os coordenadores não têm formação específica para liderar e coordenar o trabalho.

8 A DE Centro-Oeste tem seu endereço à rua Dr. Paulo Vieira, nº 257, no bairro do Sumaré, e atende às escolas dos bairros: Alto de Pinheiros, Butantã, Campo Belo, Itaim Bibi, Jaguaré, Jardim Paulista, Lapa, Moema, Morumbi, Pinheiros, Raposo Tavares, Rio Pequeno, Saúde, Vila Andrade, Vila Leopoldina e Vila Sônia. A DE Leste 4 tem sua sede à rua Dona Matilde, nº 35, na Vila Matilde, e atende às escolas dos bairros: Aricanduva, Artur Alvim, Cidade Líder, Itaquera, Parque do Carmo, São Mateus, Sapopemba e Vila Matilde. A DE Norte 1 encontra-se à rua Fáustolo, s/nº, no bairro da Água Branca, e atende às escolas dos bairros: Anhanguera, Brasilândia, Freguesia do Ó, Jaguará, Perus, Pirituba, São Domingos e Tucuruvi. A DE Sul 3 fica na rua Alcindo Ferreira, nº 4, no bairro de Cidade Dutra, e atende às escolas dos bairros: Cidade Dutra, Grajaú, Marsilac, Parelheiros e Socorro. Cf. mapa da cobertura das diretorias pesquisadas no Anexo B.

Considerando a análise dos dados coletados por intermédio dos questionários como uma primeira fase da pesquisa a que nos propusemos, apresentamos a descrição da situação em que os dados foram coletados, bem como considerações críticas a essa situação, num primeiro tópico (*Imposição da situação de pesquisa: a coleta dos dados*). A partir da análise das respostas fechadas ao questionário, que foram tabuladas e estão apresentadas graficamente neste capítulo (cf. p. 118 a 120), buscamos traçar um perfil desses professores com base em indicadores como seu capital cultural herdado e adquirido, suas condições de trabalho e suas disposições e atitudes em relação à leitura (tópico *Perfil dos professores de português da rede estadual da cidade de São Paulo*). Já para a análise dos dados obtidos com as respostas às questões abertas dos questionários, foram selecionados 16 professores, dentre os 87 que participaram dessa fase, sendo quatro de cada diretoria, para que pudessem ser averiguadas as repetições nos discursos sobre a literatura, sobre a forma de ensiná-la e sobre os problemas enfrentados na prática docente (tópico *Análise das respostas de 16 perfis selecionados dentre o* corpus *da pesquisa*). Desses 16 perfis selecionados, foram escolhidos ainda quatro professores cujas trajetórias de formação como sujeitos leitores foram delineadas (tópico *Diferença entre os percursos de formação de quatro professores*). Os dados analisados nessa primeira fase da pesquisa serviram de base para o encaminhamento da segunda fase, na qual buscamos aprofundar as questões aqui levantadas por intermédio de entrevistas compreensivas com quatro professores (três dos quais conhecemos durante a aplicação dos próprios questionários), cujas análises constam do capítulo 3.

IMPOSIÇÃO DA SITUAÇÃO DE PESQUISA: A COLETA DOS DADOS

Na elaboração do questionário para a coleta dos dados a respeito do professor de português, procurou-se incluir questões fechadas e abertas que, cruzadas, pudessem desvendar eventuais profissões de fé estéticas que não correspondessem a práticas reais dos professores.

Segundo a perspectiva teórica de Bourdieu (2006), os bens culturais possuem uma economia específica e seus consumidores têm suas práticas culturais e preferências em matéria de literatura, pintura ou música associadas a seu nível de instrução e a sua origem social. Tais práticas e preferências em termos de consumo cultural daquilo que é reputado ou não como prestigiado e legítimo[9] são predispostas por gostos, que funcionam como signos distintivos dentro da hierarquia social. Ou seja, assumir-se como leitor de Paulo Coelho tem uma conotação referente a uma cultura considerada legítima cujo valor é diverso de assumir-se como leitor de Guimarães Rosa, por exemplo. Isto porque, dentro do campo da literatura, os dois autores citados ocupam posições distintas e a opção por um deles indica gostos distintos identificados a essas posições.

Mas, como a situação impositiva da pesquisa cultural cria uma relação entre pesquisador e pesquisado que é semelhante a um exame avaliativo, e como as classes sociais se diferenciam "menos pelo grau

---

9 Para Bourdieu (1983; 2003c; 2006), a cultura legítima seria aquela consagrada e transmitida pela escola e reconhecida como a única universalmente válida pelas classes dominantes, apesar de não ser objetivamente superior a nenhuma outra e de ser o valor que lhe é concedido arbitrário, não estando fundamentado em nenhuma verdade objetiva, inquestionável. Nesse sentido, a cultura escolar, mantenedora da ordem social vigente, seria a cultura imposta como legítima pelas classes dominantes. O sociólogo ressalta ainda que, muitas vezes, os sujeitos das classes desfavorecidas tendem a reconhecer essa cultura como legítima, sem que, no entanto, tenham tido a possibilidade de conhecê-la.

em que reconhecem a cultura legítima do que pelo grau em que a conhecem" (Bourdieu, 2006, p. 298), a tendência dos entrevistados é de buscar propor opiniões e práticas mais conformes à definição legítima, dissimulando uma eventual indiferença ou rejeição a essa cultura considerada legítima – da qual, na maioria das vezes, o entrevistador é visto como depositário. Trata-se, por conseguinte, de uma relação de poder, na qual o pesquisador ocupa uma posição privilegiada de observador e, quando este é percebido como socialmente superior em função do lugar de onde fala e pergunta, pode redobrar o receio de objetivação por parte dos pesquisados.

Foi, pois, sob essas circunstâncias que obtivemos as respostas dos professores ao questionário da pesquisa. Ressaltando que sua participação não foi compulsória e que lhes foi assegurado que suas identidades seriam preservadas e suas respostas, confidenciais, há que se considerar o fato de o convite aos professores para que respondessem ao questionário ter sido feito em reuniões de cursos de formação continuada, sob a supervisão de uma assistente técnico-pedagógica (ATP) de português e a partir da solicitação de uma mestranda da FEUSP – lugar institucional com alta taxa de legitimidade acadêmica. Essa situação de quase imposição institucional certamente definiu o tom e os contornos dos discursos dos professores (em conversas informais posteriores à coleta dos dados, alguns deles se referiram a si mesmos como "objeto" de nossa pesquisa). Tais condições de produção, provavelmente, conduziram esses docentes a adotarem atitudes defensivas, como quando, por exemplo, constroem uma imagem de seu aluno como problemático na tentativa de justificar o fracasso do ensino de literatura implícito em suas respostas. E ainda que o encadeamento das questões tenha sido planejado para que eventuais contradições nas respostas pudessem vir à tona ao longo do questionário, o que nos restou foi ter em mente as condições de produção das enunciações coletadas quando do momento da análise.

De qualquer modo, a oportunidade de ter coletado esse primeiro conjunto de dados em reuniões de TRS, que aconteceram entre os meses de julho e outubro de 2006, foi fundamental para o andamento da pesquisa.

≈

Depois de atender aos trâmites burocráticos específicos, tivemos acesso a 19 professores de português do ensino médio da região da DE Leste 4 durante um encontro de TRS, que aconteceu logo após a assistência a um vídeo do EMR.

Nesse vídeo, o professor do Instituto de Psicologia da USP Lino de Macedo discorreu sobre as mudanças que vêm acontecendo no mundo atual e abordou a necessidade de um ensino interdisciplinar, que pudesse dar aos alunos a oportunidade de trabalhar o mesmo conteúdo a partir de diferentes perspectivas. Na sequência, três outros acadêmicos das áreas de história, física e linguística,[10] deram sugestões de como um determinado conteúdo poderia ser abordado interdisciplinarmente em suas respectivas áreas. Os assuntos abordados no vídeo foram então debatidos pelos professores, que colocaram em xeque o trabalho interdisciplinar proposto para a escola básica, apresentando como argumento o fato de que nem na universidade os conteúdos são estudados dessa maneira, o que teria como consequência lógica o ensino compartimentado na escola. Durante a discussão, coordenada pelas ATP de português e de química (esse TRS agrupou professores das áreas de Linguagens, Códigos e suas Tecnologias e de Ciências da Natureza, Matemática e suas Tecnologias), ficou explícita

10 No caso, a Profa. Dra. Roxane Rojo, à época vinculada ao Programa de Estudos Pós-Graduados em Linguística Aplicada (Lael) da PUC-SP, que atualmente desenvolve pesquisas na Universidade Estadual de Campinas (Unicamp). Rojo prestou também, durante nove anos, assessoria ao PNLD de português do FNDE.

a resistência dos professores à implementação de projetos e trabalhos interdisciplinares, e o espaço foi tomado por questões de outra ordem. Um dos professores reclamou que, para os alunos, a escola havia se tornado um "simples espaço de socialização", no qual os conteúdos trabalhados não tinham qualquer importância; um outro professor mencionou a falta de tempo para as reuniões de elaboração de projetos dentro das escolas, afirmando que elas acabavam sendo feitas em outros horários, já que não estavam previstas na legislação. Tais questões levantadas pelos professores, contudo, não foram discutidas, nem qualquer solução foi esboçada para os problemas por eles apresentados, já que essa etapa do trabalho teve de ser finalizada em função da pausa para o café, servido no corredor do lado de fora da sala. Nessa situação, ficaram explícitas a falta de espaço para a escuta dos problemas colocados pelos professores e a distância entre as questões teóricas trabalhadas pela academia, ali representada pelo vídeo institucional produzido pelo estado, e as preocupações pragmáticas dos professores, envolvidos com questões burocráticas e com seus pontos de vista concernentes aos alunos.

Durante o café, professores de diferentes escolas trocaram informações sobre problemas específicos. Tivemos, então, oportunidade de ouvir reclamações a respeito de coordenadores e de alunos de maneira geral, com alguns professores queixando-se do trabalho com estudantes em liberdade assistida que, cotidianamente, levam armas de fogo para a sala de aula. Queixas a nosso ver legítimas, relacionadas à violência dentro da escola e da sala de aula, das quais o programa de formação não dá conta e para as quais os professores parecem não ter interlocutores.

De volta ao trabalho, a ATP de português apresentou-nos ao grupo e formalizou o pedido de resposta ao questionário da pesquisa. A maioria dos professores se dispôs a respondê-lo, com exceção de apenas dois que não quiseram participar. Como levaram mais de 40 minutos na atividade e algumas questões não alcançaram o objetivo desejado, o questionário foi revisto após essa primeira coleta de dados: houve o corte de algumas perguntas, a reformulação de outras e, ainda, uma reorganização da ordem das questões.

A segunda coleta de dados, feita na DE Sul 3, foi realizada no período noturno, antes de a reunião de TRS começar. Numa conversa informal com a ATP de português responsável pelo trabalho, ficou claro que os resultados obtidos com o programa EMR não correspondiam às suas próprias expectativas ou mesmo aos objetivos que ela creditava à Secretaria de Educação do Estado. Segundo essa ATP, as mudanças efetivas na prática dos professores são poucas. De maneira geral, as ATP de português com as quais tivemos contato durante essa fase da pesquisa deram a entender que encaravam a proposta de formação continuada da Secretaria de Educação como um "engodo". Duas delas indicaram que o problema estava nos professores, enquanto outras duas apontaram problemas no planejamento do próprio programa.

A atividade que seria proposta durante o TRS na DE Sul 3 era relativa aos gêneros do discurso e seria baseada em material da Coordenadoria de Estudos e Normas Pedagógicas (CENP) – ao qual não tivemos acesso – e no trabalho com os PCN+.[11] Na sala, a ATP recriminou os professores que não haviam trazido as apostilas, recebidas em reunião anterior, tratando-os como se fossem alunos adolescentes.[12] Tal prática foi recorrente entre as assistentes que

11 As ATP e os professores ainda não haviam tido acesso às novas Orientações Curriculares Nacionais do Ensino Médio (OCNEM, 2006), à época já disponíveis no site do MEC. Entre os PCN+ e as OCNEM há diferenças significativas, sobretudo em relação ao ensino de literatura, praticamente ausente dos primeiros.

12 Lahire (2004, p. 63) chama atenção para o fato de os professores serem colocados na mesma relação de comunicação diante das instituições governamentais

observamos, talvez em função de terem sido elas mesmas professoras da rede que, a partir de determinado momento, julgaram interessante, do ponto de vista da carreira, desenvolver um trabalho dentro das diretorias. Escolhidos por meio de indicação da diretora da DE ou da diretoria da própria escola, não é necessário prestar concurso nem está prevista qualquer formação específica para que um professor se torne um ATP. O que há são reuniões burocráticas com os coordenadores e diretores das DE, que não tratam de questões pedagógicas. Como professores que estavam ativos nas salas de aula do ensino básico tornam-se capacitadores de seus próprios colegas sem uma formação específica para desenvolver tal função? Além disso, é provável que essa mudança de cargo gere conflitos na escola entre colegas da mesma área, especialmente.

Vinte e dois professores da DE Sul 3[13] responderam ao questionário. Somente uma professora, que afirmou não gostar de deixar seu nome em pesquisa alguma, recusou o convite. Eles levaram cerca de vinte a trinta minutos na atividade e não apresentaram qualquer questão ou dúvida.

---

como seus alunos diante da instituição escolar. Isso pode ser verificado, por exemplo, nos documentos destinados aos docentes, nos quais o uso do imperativo prescreve uma execução precisa e rigorosa (cf. regimento do EMR, vide nota 7, p. 89). Da mesma forma como é dito ao aluno "Copie da lousa e responda", é dito ao professor: "Faça um contrato...", "Peça a escrita de um artigo...". Essa mesma relação de comunicação apareceu nas reuniões de TRS a que assistimos.

13 Os professores da DE Sul 3 pareceram ter um nível socioeconômico superior ao dos professores que encontramos na DE Leste 4: estavam mais bem vestidos, eram de uma faixa etária mais avançada e, quando chegamos à sala acompanhados da ATP, liam jornais (*Folha* e *Estado de S. Paulo*), revistas (*Veja*) e livros. A partir apenas do que observamos durante a coleta, já que não obtivemos dados sobre o nível socioeconômico dos professores mediante o questionário, é possível inferir que os docentes das diretorias das zonas Sul e Oeste têm maior poder aquisitivo em relação a seus colegas das diretorias das zonas Norte e Leste.

A terceira coleta de dados tomou lugar na DE Norte 1. Nessa diretoria, acompanhamos o trabalho com professores distribuídos em duas turmas: 15 professores na diurna e 16 na noturna. As duas ATP, ex-professoras do ensino fundamental que haviam acabado de assumir a nova tarefa de trabalhar com os docentes do ensino médio nesse programa de formação continuada, bem-intencionadas, se envolveram no planejamento das atividades e no preparo do intervalo para o café. Na parede da sala destinada às atividades do programa, estava pendurada uma grande árvore de cartolina colorida, na qual os professores haviam sido convidados a colar pedacinhos de papéis em forma de pequenas folhas, em que haviam escrito "pensamentos" e "desejos" que gostariam de compartilhar ao longo dos encontros. Ao final da reunião que presenciamos, uma das ATP trouxe bexigas coloridas que, ao serem estouradas, liberaram "mensagens" escritas em pequenas tiras de papel, que foram lidas em voz alta pelos professores. O teor desses escritos, a organização do espaço e o encadeamento das atividades fizeram com que o encontro tivesse um tom de autoajuda[14] ou de uma festa de fim de ano.

Nas duas turmas, houve uma discussão rápida sobre a noção de gênero do discurso, proposta a partir de um texto produzido por Jacqueline Peixoto Barbosa para o Programa PEC – Formação

---

14 Durante o 11º Encontro Nacional do Livro Didático, seminário organizado pelo FNDE em Manaus, em final de abril e começo de maio de 2007, destinado a coordenadores de escolas estaduais de todo o Brasil, além de mesas-redondas em que se discutiram assuntos pertinentes ao livro didático, à prática docente e a questões burocráticas da administração escolar, houve também, numa sessão de entretenimento, uma palestra do autor de *best-sellers* autoajuda, Augusto Cury, que aliás foi citado recorrentemente nos questionários dos professores. Se uma palestra com esse teor é proposta em um encontro oficial e institucional do próprio governo federal, não surpreende que a prática esteja presente de maneira oficiosa em reuniões de formação continuada do Estado de São Paulo.

Universitária Municípios.[15] No material, destinado a participantes do programa de formação continuada de professores de 1ª a 4ª séries,[16] é discutida de forma introdutória, simples e clara, a noção de gênero do discurso, a partir da perspectiva teórica de Mikhail Bakhtin.

Logo após esse trabalho, observamos uma atividade desenvolvida a partir da leitura da crônica "O rio São Francisco no Paraná", de Rubem Alves. Em seu texto, em função de uma informação errada dada por uma aeromoça sobre o nome de um rio durante um voo comercial, o autor tece reflexões sobre os conhecimentos utilitários transmitidos na escola, sobre os conhecimentos inúteis que ele próprio acumulou, mas "que dão prazer", e sobre a habilidade que, segundo ele, deveria ser desenvolvida no âmbito escolar, de traçar relações entre o conhecimento formal e a realidade empírica. De certa maneira falacioso, já que a premissa a partir da qual o autor constrói seu texto é apenas

---

15 Segundo dados de 2003 da Secretaria do Estado, o programa denominado PEC – Formação Universitária Municípios, que atendeu aos professores de educação infantil e de 1ª a 4ª séries das redes municipais de ensino, foi criado a partir da parceria inédita entre o Governo do Estado de São Paulo, via Secretaria Estadual de Educação, e os municípios, representados pela União dos Dirigentes Municipais de Ensino (Undime). A gestão do PEC – Municípios esteve a cargo do Fundo para o Desenvolvimento da Educação (FDE) e da Fundação Vanzolini. A Secretaria de Estado da Educação entrou com os recursos tecnológicos, os ambientes de aprendizagem e de ensino, além de ter disponibilizado os recursos didáticos e o material impresso utilizados no programa, que teve início em dezembro de 2002. Para a grande maioria das turmas o trabalho começou no início de 2003 e as atividades foram encerradas em 2004. Dividido em módulos (um módulo introdutório de capacitação em informática e outros três, que trabalharam os conteúdos por eixos temáticos, medida que buscou propiciar uma visão mais integrada das diversas áreas do conhecimento), o PEC tinha duração de até 24 meses, com carga horária total de no máximo 3.300 horas, distribuídas em até 28 horas semanais. O conteúdo exclusivo do programa foi desenvolvido pela PUC/SP e pela USP. Em 2003, o programa chegou a contar com 41 municípios inscritos e atendeu aproximadamente a cinco mil alunos.

16 Atuais 2º a 5º anos.

uma inferência, e com relações não muito claras entre as questões que levanta, a crônica poderia servir à discussão do gênero específico, se fossem analisadas suas características textuais, discutidos os temas de que trata e apontadas algumas de suas falhas estruturais. A atividade proposta pelas ATP, porém, não foi desenvolvida a partir da noção teórica discutida pelos professores anteriormente, mas voltou-se para a questão do "desenvolvimento de habilidades e competências", assunto supostamente tratado pelo autor em sua crônica. Não houve, portanto, nenhuma relação explícita entre as duas atividades de leitura realizadas no TRS.

No trabalho com a crônica, três questões foram colocadas para o debate:

1. Quais as competências desenvolvidas com a aeromoça [personagem da crônica]?
2. Como trabalhar competências e habilidades interdisciplinarmente?
3. Ensinar para a vida *versus* ensinar para o vestibular.

Formaram-se três grupos de trabalho em cada turma (diurna e noturna trabalharam da mesma maneira) e cada um deles encarregou-se de um dos temas da discussão. Ao final de cerca de 40 minutos, houve um debate entre os grupos. O resultado do trabalho foi superficial e fraco, não escapando ao levantamento de ideias do senso comum, como a recriminação da suposta má formação escolar atribuída à aeromoça.

Apesar de o tratamento destinado aos professores nessa DE ter sido o mais infantilizado dentre os observados nas quatro diretorias a que tivemos acesso, a mobilização deles pareceu a maior dentre as reuniões presenciadas, o que poderia indicar talvez uma adequação entre o trabalho desenvolvido pelas ATP e a demanda dos professores em questão. Posteriormente, contudo, durante as entrevistas na segunda fase da pesquisa com um dos professores que participaram deste TRS, isso não se confirmou. Na entrevista, o professor em questão considerou que há falta de formação das ATP e que o trabalho que desenvolvem é inadequado para professores do ensino médio. Para ele: "Elas [as ATP] nem sabem o que é Bakhtin..."

≈

A quarta e última diretoria visitada foi a DE Centro-Oeste, onde tivemos a oportunidade de assistir a uma videoconferência sobre os gêneros do discurso, ministrada ao vivo por uma professora – mestra em Linguística Aplicada pela PUC-SP – para todas as diretorias da rede da cidade de São Paulo. Na aula, a noção de gênero do discurso foi trabalhada mediante a identificação da existência de diferentes esferas de comunicação das atividades humanas, tendo cada uma dessas esferas seus próprios gêneros. Em seguida, foi proposto um exercício: após a leitura de duas manchetes referentes a um mesmo tema extraídas de jornais diversos, os professores deveriam discutir as diferenças entre ambas e as razões dessas diferenças.

Reunidos na sala da DE Centro-Oeste, 25 professores participaram da aula, que levou cerca de duas horas e ocorreu no período da manhã, das 8h às 10h. Após um certo tempo, dois deles dormiam e outros apresentavam sinais visíveis de cansaço e de falta de interesse. Durante a videoconferência, os professores corrigiram constantemente a fala da professora – que não podia ouvi-los –, não perdoando sequer pequenos deslizes da oralidade. Tal comportamento parecia ser um indício de insatisfação com a imposição da situação formativa em si e com a maneira pela qual o programa era conduzido. Já por volta das 9h40 evidenciou-se a dispersão e os professores começaram a conversar alto entre si, enquanto no vídeo era narrada a "história dos gêneros jornalísticos", montada à semelhança de um documentário. O debate sobre as manchetes aconteceu sem muito direcionamento, tendo cada professor trabalhado e discutido as questões com os colegas que estavam à sua volta. A ATP de português encarregada da turma só chegou às 10h10, durante o intervalo entre a videoconferência e o debate que haveria sobre ela, enquanto tomávamos café. Além dos professores, esteve presente à atividade o técnico de vídeo da diretoria, um rapaz de menos de 20 anos, encarregado dos aparelhos de televisão e de vídeo e de ligar e desligar o microfone, caso alguém quisesse falar com a professora. Como poucos docentes quiseram falar com a videoconferencista durante o desenvolvimento dos trabalhos, o jovem técnico se entreteve lendo *As crônicas de Nárnia,* num canto da sala.

Durante o intervalo, conversamos com uma das professoras, que reclamou da brevidade com que os conceitos de gêneros do discurso foram trabalhados durante a videoconferência, da falta de dados bibliográficos dos textos teóricos usados nas aulas do programa e presentes nas apostilas e da superficialidade do trabalho de maneira geral. O material impresso[17] oferecido aos professores, uma fotocópia de oito páginas, trata rapidamente do conceito de gêneros do discurso, traz uma citação de Bakhtin sem indicar a fonte bibliográfica e propõe um esquema de trabalho de "Sequência Didática" sobre o gênero "Artigo de Opinião". Estruturado de maneira esquemática, com definições ilustradas por gráficos malfeitos e textos por vezes confusos e sem revisão, o material parece ter sido elaborado para servir como um roteiro de acompanhamento à exposição que seria feita durante a videoconferência.

Do que pudemos observar do TRS, concordamos com a queixa da professora que conversou conosco durante a pausa para o café: o trabalho com os conceitos foi conduzido de forma rápida e expositiva e

17 Não obtivemos informação a respeito da origem de tal material. Como não se tratava de material impresso pela CENP, mas sim de fotocópias de uma apostila aparentemente elaborada rapidamente, é provável que esta tenha sido produzida na própria DE Centro-Oeste, como foi o caso do material utilizado na DE Norte 1.

não houve abertura para discussão sobre eles entre os professores nem espaço para a colocação de dúvidas ou outras questões que porventura pudessem aparecer. O programa parece antes estruturado para treinar os professores a executar determinadas atividades com textos específicos e a reproduzir com seus alunos uma prática assimilada durante o TRS, do que para formá-los e levá-los a desenvolver com autonomia atividades a partir de gêneros diversos que eles próprios pudessem selecionar para suas salas de aula. Ou seja, o programa parece considerar antes questões técnicas e pragmáticas da aplicação de estratégias de aula baseadas em determinadas correntes teóricas do que promover uma efetiva formação teórica e metodológica dos professores. Posteriormente, conversando com a ATP de português da DE Centro-Oeste, ela própria pareceu considerar o trabalho improdutivo.

Embora não caiba no escopo desta pesquisa a análise crítica deste programa específico de formação continuada, um dentre os vários programas de formação implementados pelos governos estaduais ao longo dos últimos anos, durante a coleta de dados ficou claro que há problemas de diferentes ordens – sistêmica e política – no trabalho proposto por esse projeto do governo estadual.

Levados a participar do programa algumas vezes para atender a um pedido ou a uma indicação do diretor ou coordenador da escola em que estão lotados e outras vezes com a intenção de conseguirem pontuação na carreira, os professores parecem ter uma noção clara da posição que ocupam dentro de um sistema que os considera despreparados e que pretende formá-los. Sua visível falta de paciência e de interesse pelo programa parece ser consequência, entre outras coisas, da falta de escuta por parte da instituição dos problemas práticos que os afligem em sala de aula – o que os desvaloriza como sujeitos.

Preocupados com questões relativas à burocracia interna das escolas, que chega a deixá-los sem tempo para o simples planejamento conjunto dos cursos, os professores não associam o trabalho desenvolvido nas DE a uma possibilidade de mudança em sua atuação docente. Jogam o jogo que o sistema lhes propõe: marcam presença, sendo que são dispensados das aulas que dariam quando têm reuniões do programa; publicam súmulas das discussões em espaços virtuais internos do governo estadual; e ganham pontos em suas carreiras com a expectativa de aumentarem seus baixos rendimentos.

Entre os docentes e o governo, encontram-se as ATP, encarregadas de dar andamento ao trabalho planejado institucionalmente. Sem uma formação específica para lidar com teorias e metodologias que em geral não dominam, essas agentes institucionais indicadas pelos diretores das DE têm certa liberdade para desenvolver projetos próprios durante os TRS anteriores ou posteriores às videoconferências. Não fica claro, no entanto, a partir de que premissas esse trabalho é planejado nem como ele é avaliado, se é que isso acontece em alguma instância.

Da parte do governo federal, o agrupamento imposto pelas Diretrizes Curriculares Nacionais para o Ensino Médio (DCNEM/1999), que reúne professores de língua portuguesa, língua estrangeira, artes e educação física em uma mesma área chamada *Linguagens, Códigos e suas Tecnologias,* pareceu não ter sido bem recebido nem pelas ATP nem pelos próprios docentes. O que pudemos observar durante as reuniões foi a presença maciça dos professores de língua portuguesa, de alguns poucos professores de artes e de língua estrangeira e a ausência absoluta de professores de educação física. As próprias ATP, apreensivas perante atividades que pressupunham a presença destes últimos, deixaram claro que ninguém entendia muito bem por que os professores de educação física faziam parte dessa área. Questões dessa ordem explicitam o abismo existente entre os discursos proferidos no eixo da ESCOLA *como instituição* e os proferidos no eixo da *escola como organização* (Lima, 1996). O que é planejado para a escola na esfera institucional não parece corresponder às demandas dos professores e do cotidiano escolar.

As mudanças que ocorreram na escola desde a chamada "democratização" do ensino básico, que garantiram o acesso a estudantes que até então eram precocemente excluídos do sistema, não garantiram, porém, a possibilidade de alcançar o sucesso escolar. Dentre esses alunos, estão provavelmente os próprios professores que atuam hoje nas escolas públicas, oriundos de famílias cujos pais, em sua grande maioria, não tiveram acesso a uma escolarização de longa duração. Para eles, tanto a formação como alunos, como a própria inserção no sistema escolar do qual fazem parte agora como professores (participando dos cursos de formação continuada oferecidos pelas instâncias governamentais) parecem ser vistas como um engodo. Sem a possibilidade de se tornarem sujeitos de suas ações e de sua formação, cremos que é nesse sentido que os professores explicitam sua posição de "objeto" ao comentarem sua participação em nossa pesquisa durante a coleta dos dados. Como explicita Batista (1998), em seu artigo "O professor é um não leitor?", a formação a que esses docentes que trabalham nas escolas públicas tiveram acesso

> [...] não foi suficiente para criar uma relação não-escolar com a leitura; não foi suficiente para promover o domínio das formas prestigiadas de apropriação da cultura legítima.
>
> [...] Assim, no final das contas, a experiência de mobilidade cultural e escolar deve ter, para os professores, um caráter de "fracasso relativo": sua autoimagem como leitores é, a todo momento, arranhada pela imprensa, pela pesquisa, pelos formadores de professores; mas os docentes devem, ao mesmo tempo, criar para si mesmos e para os outros a crença em suas competências em

matéria de cultura legítima, evitando denunciar a si mesmos e ao "blefe" cultural que, na verdade, mantêm. (Batista, 1998, p. 57-58).

PERFIL DOS PROFESSORES DE PORTUGUÊS DA REDE ESTADUAL DA CIDADE DE SÃO PAULO

Dos 87 professores de português do ensino médio que formam o *corpus* desta amostra, 82% são do *sexo* feminino, 16% são do sexo masculino e 2% não responderam à pergunta. Levando em consideração os dados de pesquisa realizada por Vieira (1988) com 98 professores do ensino secundário da década de 1980, dentre os quais 64,3% eram do sexo feminino, e os dados de pesquisa realizada por Paulino *et al.* (1999) com 138 professores de português da rede municipal de Belo Horizonte, dentre os quais 80,44% dos entrevistados eram do sexo feminino – pesquisas efetuadas a partir de metodologias diferentes –, acreditamos ser possível inferir que há atualmente uma predominância de mulheres entre os professores de língua portuguesa, levando à possível caracterização do ensino desta disciplina específica como uma função feminina.[18]

Com relação à *escolaridade paterna* (cf. gráfico 1, p. 118), 14% dos professores entrevistados têm pais sem escolaridade e 53% deles têm pais que cursaram até o ensino fundamental I. Ou seja, 67% dos pais desses professores só tiveram acesso à escola até a antiga 4ª série do

18 Essa tendência parece ficar clara já nos cursos de Letras, que contam com número expressivamente maior de mulheres entre seus alunos. As facilidades encontradas no ingresso de tais cursos – cujas notas de corte são menores do que outros cursos mais prestigiados academicamente –, sua curta duração – que determina investimentos econômicos e de tempo menores – e a relativa oferta de cargos podem ser também fatores que contribuem para esse quadro: as mulheres ainda tendem a ocupar profissões menos valorizadas econômica e socialmente. Além disso, a possibilidade de trabalhar somente meio período e de poder cuidar dos filhos e da família no restante do tempo foi indicada por algumas professoras como motivação para a escolha da carreira.

curso primário. Na outra ponta, somente 6% dos pais desses professores chegaram ao ensino superior. Números muito parecidos surgem com relação à *escolaridade materna* (cf. gráfico 2, p. 118) desses docentes: 13% deles têm mães sem escolaridade nenhuma e 58% têm mães que cursaram até o ensino fundamental I, o que quer dizer que 71% das mães desses professores chegaram no máximo até a antiga 4ª série do primário. Mais uma vez na outra ponta, as mães dos professores que alcançaram o ensino superior somaram apenas 5%. Como todos os professores entrevistados têm curso superior completo, conclui-se que eles são, em sua grande maioria, os primeiros sujeitos de suas famílias de origem a ter acesso a uma escolarização de longa duração.

Ainda parte desse levantamento quantitativo, na questão relativa à *frequência de leitura de seus pais* (cf. gráfico 3, p. 118) quando os professores eram crianças, 25% deles responderam que seus pais *nunca* liam durante sua infância, 16% disseram que eles *raramente* liam e 25% dos professores responderam ainda que seus pais liam *às vezes*. Somando-se esse percentual, tem-se um total de 66% de docentes que relatam um contato escasso de seus pais com livros e com a cultura erudita de uma maneira geral, o que define um quadro familiar de baixo capital cultural incorporado. Ainda assim, 14% dos sujeitos da pesquisa fizeram questão de deixar registrado que seus pais eram contadores de histórias, o que parece definir uma vivência do mundo ficcional dentro da perspectiva da cultura popular, que os docentes de alguma forma buscam legitimar ao incluírem tal experiência dentro do conceito de leitura. Apenas 31% dos professores afirmaram que seus pais liam *sempre* nessa fase de suas vidas.

O levantamento qualitativo feito sobre os *livros* disponíveis nas casas das famílias de origem desses professores quando eles eram crianças (cf. gráfico 4, p. 118, obtido por meio de respostas espontâneas, por vezes sobrepostas) permite afirmar que eles tiveram acesso a um certo capital cultural objetivado acumulado, ainda que restrito a certos tipos de livros. Dentre os 87 sujeitos da pesquisa, apenas 13% afirmaram categoricamente que *não havia* livros em sua casa de infância, 32% responderam ter tido acesso a livros infantis e/ou infantojuvenis, 21% afirmaram que possuíam gibis quando crianças, 18% tiveram em casa livros escolares, didáticos e/ou paradidáticos solicitados pela escola e 17% contavam com enciclopédias e dicionários a seu dispor. Do total, vale ainda ressaltar que somente 24% dos docentes afirmaram ter tido acesso ao que denominaram literatura, o que parece incluir romances e livros de contos, crônicas e poesia, e 3% deles responderam ainda que tiveram contato com livros de filosofia, sociologia e psicologia na casa de seus pais.

Cruzando-se os dados sobre o nível de escolaridade dos pais (cerca de 70% do total tanto de pais como de mães estão distribuídos nos grupos sem escolaridade e com ensino fundamental I completo ou incompleto) com os relativos a seus hábitos de leitura (66% dos professores relatam ter tido pais cuja prática desta atividade não existia ou não era regular) e com os referentes aos tipos de livros disponíveis nas casas de infância dos docentes, é possível inferir que a grande maioria dos entrevistados só foi entrar em contato com textos literários escritos por meio da escola. Ou seja, a escola foi para esses sujeitos o espaço de aquisição de disposições, hábitos e capitais culturais aos quais eles não teriam acesso se não tivessem efetuado seus percursos escolares, o que significa que os professores desses docentes foram responsáveis por sua iniciação literária. Tal análise é corroborada pelo levantamento dos 12 autores que mais marcaram a vida desses professores (cf. tabela 1, p. 120, elaborada a partir de respostas espontâneas assinaladas em diferentes fases da vida), dentre os quais se encontram sete autores de *clássicos* do cânone escolar (José de Alencar; Machado de Assis; J. M. Vasconcelos; Jorge Amado; Erico Verissimo; Maria José Dupré;

Eleanor H. Porter), além de citações de autores como Saint-Exupéry (com o maior número de indicações), Aldous Huxley e de leituras da *Bíblia* e de clássicos infantis e contos de fada.

O fato de os pais desses professores não terem tido acesso a uma escolarização de longa duração não significa, todavia, que a formação de seus filhos não tenha sido valorizada por eles. Ao contrário, nas questões abertas foi possível constatar que, apesar da falta de hábito de leitura de muitos pais, houve incentivo da parte deles para que os filhos o adquirissem e alcançassem níveis melhores de escolarização. Essa radical alteração nos padrões de escolaridade dos docentes em relação à de seus pais indica, portanto, que o movimento ascendente em sua trajetória instrucional[19] contou com uma mobilização familiar no sentido de lhes garantir uma escolarização bem-sucedida. Em outras palavras, ter frequentado uma faculdade certamente significou para a maioria desses docentes uma ascensão no nível de formação escolar e a constituição de hábitos e práticas de leituras diferenciadas das que vivenciaram em suas famílias de origem.

Com relação à *idade* dos professores que participaram da pesquisa (vf. gráfico 5, p. 118), 14% deles têm menos de 30 anos, 32% têm entre 31 e

---

19 Esse movimento ascendente é constatado em estudos feitos por Almeida (1991 *apud* Batista, 1998), com relação a professores de 5ª a 8ª séries em São Paulo, por Gatti *et al.* (1994, *apud* Batista, 1998), com relação ao conjunto dos professores do ensino fundamental brasileiro, e por Paulino *et al.* (1999) e Batista (1998) para os professores de português da rede municipal de Belo Horizonte. Considerando que em 2006, ano em que os dados quantitativos relativos a este estudo foram coletados, o quadro se manteve estável, é possível inferir que a profissão docente representa uma ascensão social considerada como uma passagem e que os filhos desses professores são incentivados e tendem a buscar outras profissões, mais valorizadas socialmente (em conversas informais com os docentes que participaram da pesquisa, ficou claro que há incentivo da parte deles para que seus filhos escolham outras carreiras). Dessa maneira, os professores que entram no campo continuam sendo recrutados junto a grupos familiares nos quais eles ainda representam a primeira geração a ter acesso a uma escolarização de longa duração.

40 anos, 37% têm entre 41 e 50 anos e 14% estão acima dos 50 anos. Logo, mais da metade dos professores (51%) têm mais de 40 anos de idade.

Quanto à própria *formação escolar*, 89% dos professores cursaram o ensino fundamental na escola pública (cf. gráfico 6, p. 118), 75% deles frequentaram o ensino médio também na escola pública (cf. gráfico 7, p. 118), mas 88% deles fizeram o curso de Letras/Licenciatura em faculdades particulares[20] (cf. gráfico 8, p. 118). Essa grande inversão é a constatação de que a maioria dos sujeitos desse *corpus*, tendo cursado a escola básica pública, não conseguiu chegar ao ensino superior público. Dos 11% que tiveram acesso à universidade pública, 99% cursaram Letras na Universidade de São Paulo (USP) e 1% o fez na Universidade Estadual Paulista (Unesp).

Vale ainda apontar que há grande diferença entre os dados coletados nas diferentes regiões de São Paulo no quesito de formação universitária: enquanto 100% dos professores da DE Norte 1 cursaram o ensino superior em instituições particulares, 40% dos professores da DE Centro-Oeste frequentaram a USP. Esse dado parece ter relação direta com a formação escolar dos pais dos professores, que atinge níveis melhores entre os docentes da DE Centro-Oeste (20% dos pais e mães dos professores dessa região cursaram o ensino superior). Outro fator que pode estar relacionado com a questão é o fato de a DE Centro-Oeste concentrar professores lotados na Zona Sudoeste

20 Entre as faculdades particulares citadas pelos professores estão: Pontifícia Universidade Católica de São Paulo (PUC-SP), as Faculdades Metropolitanas Unidas (FMU), São Judas Tadeu, Mackenzie, Teresa Martin, Anhembi-Morumbi, Faculdades Oswaldo Cruz, Universidade São Marcos, Universidade de Santo Amaro (Unisa), Universidade Bandeirantes (Uniban), Universidade Paulista (Unip), Universidade Cidade de São Paulo (Unicid), Universidade Ibirapuera, Faculdades Associadas Ipiranga, Faculdade Interlagos (Fintec), entre outras.

de São Paulo, na qual está sediada a própria USP.[21] Cabe ainda lembrar aqui a impressão tida quando da coleta de dados durante os TRS nas diferentes diretorias, de que os professores que participavam das atividades da DE Centro-Oeste pareciam ter um nível socioeconômico mais alto do que os que frequentavam os TRS da DE Norte 1. Nesse sentido, a diferença dos dados relativos à formação escolar superior nessas duas diretorias confirma o senso comum de que quem cursa universidades públicas pertence a classes mais favorecidas.

Ainda com relação ao curso superior, é digno de nota que 60% dos professores o tenham frequentado no *período* noturno (cf. gráfico 9, p. 119) e que 17% tenham alternado estudos no período diurno e no noturno. Isso leva a considerar a hipótese de que um grande percentual desses professores tenha trabalhado enquanto cursava a faculdade, o que certamente comprometeu o tempo disponível de dedicação ao estudo durante o curso.

No tocante ao *término do curso superior* (cf. gráfico 10, p. 119), os dados mostram que 8% o finalizaram até 1979, 30% até 1989, 33% até 1999 e somente 24% o terminaram depois do ano 2000 (sendo que 5% não responderam à questão). Tem-se então 71% do número de professores que se formaram antes de 1999, ano em que foram publicados os primeiros PCNEM. Essa porcentagem de docentes, portanto, não teve contato com os parâmetros curriculares durante sua formação superior regular. Ainda que nas respostas abertas à questão sobre o impacto

21 Há estudo em andamento na FEUSP que, analisando dados demográficos de estudantes que ingressaram em cursos da USP Zona Leste, demonstra existir um contingente não desprezível de alunos da região Leste neste *campus* específico. Além disso, uma das professoras entrevistadas na segunda fase desta pesquisa afirmou ter escolhido a faculdade que cursou porque, no imaginário que construiu do bairro em que nasceu e cresceu, tal universidade sempre representou para ela o ensino superior. Ou seja, o fato de uma determinada universidade fazer parte do espaço físico do bairro que os sujeitos habitam pode ter relação com a possibilidade efetiva de frequência a tal instituição.

dos parâmetros sobre sua prática docente, os professores da DE Leste 4 tenham se referido às propostas de trabalho interdisciplinar e com temas transversais sugeridas pelos PCNEM, avaliando-as como boas, foi ressaltado, entretanto, a falta de tempo para colocar tais projetos em prática na escola. Como uma das questões em pauta durante o TRS que presenciei nessa diretoria específica era justamente sobre o trabalho interdisciplinar, essa pode ter sido a razão de os professores o terem mencionado no questionário em suas avaliações sobre os parâmetros. E se as reclamações dos docentes de que há falta de tempo até para o planejamento conjunto dos cursos na escola procedem, é possível concluir que tampouco deve haver no espaço escolar um tempo destinado à discussão das propostas governamentais. Daí pode-se inferir que seria bem-vindo algum tipo de intervenção institucional – visto que esses professores estão trabalhando na rede estadual –, por meio da qual a discussão a fundo de tais diretrizes governamentais pudesse ser feita. O programa do EMR do governo do estado parece tentar responder a essa demanda formativa, entre outras.

Com relação a cursos de *extensão universitária*, 48% dos professores responderam que buscaram algum tipo de especialização (seja em cursos de pós-graduação ou de especialização), ainda que 2% desse contingente tenham interrompido os cursos a que se referiram por alguma razão. Mas a metade dos professores, 51% deles, não procurou nenhum curso complementar à formação superior, o que pode indicar falta de tempo e de capital econômico para investir em sua própria formação ou, inclusive, falta de confiança para planejar e desenvolver estudos mais aprofundados que requeiram maior autonomia intelectual, como parece ser o caso de uma das professoras que participou da segunda fase da pesquisa. Ainda assim, com diversas motivações, os docentes estavam presentes no curso de formação continuada do EMR, o que demonstra que há interesse, há necessidade e há demanda por espaços institucionais de formação em que as questões da Educação possam ser discutidas.

No tocante à *carga de trabalho semanal* (cf. gráfico 11, p. 119), 65% dos professores responderam que cumprem entre vinte e quarenta horas de trabalho por semana e 26% responderam enfrentar mais de quarenta horas semanais de trabalho. Como somente 8% deles ministram até vinte horas de aula por semana, pode-se concluir que a grande maioria dos professores (81%) dispõe de tempo exíguo para a preparação das aulas e do material didático que utiliza e mesmo para a leitura e a atualização profissional. Além disso, cruzando dados obtidos nos questionários com aqueles levantados pelas entrevistas efetuadas na segunda fase da pesquisa, percebemos que pelo menos três dos professores que haviam respondido ministrar entre vinte e quarenta horas de aulas por semana, na verdade faziam jornada dupla em escolas do estado e da prefeitura, somando mais de quarenta horas semanais. Por conseguinte, há distorção nos dados coletados por meio dos questionários com relação à carga de trabalho.

Quanto ao *tempo de trabalho na rede* (cf. gráfico 12, p. 119), a maioria dos professores se concentra na faixa dos que já têm entre onze e vinte anos de exercício do magistério, correspondendo a 57% deles. Há ainda 11% dos professores com mais de 21 anos de trabalho na função e 16% deles com seis a dez anos de exercício da profissão. Chama a atenção ainda o baixo número de novatos: somente 16% dos professores têm menos de cinco anos na rede e completaram sua formação superior recentemente, o que pode significar que eles tiveram contato com os PCNEM ainda faculdade.[22]

---

22 Michaël Huberman (2007), em sua pesquisa sobre o ciclo de vida profissional dos professores, ressaltando que sua classificação é proposta a partir de tendências gerais, indica as seguintes fases ao longo das carreiras docentes: 1) entrada na carreira (dois a três primeiros anos de ensino); 2) fase de estabilização (até oito a dez anos de prática); 3) fase de diversificação (até 15º ano); 4) fase de pôr-se em

Por fim, no tocante aos dados quantitativos de seus próprios *hábitos de leitura* (cf. gráfico 13, p. 119), 90% dos professores afirmaram que costumam ler com maior frequência os *clássicos,* seguidos pela leitura de *revistas,* com 83% de indicações, e de *jornais,* com 78%. Em seguida, os professores indicam a leitura de *poesia,* com 69%, de livros de *teoria,* com 68% de indicações, de *ficção contemporânea,* somando 64%, e de *best-sellers,* com 53% de indicações. O menor percentual cabe à leitura na *internet,* que contou com apenas 37% de indicações, fato que pode estar relacionado à faixa etária dos professores (51% deles têm mais de 40 anos, como foi visto acima) e às dificuldades no acesso à rede internacional.

No entanto, quando esses dados são cruzados com questões qualitativas, nas quais os professores indicaram o último autor/livro que haviam lido ou relido e qual o autor/livro que gostariam de ler, revelaram-se contradições presentes em seus discursos. Ainda que 90% deles tenham respondido que sua leitura mais frequente é a dos *clássicos,* o que pode ser encarado como uma resposta esperada dentro do

---

questão (entre o 15º e o 25º ano de ensino); 5) fase de serenidade e distanciamento afetivo ou de conservantismo e lamentações (acima dos 45 anos). De acordo com os dados coletados nesta pesquisa, a maioria dos professores que responderam ao questionário parecem se encontrar nos estágios de diversificação (nos quais os professores se engajariam mais e participariam de comissões para propor mudanças) e de pôr-se em questão (quando enfrentariam vários problemas com relação à prática e à própria questão de suas identidades, desenvolvendo "sintomas [...] [que] podem ir desde uma ligeira sensação de rotina até uma 'crise' existencial efetiva face à prossecução da carreira" (Huberman, 2007, p. 42). Na segunda fase de nossa pesquisa, pudemos perceber que os professores que tinham mais de dez anos de magistério tendiam a examinar o que fizeram de suas vidas, diante dos objetivos e ideais primeiros, e refletiam sobre a possibilidade de continuar na profissão ou de mudar de percurso, com toda a insegurança e incerteza que essa opção traria. Enquanto isso, as professoras com menos de dez anos de ensino pareciam mais satisfeitas com a profissão. De acordo com os dados quantitativos e as proposições de Huberman, é possível inferir que o magistério público da escola básica conta atualmente com maior número de docentes desesperançados do que satisfeitos.

âmbito desta pesquisa, já que professores de português supostamente devem ter contato com os conteúdos que ensinam, isto é, com a literatura considerada clássica pela escola, os três autores mais citados na lista dos 11 mais lidos recentemente pelos professores (cf. tabela 2, p. 120) são *best-sellers*: Dan Brown, com *O código Da Vinci* e *Anjos e demônios*, Khaled Hosseini, com *O caçador de pipas*, e Augusto Cury, autor do autoajuda *Pais brilhantes, professores fascinantes*. Da mesma lista constam ainda Irvin Yalom, com *Quando Nietzsche chorou*, e Içami Tiba, com *Quem ama educa*, que também podem ser incluídos nesta categoria. Outros autores como Machado de Assis, José de Alencar, Eça de Queirós e Graciliano Ramos, *clássicos escolares* sempre presentes nas salas de aula do ensino médio, também são citados entre os mais lidos, sendo que na lista aparecem ainda José Saramago e Gabriel García Márquez, ambos frequentadores assíduos das listas de livros mais vendidos de revistas e jornais brasileiros dos últimos anos (José Saramago também costuma estar presente nas listas de livros de leitura obrigatória dos vestibulares das universidades públicas de São Paulo).

Além disso, na lista dos autores que os professores gostariam de ler (ver tabela 3, p. 120) constam, entre os 11 mais citados, cinco *best-sellers*, com Dan Brown ocupando novamente a primeira posição e Augusto Cury ficando com o terceiro lugar. Nesta lista, menos homogênea, surgem autores como Guimarães Rosa (*Grande sertão: veredas*) e Cervantes (*Dom Quixote de la Mancha*), cujos livros mencionados constam do cânone literário, mas não fazem parte dos clássicos escolares brasileiros. O que mais chama a atenção, porém, é o fato de 31,4% dos professores não terem respondido qual autor ou livro gostariam de ler, o que leva à hipótese de que ou não tinham em mente nenhum livro que gostariam de ler no momento da pesquisa ou não se lembravam de nenhum autor ou livro que considerassem digno de ser citado. Em investigação sobre a formação de professores leitores literários, Graça Paulino chama a atenção para um perfil leitor do professor de português da rede municipal de Belo Horizonte semelhante ao aqui levantado:

> Os professores, que em sua grande maioria se dizem leitores literários, leram apenas um livro em 1996, e se lembraram apenas de títulos de livros para crianças, isto é, leram sem motivação literária, apenas os livros de suas obrigações "pedagógicas". Considerando-se, mesmo assim, leitores literários, deixam evidentes classificações internalizadas como instâncias de legitimação da literatura. Nesse sentido, a referência a textos e autores canônicos passa a validar práticas de leitura lacunares. (Paulino *et al.*, 1999, p. 58).

Tanto a pesquisa de Paulino como a de Batista (1998) constatam que as escolhas de leitura legítima dos docentes são, em sua maior parte, relacionadas às leituras feitas no âmbito escolar (leitura de clássicos) e que as escolhas não relacionadas à escola fogem a esse padrão (ou seja, estariam no âmbito dos *best-sellers* e dos livros de autoajuda), o que parece ser confirmado pelos dados coletados em nossa pesquisa. Como observa Britto (1998, p. 79), "para boa parte dos professores, a prática de leitura se limita a um nível mínimo pragmático, dentro do próprio universo estabelecido pela cultura escolar e pela indústria do livro didático", ao que acrescentaríamos as pressões do mercado livreiro. Isso parece significar que a formação escolar permitiu aos professores reconhecer o que é considerado legítimo em matéria de leitura, mas não os levou a adquirir um conjunto de disposições que lhes permita avaliar e julgar com autonomia a legitimidade cultural. Dessa maneira, eles ficam à mercê do mercado, consomem o que lhes é vendido e têm limitadas suas escolhas no que diz respeito a seu consumo cultural e sua prática efetiva de leitura. E este perfil leitor certamente tem implicações diretas na prática de ensino dos docentes que a ele correspondem.

Oriundos de famílias com baixos níveis de escolarização, cujos pais e mães em sua grande maioria (cerca de 70%) só alcançaram o primeiro ciclo do ensino fundamental, tendo tido pouco contato com o hábito da leitura em casa quando crianças, os professores desta amostra são os primeiros de suas famílias a concluírem uma escolarização de longa duração. No entanto, tal escolarização, cujo ensino básico é cursado em escolas públicas (ensino fundamental: 89%; ensino médio: 75%) e o ensino superior, geralmente frequentado no período noturno (60%), fica a cargo de institutos particulares (88%), parece constituir uma formação precária para sujeitos que já carregavam desde a infância a marca da carência no que diz respeito ao acesso aos bens culturais considerados legítimos. Submetidos a longas jornadas de trabalho, o que lhes deixa pouco tempo para o lazer, a baixos rendimentos e a cursos de formação continuada nos quais parecem ser tratados como objetos, os docentes têm, na realidade, poucas chances de se tornar sujeitos de suas leituras. O contato com a literatura, em função mesmo de sua própria formação e de sua profissão, parece ficar restrito aos clássicos escolares, conteúdos relativos à sua prática de ensino.

Este parece ser o perfil médio do professor da rede estadual da cidade de São Paulo. Ainda que os dados utilizados neste levantamento não tenham valor estatístico e tenham sido coletados no sentido de que fosse possível ter apenas uma noção das disposições, hábitos e práticas deste professor, eles correspondem aos dados coletados e analisados por outras pesquisas aqui já mencionadas, o que, de alguma forma, os consolida. Mas a análise das entrevistas dos professores na segunda fase da pesquisa pode ainda trazer surpresas e levantar questões que ponham em causa as características deste perfil médio dos professores.

PERFIL DOS PROFESSORES DE PORTUGUÊS DE ENSINO MÉDIO DA REDE ESTADUAL DA CIDADE DE SÃO PAULO

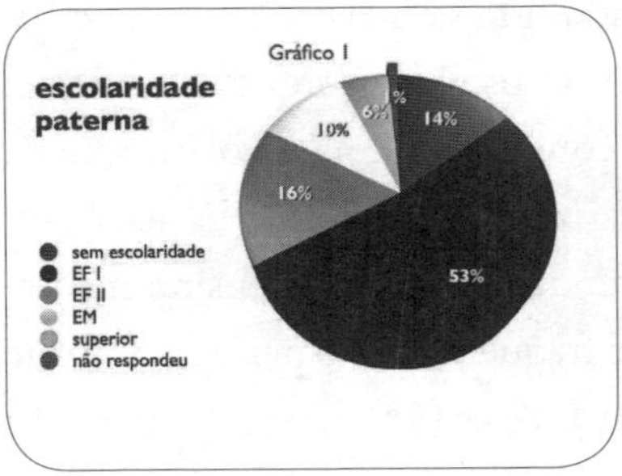

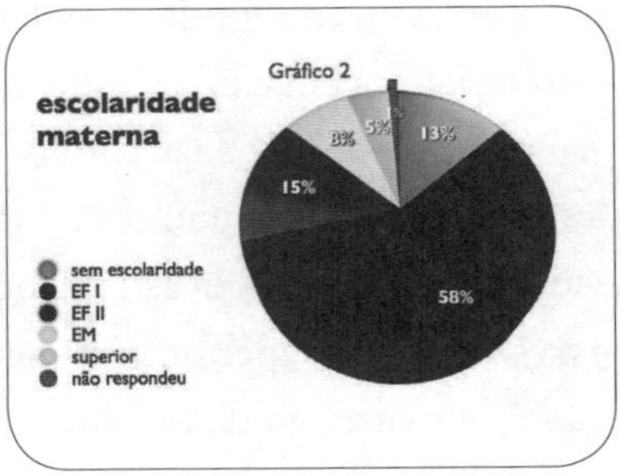

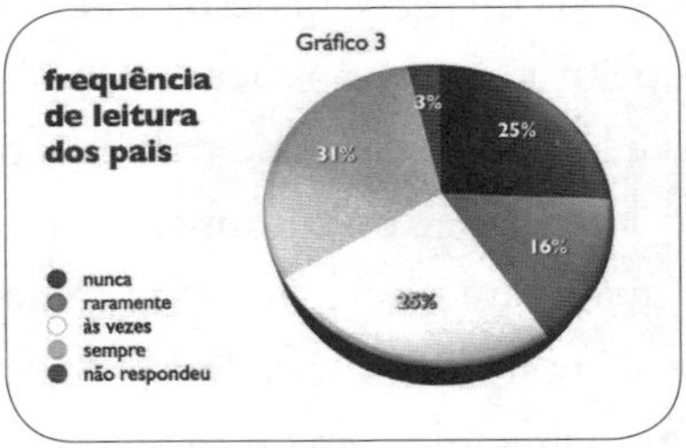

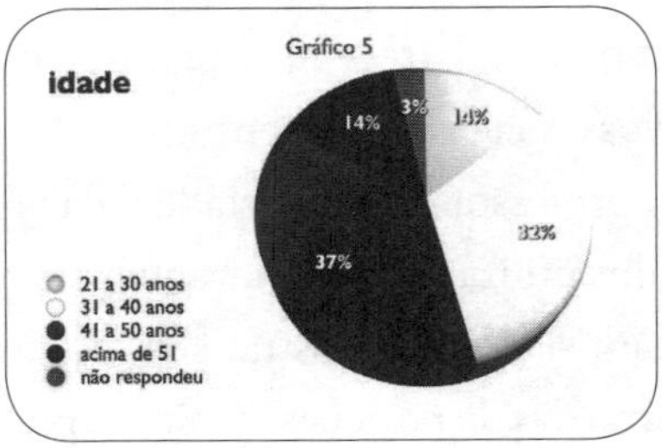

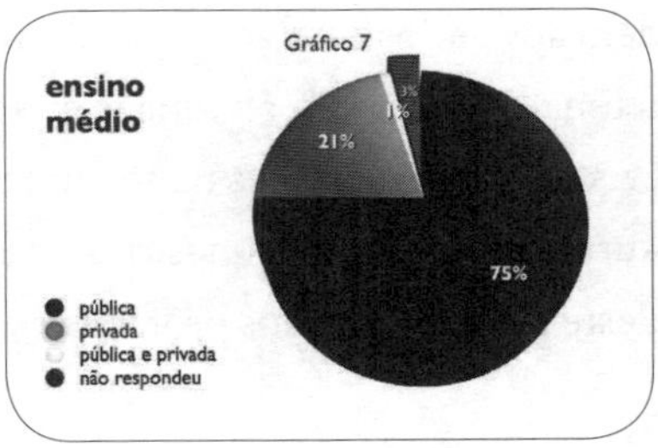

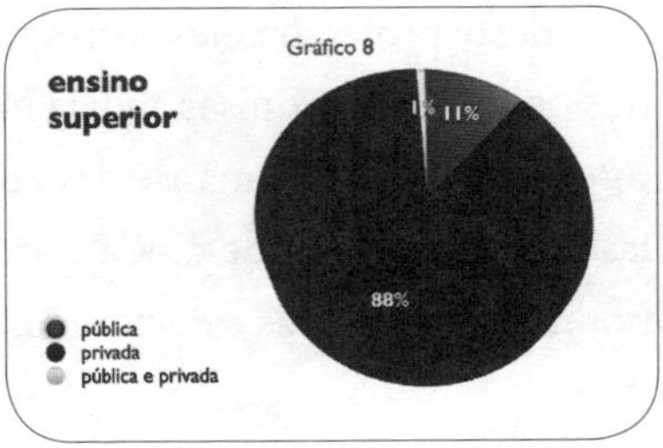

Gráfico 9
período do curso superior
18%
17%
5%
60%
diurno
noturno
diurno e noturno
não respondeu

Gráfico 10
ano de término do curso superior
5%
8%
24%
30%
33%
até 1979
década de 1980
década de 1990
depois de 2000
não respondeu

Gráfico 11
carga de trabalho semanal
1%
8%
26%
65%
até 20 horas
entre 20 e 40 horas
mais de 40 horas
não respondeu

Gráfico 12
tempo de trabalho na rede
11%
16%
18%
16%
39%
menos de 5 anos
de 6 a 10 anos
de 11 a 15 anos
de 16 a 20 anos
mais de 21 anos

Gráfico 13
leitura dos professores (respostas estimuladas)
clássicos 90%
revista 83%
jornal 78%
poesia 69%
teoria 68%
contemporânea 64%
bestseller 53%
internet 37%
outros 28%

RESPOSTAS ESPONTÂNEAS SOBRE HÁBITOS DE LEITURA

Tabela 1

12 autores que mais marcaram
10 (11,6%) **Saint-Exupery** (O pequeno príncipe)
8 (9,3%) **José de Alencar** (Senhora; O guarani; Iracema)
7 (8,1%) **Contos de fada/clássicos infantis**
6 (7%) **Monteiro Lobato** (Caçadas de Pedrinho)
6 (7%) **Machado de Assis** (Dom Casmurro; A mão e a luva)
4 (4,7%) **J. M. de Vasconcelos** (Meu pé de laranja lima; Rosinha, minha canoa)
3 (3,5%) **Jorge Amado** (Capitães da areia)
3 (3,5%) **Erico Verissimo** (Ana Terra; Olhai os lírios do campo)
3 (3,5%) **Bíblia**
2 (2,3%) **Dupre** (Éramos seis)
2 (2,3%) **A. Huxley** (Admirável mundo novo)
2 (2,3%) **Porter** (Pollyanna)
5 professores (5,8%) **não responderam**

Tabela 2

11 autores mais lidos recentemente
7 (8,1%) **Dan Brown** (O código Da Vinci; Anjos e demônios)
5 (5,8%) **Khaled Hosseini** (O caçador de pipas)
4 (4,7%) **Augusto Cury** (Pais brilhantes, professores fascinantes)
4 (4,7%) **Machado de Assis** (Memórias póstumas de Brás Cubas; Dom Casmurro)
3 (3,5%) **José de Alencar** (Senhora; Diva)
3 (3,5%) **José Saramago** (Ensaio sobre a cegueira; Ensaio sobre a lucidez)
2 (2,3%) **Eça de Queiróz** (O primo Basílo; Farpas)
2 (2,3%) **Graciliano Ramos** (Vidas secas; Memórias do cárcere)
2 (2,3%) **Irvin Yalom** (Quando Nietzsche chorou)
2 (2,3%) **García Márquez** (Cem anos de solidão; A incrível e triste história de Cândida Erêndira)
2 (2,3%) **Içami Tiba** (Quem ama, educa)
3 professores (3,5%) **não responderam**

Tabela 3

11 autores que gostariam de ler
9 (10,5%) **Dan Brown** (O código Da Vinci)
5 (5,8%) **José Saramago** (O evangelho segundo Jesus Cristo ou outro)
3 (3,5%) **Augusto Cury** (Pais brilhantes, professores fascinantes)
3 (3,5%) **Paulo Coelho**
2 (2,3%) **Irvin Yalom** (Quando Nietzsche chorou)
2 (2,3%)**Guimarães Rosa** (Grande sertão: veredas)
2 (2,3%) **Cervantes** (Dom Quixote de La Mancha)
2 (2,3%) **Gaarder** (O mundo de Sofia)
1 (1,2%) **Dupre** (Éramos seis)*
1 (1,2%) **Mary Shelley** (Frankenstein)*
1 (1,2%) **Fernando Moraes** (Olga)*
27 professores (31,4%) **não responderam**
* autores sorteados entre 28 citados apenas uma vez

Tabela 4

Lista dos mais vendidos em 2006 - Ficção - *Revista Veja (10.01.2007)*
1. O caçador de pipas - Khaled Hosseini
2. O código Da Vinci - Dan Brown
3. Anjos e demônios - Dan Brown
4. Ponto de impacto - Dan Brown
5. Quando Nietzsche chorou - Irvin Yalom
6. Memórias de minhas putas tristes - G. Márquez
7. Fortaleza digital - Dan Brown
8. A bruxa de Portobello - Paulo Coelho
9. Harry Potter e o enigma do príncipe - J.K.Rowling
10. Labirinto - Kate Mosse

Observação: dos livros mais vendidos na categoria não ficção, constam O livreiro de Cabul (Asne Seierstad) em segundo lugar e Falcão – meninos do tráfico (MVBill), em oitavo lugar, também citados pelos professores.

Além disso, na lista dos mais vendidos na categoria Autoajuda/esoterismo, Augusto Cury emplacou seu *best-seller Pais brilhantes, professores fascinantes* em oitavo lugar.

ANÁLISE DAS RESPOSTAS DE 16 PERFIS SELECIONADOS DENTRE O *CORPUS* DA PESQUISA

Após a análise dos dados relativos às respostas fechadas dos professores, foram selecionados 16 deles – quatro de cada diretoria pesquisada – para a análise das respostas abertas, em função da impossibilidade de tempo de analisar todos os dados coletados. Tendo sido definido um perfil médio do professor de português da rede, consideramos pelo menos sete características capazes de definir tal sujeito:

1. pai sem escolaridade ou com escolaridade até o ensino fundamental I;
2. mãe *idem*;
3. pelo menos uma parte do ensino básico (ensino fundamental ou ensino médio) cursado em escola pública;
4. ensino superior cursado em instituição particular;
5. pais não leitores ou leitores esporádicos;
6. ausência de livros de literatura adulta na casa de infância;
7. presença da indicação de *best-sellers* e/ou de *clássicos escolares* entre suas leituras marcantes ou recentes.

Em seguida, de um lado foram separados os entrevistados que atendiam a pelos menos seis dessas características típicas do perfil médio do professor, dentre os quais foram selecionados, aleatoriamente, três entrevistados de cada diretoria de ensino (12 no total). Do outro lado, foram agrupados os sujeitos que não correspondiam a esse perfil médio, grupo a partir do qual foi selecionado um sujeito de cada DE (quatro no total). Dessa forma, pretendemos analisar as respostas de 12 sujeitos que corresponderiam ao perfil médio dos professores e, ao mesmo tempo, desenhar também perfis daqueles que escapariam a essa média. Averiguando o que se repete nas respostas dadas por esses 16 professores, buscamos verificar quais os conceitos de literatura presentes em seus discursos, investigar o que eles enunciam ser sua prática de ensino dessa disciplina e identificar quais os principais problemas que eles afirmam enfrentar em suas salas de aula. Para tanto, foram analisadas as respostas relativas ao terceiro (C. Práticas e hábitos de leitura) e ao quarto tópicos (D. Ensino de literatura) do questionário.[23]

SOBRE AS CONCEPÇÕES DE LITERATURA

Dentre as concepções de literatura presentes nas respostas dos 16 professores selecionados, quatro deles destacam a propriedade ficcional desta arte, definindo-a a partir de seu conteúdo. Declarações como "através da leitura entramos num mundo imaginário", "literatura é sonho", algo que leva os sujeitos a "viajar", parecem apontar para uma leitura próxima à da evasão (Rouxel, 2012), na qual o sujeito se deixa levar pela fantasia sem conservar o contato com a realidade, e para uma concepção de literatura que a identifica a uma escrita imaginativa e parece elevá-la a um certo sublime. Tal definição deixa de fora, entretanto, muitas obras hoje consideradas literárias, que ultrapassam a distinção entre "ficção" e "fato" (Eagleton, 2003, p. 2), indícios do limite dessa conceituação.

Quatro outros professores chamam a atenção para a questão da forma da expressão na literatura, quando a definem como sendo a "arte da palavra" ou a "arte de escrever textos", concepção que parece levar em consideração o texto literário e sua forma escrita, sua "estrutura linguística diversificada". Embora os docentes não entrem em detalhes e suas definições sejam difusas, tais conceituações da literatura podem ter relação com a postura perante o texto literário proveniente dos formalistas russos e dos estruturalistas, que deu ênfase à organização particular da linguagem estruturante da literatura. Na prática

23 Cf. questionário no Anexo A e transcrição de trechos das respostas às questões abertas dos professores selecionados para a análise nas tabelas 5A, 5B e 5C (p. 147-152).

docente, todavia, a preocupação com o desenvolvimento de um trabalho que leve em consideração "aspectos artísticos" do texto só é citada por uma professora, como se verá mais à frente.

Três outros professores assinalam o caráter de forma de conhecimento presente na literatura, ao afirmarem que ela é "vivência, conhecimento, realização, criatividade", "um misto de entretenimento e conhecimento, melhor fusão do útil ao agradável" ou ainda de que ela "serve para a formação global ou cultural do aluno". Tais definições apontam para a experiência de vida que se tem mediante a leitura literária, que é reforçada em depoimentos como "é inviável imaginar [...] minha vida sem leituras" e "não dá para viver sem ler!". O que parece estar em questão para esses professores é uma espécie de aperfeiçoamento humano, formação cultural que aconteceria por meio do acesso ao texto literário.

Dois professores ressaltam ainda que uma das funções da literatura seria justamente a formação de leitores, o que se verifica em respostas como "é um bom caminho para a aquisição deste hábito [de leitura]" ou a literatura "pode formar o aluno como leitor e como crítico de seu próprio tempo".

Contudo, o que mais chama a atenção é o fato de cinco professores conceberem a literatura como uma espécie de "resgate sociocultural de nossa história", por intermédio do qual seria possível "ter uma visão histórica, social e de estilos das diversas épocas". Ainda que a literatura possa ser entendida como "expressão social, política e cultural de uma época", e que uma de suas funções seja ser uma forma de expressão de visões de mundo de indivíduos e grupos (Antonio Candido, 1995), tais concepções de literatura mais parecem se aproximar de categorias da história da literatura, com as quais os docentes provavelmente tiveram contato em seus cursos superiores, do que se referir a diferentes visões de mundo expressas pelo texto literário. Respostas nesse sentido sugerem a existência de um tipo de professor que privilegia o estudo da história da literatura em suas aulas, descartando o trabalho com o texto em si, o que pôde ser confirmado no cruzamento dos dados relativos às concepções de literatura com as respostas sobre a prática de ensino, como se verá a seguir.

SOBRE O ENSINO DE LITERATURA QUANDO ERAM ALUNOS

Comparando as respostas dos 16 professores selecionados sobre o ensino de literatura na época em que eram alunos, nota-se que nove avaliam positivamente tal ensino e sete o qualificam negativamente. Dentre os que assinalam os aspectos negativos, os professores dividem-se em dois grupos: o daqueles que avaliam simplesmente que o ensino era "fraco, sem aprofundamentos", que ele "não era levado a sério", inclusive em função da constante "falta de professores" e de "recursos"; e o dos professores que julgam especificamente o trabalho por meio da história da literatura um equívoco. Neste último grupo estão três docentes que consideram negativa a excessiva "preocupação por pontuar os aspectos históricos de uma obra", ainda que essa questão seja considerada importante, e que criticam o ensino "voltado para a decoreba", com a apresentação de "datas desnecessárias, sempre os mesmos clássicos" e o estudo de "períodos e características, autores e obras, sem sentido", de forma "decorativa".[24] Esta avaliação negativa relativa a esse tipo de ensino não determina, no entanto, que tais professores abdiquem do trabalho com a história da literatura. Pelo contrário, dois deles parecem seguir esta linha em sua prática de sala de aula.

---

24 É interessante destacar o emprego do adjetivo "decorativa" para caracterizar a forma de ensino literário, em função da ambiguidade da palavra: ela pode se referir tanto à memorização de dados pelos alunos – o que, no contexto da enunciação, é avaliado como negativo –, como ao caráter supérfluo da "decoração", entendida como adorno, enfeite.

Já entre os docentes que ressaltam os *aspectos positivos* do ensino de literatura a que tiveram acesso, seis deles assinalam a importância de antigos professores, que parecem ter sido responsáveis pelo desenvolvimento de uma relação de intimidade dos docentes com a disciplina. Declarações como "ele [o professor] passava sua paixão para nós, era contagiante...", "professores realmente me fizeram viajar nesse mundo literário", "tinha um professor maravilhoso de literatura" e "[o curso] fez com que eu me apaixonasse pela literatura", entre outras, explicitam a potencialidade de uma relação de identificação entre um professor e seus alunos, corroborada pelas análises das entrevistas da segunda fase da pesquisa. Desses professores, cinco deles indicam, ao falarem de sua prática de ensino, a preocupação em despertar nos alunos o interesse pela literatura, o que parecem realizar por meio de diferentes estratégias.

Outro ponto que surge entre os professores que atribuem valor positivo ao ensino literário que tiveram é a questão da obrigatoriedade da leitura, que parece ser compreendida como fundamental. Descrições avaliativas, tais como "Naquela época eu tinha que saber, aprender mesmo a história, os autores e as obras", "Acho que foi melhor e mais profundo porque tínhamos que pegar no livro para fazer a leitura", "Penso que não mudou muito, porém os alunos eram 'obrigados' a ler mais" ou ainda "Acho que antes os alunos liam um pouco mais, talvez por 'medo'", parecem relacionar à obrigação da leitura escolar a concretização efetiva dessa atividade, que, por oposição, hoje não existiria mais. Ressaltando que os enunciadores desse tipo de discurso são de faixas etárias diferentes (entre 31 e 43 anos) e que, portanto, não se referem a um ensino anterior à década de 1970, nessas comparações fica explícito que os professores se ressentem da falta de hábito da leitura, necessária ao estudo da literatura, constatada na maioria de seus alunos. E sem a autoridade que lhes permitiria obrigá-los a ler e lhes garantiria serem obedecidos, os docentes parecem sentir-se destituídos de recursos para levar os alunos a desenvolver tal hábito.[25]

SOBRE O ENSINO DE LITERATURA HOJE, QUANDO SÃO PROFESSORES

Com relação ao ensino de literatura hoje, dez dos 16 professores o avaliam *negativamente*. Entre os motivos que levam a essa avaliação, o principal parece ser a falta de interesse dos alunos. Citado por sete entre os 16 professores selecionados, o discurso sobre o desinteresse dos estudantes é o mais proferido pelos docentes. Eles identificam que seus alunos "não sentem interesse, não têm motivação" pela literatura, são "desinteressados pela leitura", pois não sabem "ler e entender textos" e não querem saber "o que aconteceu na Idade Média, o que foi o pré-modernismo". Tal situação parece levar ao emprego eventual por parte dos próprios professores de "xerox, resumos, filmes etc." em substituição à leitura dos textos literários em si, numa tentativa de que os alunos tenham pelo menos contato com os conteúdos tratados nos livros. E mais uma vez, no discurso dos professores, a falta de interesse pela literatura aparece diretamente relacionada à falta do hábito de leitura, base a partir da qual o estudo da disciplina deveria ser construído.

Além disso, para um dos professores, a ênfase excessiva no ensino da gramática, que ocuparia o primeiro plano do ensino da disciplina de português, é apontada como causa de um ensino de literatura de baixa qualidade. E um outro professor associa a falta de profundidade do ensino de literatura à tentativa de aproximação dos textos literários com os dias atuais e à ausência de cobrança de datas nas avaliações, o que parece indicar que a flexibilização do ensino tradicional

25 As relações entre a obrigatoriedade da leitura escolar e o desenvolvimento do hábito da leitura são controversas nos discursos dos docentes. Na análise das entrevistas, procuraremos aprofundar esta questão, que teve presença marcante na história de leitura de dois dos entrevistados.

de história da literatura é percebida como negativa. Por outro lado, um dos professores assinala justamente a permanência do ensino de história da literatura como fator desestimulante no ensino da disciplina, o que aponta para diferentes avaliações docentes.

Dentre os seis professores que avaliam *positivamente* o ensino atual de literatura, dois deles chamam a atenção para o caráter dinâmico dos recursos audiovisuais que hoje podem ser empregados em sala de aula, "como filme, música, artes etc.", e do trabalho interdisciplinar entre "arte, história, literatura", fatores que parecem ser capazes de motivar os estudantes. Um professor afirma que atualmente o ensino de literatura é "mais aproveitável" – adjetivo que parece indicar que o ensino de literatura hoje pode *servir* para alguma coisa, ou seja, que ele pode ter uma utilidade na vida dos alunos, o que, por oposição, não teria acontecido no passado. Dois outros docentes ressaltam ainda a importância de se transmitir o envolvimento com a literatura, o que pode ser notado nas declarações de que "se você passa essa paixão, seus alunos embarcam com você" e de que se deve "ensiná-los com prazer para que eles aprendam da mesma forma", enunciados nos quais está implícita a ideia de que a relação de identificação entre alunos e professor pode levá-los a *gostar* de ler. E uma única professora chama a atenção para o fato de que hoje o estudo dos aspectos artísticos do texto pode levar os alunos a outras análises, que não somente as históricas, o que parece indicar um trabalho no qual exista a associação do estudo das questões históricas do texto com a análise das questões formais da escrita.[26]

---

26 Rocco (1981) já chamava a atenção para a preferência dada pelos professores ao trabalho com aspectos da biografia do autor e da história da literatura, além da aquisição de cultura, em detrimento do trabalho com o próprio texto. Vieira (1988) também indicava a tendência docente de deixar em segundo plano os valores estéticos da obra literária. Como dentre os 16 professores selecionados só uma ressalta a importância do estudo dos aspectos artísticos do texto literário, é possível inferir que a tendência de desconsiderar esse tipo de trabalho ainda é

A partir da constatação de que seus alunos não têm o hábito da leitura, os professores parecem, portanto, buscar algo que possa motivá-los a desenvolver as disposições necessárias à aquisição deste hábito, seja empenhando-se em transmitir sua própria paixão pela literatura e o prazer que sentem em ler ou cercando-se de recursos para além do texto, aos quais eles parecem creditar o poder de atrair a atenção dos jovens, tentando de alguma forma criar uma demanda para a leitura e construir um sentido para o ensino de literatura. Contudo, a maioria dos docentes ainda parece exercer uma prática de ensino estruturada a partir da história da literatura, como é possível notar na análise do próximo tópico.

SOBRE A PRÁTICA DE ENSINO DE LITERATURA

Analisando os discursos dos professores sobre sua didática efetiva, nota-se que dez entre os 16 professores selecionados afirmam trabalhar, de alguma maneira, com a história da literatura. A aula de literatura, organizada a partir da exposição sobre a vida do autor, o contexto em que ele viveu e o estilo de época a que pertenceu, seguida da leitura de fragmentos de seus textos, contos, crônicas ou poemas, parece ser recorrente no atual ensino médio da rede estadual paulistana. E há ainda uma outra questão: a solicitação de "leituras que pontuem bem a mudança do modo de pensar do homem no percurso da história" ou a indicação de um trabalho a partir de "um panorama geral da história da literatura, as características da época, o momento histórico vivido *pelo período literário* dado e algumas características do autor" (grifos nossos) parecem indicar um trabalho que prescinde da leitura do texto literário e da análise de suas peculiaridades formais concentrando-se, ao contrário, no entorno da obra. Tal impressão é

---

preponderante entre os professores de português, pelo menos entre os que atuam na rede estadual.

corroborada quando os professores descrevem que sua prática é efetuada por meio de "aulas expositivas" sobre "o assunto" literatura, o que confirma um estudo baseado em grande parte na apresentação das correntes e estilos literários. Esse tipo de ensino parece vigorar, ainda que os professores identifiquem a resistência de seus alunos, como fica explícito na enunciação de um dos docentes: "Os alunos não querem ler os clássicos, acham maçante buscar características dos períodos literários nos textos". Aliada ao ensino de história da literatura, aparece a preocupação do trabalho com os livros selecionados pelos exames vestibulares, mencionado por cinco professores dentre os selecionados, sendo que um deles ressalta como algo positivo o estímulo à leitura de determinados livros que constam destas listas.[27]

É compreensível que os professores, primeiros sujeitos de suas famílias de origem a concluírem um ensino de longa duração, cujo contato com a leitura literária foi feito fundamentalmente por meio da escola e que, provavelmente, tiveram acesso à literatura por sua história cronológica, tendam a ensiná-la a seus alunos da maneira como a aprenderam. Como observa Bourdieu (2005a, p. 214), "a relação que cada indivíduo mantém com sua cultura carrega as marcas da condição da aquisição" e, além disso, "a ordem de aquisição tende a aparecer como solidária da cultura adquirida". Essa condição faz com que, "embora não haja qualquer vínculo necessário entre um determinado conteúdo e um certo tipo de transmissão, aqueles que

---

27 Em mesa-redonda no III Seminário de Metodologia do Ensino de Língua Portuguesa – *Literatura e Escola: Formação de Professores*, realizada em outubro de 2004, na FEUSP, Maria Thereza Fraga Rocco afirmou, como vice-presidente da Fuvest, que chegava a receber pedidos de diretores de escolas para que não extinguisse a lista de livros de leitura obrigatória a partir dos quais a prova de literatura do exame era elaborada. Considerando seu depoimento, supõe-se que os diretores e as escolas de maneira geral acham importante a existência de tais listas para estimular os alunos a ler.

puderam adquiri-los em conjunto tendem a considerá-los indissociáveis" (Bourdieu, 2005a, p. 219). Ou seja, a ordem imposta pela escola à cultura transmitida, que tem relação com as rotinas escolares e com as necessidades pedagógicas, tende a impor-se como necessária aos que adquirem a cultura segundo essa ordem.

Assim, na transposição didática operada sobre a literatura para que ela se transforme em uma disciplina escolar, parece ser tradicional uma organização de aula que pressupõe operações de classificação e hierarquização dos conteúdos[28] e que permite ao professor construir uma progressão para seu trabalho, além de lhe dar subsídios para avaliá-lo. Como observa Geraldi ao analisar a função reprodutora da escola e do professor na era do desenvolvimento tecnologizado,

> [...] não se trata de trabalhar com dados ou fatos para, refletindo sobre estes, produzir uma explicação. Trata-se de aprender/ensinar as explicações já produzidas e fazer os exercícios para chegar a respostas que o saber já produzido havia previamente fornecido. (Geraldi, 2002, p. 92).

Em função disso, o estudo do cânone organizado por períodos e escolas literárias parece estruturar uma prática repetida nas escolas

28 Falando especificamente sobre a transposição didática da literatura efetuada pela escola, Bourdieu (2005a, p. 215) a analisa do ponto de vista da estrutura necessária à transmissão metódica: "[...] encarregada de comunicar estes princípios de organização, a escola deve ela mesma organizar-se com vistas a cumprir esta função. Para transmitir este programa de pensamento chamado cultura, deve submeter à cultura que transmite uma programação capaz de facilitar uma transmissão metódica. Assim, cada vez que a literatura torna-se uma disciplina escolar – como, por exemplo, no caso dos sofistas ou da Idade Média – constata-se o surgimento da preocupação de classificar, quase sempre mediante gêneros e autores, de estabelecer hierarquias e distinguir na massa das obras os 'clássicos', dignos de serem conservados pela transmissão escolar. As antologias e os manuais constituem o gênero por excelência das obras subordinadas à função de valoração e ordenação que cabe à escola".

brasileiras até hoje pelos docentes, que aprenderam a classificar e a pensar a literatura dessa maneira. Quando afirmam tratar em aula dos "textos ou trechos clássicos", quando selecionam "textos e autores para trabalhar com as características, o contexto sócio-histórico" ou quando escolhem "um determinado movimento literário para ressaltar os escritores daquele movimento", é a esse ensino que eles se remetem. E essa organização continua sendo adotada apesar da percepção do fraco resultado obtido, detectado na falta contundente de interesse por parte dos estudantes.

Mas dentro dessa prática engessada, surgem indícios de mudança. Ainda que a história da literatura apareça com muita frequência nas respostas dos professores, ao lado dela aparece também a necessidade de fazer-se "ganchos para a realidade", de associações da "literatura clássica" à "contemporaneidade", da busca de uma "sincronicidade entre passado e presente" (grifo nosso), enunciados que identificam como um ganho para o ensino de literatura a possibilidade de relacionar os textos literários a textos da vida "atual". Nove dos 16 professores selecionados trazem um discurso que aponta nessa direção, o que por vezes nomeiam como um esforço de "contextualização". Nas enunciações, a literatura é constantemente identificada a textos "antigos" ou adjetivada como "clássica", algo que pertence ao "campo do passado" e que foi produzido em "épocas longínquas" em relação à vivida pelos alunos ou mesmo pelos docentes. A distância entre o "passado" de que supostamente a literatura é porta-voz e a premência da vida cotidiana dos estudantes parece gerar, no entendimento dos professores, uma profunda falta de interesse pela disciplina, além de ter relação direta com a desvalorização dessa arte, acusada pelos docentes de não conseguir mais "cativar" seus leitores.[29] Tal situação leva

29 Bourdieu (2003c, p. 82) afirma que porque "pertence à ordem do sagrado e do separado, a cultura legítima sempre se anuncia por intermédio de todo um aparato

os professores de português a identificarem no ensino de literatura uma falta de utilidade, de objetivo. E em defesa de sua prática docente, eles parecem buscar construir um sentido para seu conteúdo por meio de "ganchos", "atualizações" e "aproximações" da literatura com a vida cotidiana de seus alunos.

A busca por uma tal "contextualização" do cânone literário pode, portanto, ser entendida como uma tentativa de construir esse sentido para o ensino de literatura hoje, movimento que revela a preocupação do professor com a recepção do texto trabalhado em sala de aula. Essa mudança pode ser um dos resultados da circulação, que já ocorre há algum tempo, dos PCN da área de Linguagens, Códigos e suas Tecnologias, que leva em conta justamente a contextualização do conhecimento, que, segundo Alice Vieira (2008), é proposta em três níveis: o sincrônico, o diacrônico e o da recepção atual do objeto de estudo.[30] No discurso dos professores, a palavra contextualização aparece

---

de distanciamento de que a solenidade de museu é um exemplo". Nessa direção, a literatura clássica ensinada na escola poderia ser entendida como pertencente a essa ordem do sagrado, o que a distanciaria do aluno e de suas premências cotidianas. Mas cremos que valeria a pena chamar a atenção também sobre a seleção das obras literárias e sua ordem de apresentação nos cursos de ensino médio, que parecem contribuir para a criação de uma resistência por parte dos alunos. Tais questões serão tratadas mais a fundo nas análises das entrevistas.

30 Alice Vieira (2008) entende que a proposta de "contextualização" presente nos PCN pode acontecer em três níveis: "1. A contextualização *sincrônica* analisa o objeto em relação à época e à sociedade que o gerou. Quais foram as condições e as razões da sua produção? De que maneira ele foi recebido em sua época? Como se deu o acesso a esse objeto? Quais as condições sociais, econômicas e culturais da sua produção e recepção? Como um mesmo objeto foi apropriado por grupos sociais diferentes?; 2. A contextualização *diacrônica* considera o objeto cultural no eixo do tempo. De que maneira aquela obra, aquela ideia, aquela teoria, se inscreve na História da Cultura, da Arte e das Ideias? Como ela foi apropriada por outros autores em períodos posteriores? De que maneira ela se apropriou de objetos culturais de épocas anteriores a ela própria? 3. Por fim, não se pode ignorar a contextualização de um objeto qualquer no quadro da sua *recepção atual*:

relacionada na maioria das vezes à recepção atual do texto literário. É nesse sentido que eles buscam aproximar seus alunos de um "mundo distante", presente nos "clássicos" da literatura, por meio do emprego do que denominam de "recursos". Entre as estratégias de contextualização são apontados o possível trabalho interdisciplinar entre as cadeiras de literatura, artes e história, o trabalho com "pesquisas" e "visitas com exploração de campo", a comparação dos textos literários com outros mais "atuais", de diferentes gêneros, o uso de "recursos visuais e teóricos simultaneamente" e a assistência a "filmes recentes" e a "peças de teatro". Uma das professoras afirma ainda que procura apresentar a literatura como "se contasse uma história simples", o que parece indicar um esforço de simplificação e dessacralização do texto literário, que também caminha na direção de aproximá-lo dos alunos. Nesse mesmo viés pode ser compreendida a opção dos professores por trabalhar com textos curtos em suas aulas, já que identificam nos estudantes dificuldades na leitura de textos longos,[31] o que os afastaria da leitura.

Nas respostas dos docentes chama a atenção ainda o fato de somente dois deles terem se referido ao desenvolvimento do hábito da leitura como um objetivo a ser alcançado dentro da sala de aula. Em suas declarações – "eu tento *instigá-los* a ler, conto uma parte ou capítulo, deixo-os bem curiosos, assim alguns tomam *gosto* pela leitura, vão atrás" e "procuro *envolvê-los* [...]. Leio para os meus alunos em voz alta, sempre!" (grifos nossos) – os verbos *instigar* e *envolver* explicitam o desejo de seduzir, de levar os alunos a ler, questões que precisam ser encaradas como prioritárias quando se trata do ensino de literatura

---

como esse texto é visto hoje? Que tipo de interesse ele ainda desperta? Quais as características desse objeto que fazem com que ele ainda seja estudado, apreciado ou valorizado?" (grifos da autora).

31 Rocco (1981) também já indicava tal tendência dos professores em meados da década de 1970.

nas atuais circunstâncias. O desenvolvimento do gosto pela leitura, possível apenas se o sujeito já adquiriu as disposições necessárias ao hábito de ler, também aparece no discurso de um terceiro professor, quando ele afirma que vive "frisando a importância da *leitura por si só*" (grifos nossos). A afirmação parece indicar uma concepção de leitura que não *sirva* a outros propósitos e nem tenha uma utilidade imediata – como passar no vestibular, por exemplo –, mas que valha por si mesma, pelo prazer que possa gerar ao leitor, que seja uma leitura literária "desinteressada" das urgências da vida cotidiana.

A questão que parece se impor então seria: como levar os alunos à aquisição das disposições necessárias a uma leitura literária? Se por um lado, *frisar* a importância da "leitura por si só" pode não ter a eficácia necessária para levá-los a ler, talvez aguçar sua curiosidade com relação ao enredo de determinados romances ou contos e ler em voz alta para os estudantes possam ser atitudes que tragam resultados nesse sentido. Essa foi uma das questões para as quais procuramos respostas na análise das entrevistas, na segunda fase da pesquisa.

SOBRE OS PROBLEMAS ENFRENTADOS EM SALA DE AULA

Apesar de ser comum o discurso de que os professores sempre reclamam de seus alunos,[32] é importante refletir sobre esse posicio-

32 Marisa Lajolo (1982, p. 13, grifos nossos) comenta sobre essa tendência do professor, ao afirmar que: "Até há alguns anos, as preocupações com o ensino de literatura não tinham, ainda, o beneplácito da universidade; seu interesse circunscrevia a área de educação, e elas só assomavam, por exemplo, no curso de letras, nos encontros e papos do corredor, onde *o baixo nível dos alunos* era visto como uma estação a mais na via-sacra do professor". No entanto, Alice Vieira (1988) observa que, para os professores entrevistados em sua pesquisa, os alunos mostravam interesse no trabalho com a literatura, ainda que não tivessem o hábito da leitura. Por outro lado, Cyana Leahy-Dios, em palestra promovida na livraria Martins Fontes em dezembro de 2006, afirmou que o professor sempre reclamará de seus alunos.

namento adotado por eles: o que e quais condições os levariam a assumir essa postura hoje? E, mais especificamente, por que os alunos são encarados como o motivo do fracasso do ensino de literatura?

Nas respostas dos professores sobre os problemas por eles enfrentados na prática do ensino de literatura, os alunos parecem ser o maior alvo. Descritos como "desinteressados" e "resistentes" e tendo constantemente apontada sua falta de hábito de leitura como responsável pelo fracasso do ensino de português, a imagem do estudante é construída a partir de um discurso que assinala sua carência de capital cultural. Tal carência parece ser relacionada tanto a aspectos que dizem respeito a uma formação escolar de má qualidade (falta de "*pré-leitura* nas várias etapas do desenvolvimento como leitores", de domínio da leitura, de compreensão e entendimento, de capacidade de relacionar diferentes aspectos e de expor ideias, com "vocabulário medíocre", o que os impede de efetuar pesquisas e de usar o dicionário), como a aspectos que apontam para faltas identificadas quase como morais (falta de interesse, de concentração, de intimidade, de disponibilidade, de "conhecimento do valor da obra literária", de gosto).

Algumas causas são apontadas pelos professores como responsáveis pela constituição desse aluno carente do ponto de vista intelectual. Uma delas parece se *localizar* nas famílias de origem dos estudantes, acusadas de não "incentivar" o hábito da leitura, de não "motivar" seus filhos a ler e de não dar "exemplos" que possam ser seguidos. Para os professores, os jovens que frequentam a rede pública atualmente não aprenderam em casa a valorizar a escola de uma maneira geral, não aprenderam a valorizar a leitura e, portanto, não aprenderam a valorizar a literatura, o que faz com que o ensino dessa disciplina muitas vezes não tenha sentido para eles. No discurso dos docentes, fica explícita a relação entre a falta de contato com livros ou com o hábito da leitura durante a infância e a impossibilidade de desenvolver tal hábito na escola. Mas é digno de nota o fato de que a maioria dos docentes que participaram dessa fase da pesquisa não tiveram contato com o hábito da leitura em suas próprias famílias de origem e o desenvolveram durante seu processo de escolarização. Por que então esperariam que seus alunos chegassem à escola com as disposições que levam a esse hábito desenvolvidas?

O que parece diferençar as famílias de origem dos professores das de seus alunos é o fato de que, apesar de cerca de 70% dos pais dos professores selecionados não terem atingido níveis de escolarização além do primeiro ciclo do ensino fundamental, metade desses professores se recorda dos pais pelo menos como incentivadores do hábito da leitura, como declamadores de poesia ou ainda como contadores de histórias. Depoimentos do tipo "Apesar da pouca escolaridade, meus pais eram leitores e cultivavam a escrita (escreviam cartas, listas)", "Apesar de minha mãe ser semianalfabeta, ela foi minha grande incentivadora", "Meu pai, mesmo sendo um homem do campo, de maneiras rudes, nunca abandonou seus livrinhos de faroeste" e "Eu lia para eles, minha avó, minha tia e quem mais estivesse presente. Papai contava muitos 'causos'" indicam que, mesmo com uma baixa escolaridade, a valorização da leitura e da cultura adquirida na escola esteve presente nas famílias dos professores, além de apontarem também para a valorização da própria cultura popular de que as famílias eram depositárias.

Pois é justamente o inverso da experiência desse movimento que os docentes detectam nas famílias de seus alunos. Para eles, há hoje uma desvalorização do conhecimento de um modo geral que se estende à cultura escolar e à função do professor, o que leva a uma representação social negativa da carreira e da escola pública, manifesta nos discursos da imprensa, dos próprios professores e, segundo eles, nos discursos dos alunos e nos de suas famílias de origem. Essa percepção se explicita quando uma das professoras afirma, por exemplo, que "muitas famílias não valorizam o conteúdo do *conhecimento* e o *trabalho* que isso dá" (grifos nossos). Na enunciação, a cultura, o conhecimento e o trabalho desenvolvido na escola parecem constituir um todo desvalorizado.

Além disso, a falta de incentivo familiar ao desenvolvimento do hábito da leitura parece ter como consequência, nos discursos dos docentes, a interdição do prazer de ler. Ao afirmar que "leitura não devia ser só associada à escola, assim vira tarefa ou disciplina", a professora deixa clara a relação entre leitura escolar e obrigação, o que, por princípio, impediria o prazer.[33] Isto significa que a "leitura por si só", pelo gosto de ler, que não responda a um comando escolar nem atenda a um objetivo prático e específico, só poderia ser alcançada fora da escola, ou seja, no âmbito familiar ou pessoal do leitor. Logo, trata-se do desenvolvimento de um gosto que deveria "vir de casa". Quando uma das professoras insere no rol dos problemas que enfrenta em sala de aula as "muitas reclamações dos alunos, que não gostam de ler", ela reproduz um discurso que avalia a relação de prazer com a leitura como fundamental – senão como obrigação moral –, o que, segundo Marisa Lajolo, já faz parte do senso comum.[34] A percepção dos professores, por conseguinte, parece ser a de que a relação do jovem com a leitura mudou, de que essa relação é diferente da que eles, docentes, tiveram

33 Como já foi visto, há professores que acreditam que a obrigatoriedade da leitura de literatura poderia ser uma maneira de garantir a atividade.

34 Em palestra proferida durante o Fórum PNLL Vivaleitura, na Bienal do Livro de São Paulo em março de 2006, Lajolo discorreu sobre o alto *status* da leitura entre os brasileiros tomando como base estudos realizados na Faculdade de Arquitetura e Urbanismo da USP, que indicam como o local mais importante de casas da periferia aquele em que se guardam os livros. A pesquisadora buscou, por meio dessa citação e da exposição de um conjunto de anúncios e matérias jornalísticas que exaltavam o livro, comprovar que a leitura continua sendo signo de distinção e de importância em nossa sociedade e que está frequentemente associada ao prazer.

e têm com essa atividade, e de que ela é marcada pelo desinteresse dos alunos, o que faz com que eles, alunos, sejam encarados como um problema. Tal contraposição parece indicar a construção de um *ethos*[35] positivo implícito do professor como antagonista de seu aluno, que, ao mesmo tempo que traduz uma atitude defensiva de sua própria imagem, percebida e construída como desvalorizada, responsabiliza o estudante pelo fracasso, também implícito, do ensino de literatura.

Outro fator apontado pelos professores como causador do desinteresse dos estudantes pela leitura é a onipresença dos veículos da cultura de massa em suas vidas. A presença constante da televisão, capaz de "viciar" os alunos, o acesso à internet e sua "gama infinita de informações", o telefone celular com suas músicas, joguinhos, câmera fotográfica e filmadora, enfim, as mídias "rápidas" e ligadas à imagem, que atraem os estudantes e consomem seu tempo, são indicadas como potentes concorrentes à leitura, em função de serem novas, "dinâmicas" e mais "cativantes" do que a "antiga" literatura "clássica".

---

35 Dominique Maingueneau (1997, p. 45, grifos do autor) aponta que o conceito de *ethos* vem da retórica antiga, que conhecia uma dimensão entendida por *ethé* – também chamada de voz –, definida pelas "propriedades que os oradores se conferiam implicitamente, através de sua maneira de dizer: não o que diziam a propósito deles mesmos, mas *o que revelavam pelo próprio modo de se expressarem*". Roland Barthes salienta a característica essencial deste *ethos*, personalidade do enunciador revelada pela enunciação: "São os traços de caráter que o orador deve mostrar ao auditório (pouco importando sua sinceridade) para causar boa impressão. [...] O orador enuncia uma informação e, ao mesmo tempo, ele diz: eu sou isto, eu não sou aquilo" (*apud* Maingueneau, 2005, p. 70). Essa voz, que funciona como "fiador do discurso", é uma instância subjetiva identificada como a origem do texto e investida de uma "corporalidade" e de um "caráter". Tanto o caráter como a corporalidade se baseiam em "um conjunto difuso de representações sociais valorizadas ou desvalorizadas, de estereótipos sobre os quais a enunciação se apóia e, por sua vez, contribui para reforçar ou transformar" (Barthes *apud* Maingueneau, p. 72).

Além disso, a falta de acesso ao objeto livro é outra questão apontada pelos professores como responsável pelos baixos índices de leitura ("eles não têm acesso a bibliotecas", os "livros custam caro"), ainda que seja relativizada em declarações como: "livros podem ser comprados em sebos", "os alunos não podem ou não *querem* comprar os livros" (grifo nosso). Dessa maneira, os professores parecem reproduzir um discurso, que o historiador Roger Chartier (2001) identifica como advindo justamente dos pedagogos, do mundo da escola e do campo da educação, que associa uma suposta "crise da leitura" à existência da cultura de massa[36] e aos altos preços dos livros. Mas a questão a ser colocada então deveria ser: podem as mídias rápidas e ligadas à imagem substituir a função que a leitura literária supostamente teria na formação dos alunos?

No começo da década de 1980, em prefácio ao livro de Maria Tereza Rocco, Antonio Candido (1981, p. xii) questionava o papel que o ensino de literatura poderia ter para o indivíduo e a sociedade, sobretudo numa época em que os "meios modernos de comunicação, com recurso triunfante ao elemento visual, criaram alternativas para a necessidade humana de fantasia e de conhecimento simbólico da realidade". Há mais de trinta anos, o professor já apontava para a perda da função privilegiada de formação que a literatura havia ocupado anteriormente, sem deixar de indicar, no entanto, "os valores próprios da estrutura literária e a relativa autonomia da palavra, enquanto fundadora de uma

36 Segundo Chartier (2001, p. 26) os enunciadores deste discurso "lamentam um retrocesso das capacidades ou das práticas de leitura e tentam levar a cabo campanhas de alfabetização não exclusivamente com analfabetos, mas também com alfabetizados, para assim reforçar as práticas de leitura das pessoas que sabem ler, mas que não leem". O historiador, contudo, considera que o que vivemos hoje é antes uma mudança de suporte (do livro à tela do computador ou de um outro suporte que surja) e das categorias de hierarquização da ordem dos escritos do que uma crise da leitura.

realidade não 'reproduzida'" (p. xiii) como fundamentais ao ensino. Ou seja, ainda que a literatura dispute hoje seu lugar com diversos outros suportes, capazes de suprir as necessidades de fantasia, ficção e conhecimento, não será a experiência da leitura da palavra capaz de despertar a atenção e a curiosidade?

DIFERENÇAS ENTRE OS PERCURSOS DE FORMAÇÃO DE QUATRO PROFESSORES

O que se percebe com a análise das respostas qualitativas dos professores proposta nos tópicos anteriores confirma o perfil médio do professor de português da rede estadual atual como um leitor com pouca formação literária e torna claras as consequências que esse processo de formação tem em sua prática de ensino. Sem acesso a capital cultural e sem a aquisição das disposições necessárias ao desenvolvimento do hábito da leitura literária em suas famílias, a maioria desses docentes parece ter tido contato com o texto literário por meio exclusivamente da escola. E quando passam a integrar o sistema na função de professores, a literatura passa a fazer parte do rol de conteúdos a serem trabalhados com os alunos, perdendo o caráter de leitura pessoal (se é que algum dia o teve) e se tornando leitura profissional, funcional. Não se trata aqui de culpabilizar os professores por serem "leitores interditados" (Britto, 1998) ou por suas "práticas de leitura lacunares" (Paulino, 1999), nem de demonizar a leitura de *best-sellers* e de livros de autoajuda. A questão que se coloca é a da impossibilidade do docente de realizar leituras de textos mais profundos, para as quais seriam necessárias disposições estéticas que ele parece não ter conseguido desenvolver ao longo de sua formação. Se o próprio professor não pôde adquirir tais disposições, mas deve desenvolvê-las com os alunos, como resolver o impasse do ponto de vista do sistema educacional?

Este perfil pode ser percebido nas respostas de DES 3 (cf. tabela 5A, p. 148) ao questionário. Filho de pais que só chegaram ao ensino fundamental I, tendo cursado todo o fundamental em escola pública e o ensino médio e superior em institutos particulares, o professor responde que seus pais *raramente* liam durante sua infância e que ele só teve acesso a clássicos infantis quando pequeno, os quais, aliás, indica como leituras que marcaram a sua vida. Além disso, cita, como último livro que leu, *O caçador de pipas*, de Khaled Hosseini, e deixa em branco qual livro gostaria de ler. Tais dados não permitem obviamente uma análise profunda do perfil leitor desse professor, mas, ainda assim, em função de suas respostas, é possível inferir que talvez sua relação com a literatura não seja de grande intimidade: o único livro citado pelo título pertence à categoria dos *best-sellers* e, fora esse, o docente recorre apenas à lembrança difusa dos *clássicos infantis*. Além disso, tanto sua concepção de literatura (que passa pela possibilidade de se ter "uma visão histórica, social e de estilo das diversas épocas"), como sua prática de ensino (mediante os textos ele afirma trabalhar com as características da época, o momento histórico e as características do autor), são organizadas a partir de classificações advindas da história da literatura, com a qual o professor provavelmente teve contato durante sua formação superior. Esse perfil de formação poderia levá-lo a se identificar com seus estudantes, mas, ao contrário, ele escolhe, talvez inconscientemente, responsabilizá-los pelo fracasso de sua prática, comentando que o ensino de literatura hoje é "utópico, já que os alunos chegam ao 3º ano do EM sem saber ler e entender textos" e definindo como seu "maior problema" a "resistência dos alunos por estarem habituados a ficar copiando da lousa", além de sua "dificuldade de expressão, de expor suas ideias". Aqui caberia perguntar: se seus alunos não sabem ler nem entender textos, será que o trabalho com a literatura por via de sua história seria o mais apropriado?; o que levaria esse professor a não compreender o ponto de vista dos alunos e a não se adequar ao perfil de seu público?; será que, em função de sua formação precária, ele estaria impedido de buscar outras maneiras de lidar com o texto literário em sala de aula?

Do outro lado, representando uma minoria, estão os professores que, com acesso a capital cultural de origem familiar e tendo desenvolvido as disposições necessárias ao hábito da leitura em casa, tornam-se sujeitos leitores literários independentemente de sua formação escolar.

Exemplo desse outro perfil de professor é DENn 5 (cf. tabela 5C, p. 152), cuja formação e relação desenvolvida com a leitura e a literatura parece determinar uma prática de ensino diferenciada, que leva em conta a perspectiva do aluno. Filha de pai que só alcançou o primeiro ciclo do ensino fundamental, mas com mãe que teve acesso ao ensino superior, essa professora cursou todo o ensino básico em escola pública e estudou em uma faculdade particular. Ao responder ao questionário, ela conta que em sua casa havia muitos livros – de gibis às literaturas brasileira e portuguesa –, e se recorda dos pais lendo *sempre* (acrescentando que a mãe e o avô são "os maiores leitores" que conhece). Como livro que marcou sua vida, indica o romance *Ana Terra*, de Erico Verissimo; como último livro lido, aponta *Cem anos de solidão*, de García Márquez; e como livro que gostaria de ler, elege *Dom Quixote*, de Cervantes. Sua formação e suas leituras a levam a definir a literatura como "expressão social, política e cultural de uma época. Um registro, um retrato, um ensinamento" e a desenvolver com os alunos um trabalho que os envolva e os leve a aprender com "prazer". Adotando a estratégia de ler sempre em voz alta para eles, a professora procura contextualizar as obras por intermédio de comparações e relações, utilizando "ganchos para a realidade" deles e dela mesma, o que indica uma identificação com o ponto de vista dos jovens. E, apesar de apontar a falta de exemplo ou incentivo para a leitura por parte das famílias de seus alunos como problemática, afirmando que a leitura não deveria ficar somente a cargo da escola (o que remete à sua própria experiência pessoal), não culpa os estudantes pela falta desse hábito; ao contrário, busca desenvolvê-lo com eles.

A análise dessas duas trajetórias delineadas permitiria reafirmar previsões que o agrupamento de dados quantitativos coletado levaria a supor corretas, como, por exemplo, a relação direta que existiria entre as condições sociais vividas pelos professores na infância e seus hábitos de leitura desenvolvidos na fase adulta. Mas, observando as histórias pessoais de formação como sujeitos leitores dos docentes, é possível perceber que alguns deles escapam tanto ao perfil médio do professor como ao percurso de minorias que se opõem a esse perfil, cujo acesso ao capital cultural foi garantido desde a infância.

Um desses exemplos pode ser conferido no perfil de DECO 5 (cf. tabela 5B, p. 150). Em suas respostas ao questionário, a professora informa que cursou o primeiro ciclo do ensino fundamental em escola pública, o ensino médio em escola particular e o ensino superior em faculdade pública. Respondendo que quando pequena teve acesso "apenas" a revistas e gibis, ela ressalta que, embora seus pais só tenham alcançado o ensino fundamental I, eles eram leitores e cultivavam a escrita de "cartas e listas". Ademais, o pai teve papel crucial em sua formação como leitora, pois era não só um "grande contador de histórias", como violeiro e cantador. O forte laço com a cultura popular leva a professora a assinalar, como *leitura* que marcou sua vida, a "tradição oral"; a indicar, como último livro que leu, *"Histórias de velhos"*,[37] de Ecléa Bosi; e a citar, como livro que gostaria de ler, *Ulysses*, de James Joyce. Desse modo, a professora parece conseguir costurar relações entre a cultura popular e a erudita, conquistando legitimidade para a

37 O nome do livro ao qual a professora se refere é *Memória e sociedade: lembranças de velhos.*

primeira e se apropriando da segunda, o que a leva a definir a literatura como "a arte de escrever (ou criar, pois há o oral também) textos, cujo sentido transcende através do tempo e do espaço". Em outros termos, a literatura parece ser definida como o conjunto de textos orais ou escritos que alcançam seu valor por meio da permanência na cultura. Nesse caso, a falta de capital cultural objetivado em sua formação como leitora foi suprida pela valorização da cultura popular e pela boa vontade com relação à cultura escrita, cultivada pelos pais. Tanto é que, ao falar dos problemas que enfrenta, é à falta de conhecimento do "valor" da obra literária por parte dos alunos que a professora se refere. No entanto, ainda que ela responda que "há algumas mudanças" no ensino de literatura hoje em comparação ao que teve quando aluna, a docente parece praticar um ensino baseado na história da literatura, apesar de usar termos para falar de sua didática, como "contexto de produção e de uso", que apontam para as teorias enunciativas.

Também com perfil diferenciado há ainda DEL 18 (cf. tabela 5A, p. 148). Com pais que alcançaram o segundo ciclo do ensino fundamental, a professora cursou o ensino básico público e fez uma faculdade particular. Afirmando que seus pais *nunca* liam quando ela era pequena, responde que em sua casa existiam "somente livros didáticos" e se recorda da leitura de Marcos Rey, *Um cadáver ouve o rádio,* como o primeiro livro que de fato leu. Como último livro lido, a professora cita *Nação crioula,* de José EduardoAgualusa, e como livro que gostaria de ler, aponta *Casa grande e senzala,* de Gilberto Freyre, indícios de uma ruptura com o perfil médio ao qual ela parecia corresponder. Afirmando ser "inviável" pensar o mundo "sem livros" e a vida "sem leituras", ela é a única professora dentre os 16 selecionados a ressaltar a importância de se trabalhar com o que denomina de "aspectos artísticos" das obras literárias, acrescentando que não acredita na "obrigatoriedade da leitura literária", prática que chegou a exercer no início da carreira e que logo abandonou por sentir-se "frustrada", afirmando ainda que a maioria de seus alunos "leem o que é proposto".

Lembrando que as inferências aqui levantadas são feitas exclusivamente em função das respostas dos professores aos questionários da pesquisa, é possível perceber que, no caso de DENn 5, a formação da mãe, o capital cultural familiar e sua própria formação como sujeito leitor parecem garantir uma posição favorável à compreensão da perspectiva dos alunos, além de assegurarem uma prática de ensino a princípio autônoma e eficiente. Já em DECO 5, a valorização da cultura popular adquirida com o pai e a prática familiar de uma cultura escrita, somadas a uma graduação em faculdade pública, parecem construir a possibilidade de aquisição das disposições estéticas necessárias à fruição da cultura erudita, que passa pela legitimação da cultura popular. Mas qual teria sido o salto dado por DEL 18, tanto do ponto de vista de seu desenvolvimento como sujeito leitor, como da perspectiva de sua prática docente, visto que a professora teve pais não leitores, com uma formação precária, e não teve livros de literatura à sua disposição quando criança? Ou seja: como terá sido possível que, apesar de ter vivido sob condições sociais desfavoráveis, a professora tenha se tornado sujeito de sua leitura e de sua prática docente?

≈

Contrariando a lógica apontada pela pesquisa exploratória, algumas questões podem ser colocadas: como é possível que um sujeito, apesar de suas condições socioeconômicas, que incluem falta de capital cultural objetivado e incorporado e uma formação escolar de baixa qualidade, possa se desenvolver e se tornar um leitor literário?; quais seriam os fatores que levam um professor que, a princípio, tem tudo para corresponder ao perfil médio levantado nesta fase da pesquisa a se tornar um leitor crítico?; um professor leitor literário terá uma prática de ensino de literatura diferenciada?; há relações entre o percurso da história de leitura dos professores, sua formação como sujeitos leitores e a conquista de uma autonomia em sua prática de ensino? Estas foram as questões que buscamos investigar nas das quatro entrevistas analisadas no próximo capítulo.

TABELA 5A – PERFIS SELECIONADOS DE PROFESSORES (CONTINUA)

Nome	Pai	Mãe	Ensino básico	Ensino superior	Escolha do curso de Letras	Leitura dos pais	Livros na casa de infância	Livros que marcaram sua vida	Último livro que leu	Livros que gostaria de ler
DEL 1 46 a. F	EF I	EF I	pública	particular (Teresa Martin)	gosto pela leitura e escrita; professora influenciou	não tinham tempo	não havia	Lobato	*O estudante* (Adelaide Carraro)	*O Código Da Vinci* (Dan Brown)
DEL 5 39 a. F	EF I	EF I	pública	particular (FFLC)	gosto pela língua e leitura	não leitores	não havia	romances	*Memórias de um Sargento de Milícias* (M. A. de Almeida)	Algum do Paulo Coelho
DEL 10 34 a. F	EF I	EF I	pública	particular (Mackenzie)	consequência do curso de tradutor	liam às vezes; mãe declamava	gibis; infantis	Lobato	*O Código Da Vinci* (Dan Brown)	-

Nome	Literatura é...	Ensino de literatura quando eram alunos	Ensino de literatura hoje	Prática de ensino	Problemas que enfrenta
DEL 1 46 a. F	É tudo. Através da leitura entramos num mundo imaginário, ou podemos nos conectar com o mundo.	Sempre gostei; não tinha dificuldades.	Hoje encontro dificuldades porque os alunos não sentem interesse, não têm motivação.	Sempre peço para que eles leiam e, após a leitura, o que entenderam. A história da literatura ou a literatura para o vestibular sempre adoto, porém procuro levar para sala de aula outros textos, mais atuais, para comparação com outros antigos.	Acho que a maior dificuldade é a falta de interesse [dos alunos], porém, quando começamos, percebo que os alunos mudam quando percebem que podemos discutir, ver outros textos etc.
DEL 5 39 a. F	Resgates socioculturais de nossa história.	Naquela época eu tinha que saber, aprender mesmo a história, os autores e as obras.	Hoje é retratado através dos tempos, trazido para os dias atuais e não há cobranças de datas, apenas o básico.	Eu ainda tento situar no tempo, trazer para os dias atuais com vistas para o vestibular.	A principal dificuldade é que os alunos não podem ou não querem comprar os livros e não têm acesso a biblioteca.
DEL 10 34 a. F	Não se forma bons escritores sem a leitura e a literatura é um bom caminho para aquisição deste hábito.	Não gostava de literatura no EM.	Hoje o ensino de literatura é mais dinâmico e interativo com outras linguagens como filme, música, artes etc.	Costumo solicitar leituras que pontuem bem a mudança do modo de pensar do homem, no percurso da História. Após a leitura procuro construir os novos conceitos reunidos pela estética, junto com o aluno. Não gosto de trazer ideias prontas. Gosto que eles percebam as mudanças.	O maior problema é fazer com que os alunos tenham um olhar diferenciado para períodos histórico diferentes. A literatura torna-se mais agradável quando as disciplinas de língua portuguesa, história e artes conseguem dialogar e trabalhar o mesmo tema.

F – sexo feminino; M – sexo masculino; EF I – ensino fundamental I; EF II – ensino fundamental II; EM – ensino médio; ES – ensino superior

TABELA 5A – PERFIS SELECIONADOS DE PROFESSORES (CONTINUAÇÃO)

Nome	Pai	Mãe	Ensino básico	Ensino superior	Escolha do curso de Letras	Leitura dos pais	Livros na casa de infância	Livros que marcaram sua vida	Último livro que leu	Livros que gostaria de ler
DEL 18 35 a. F	EF II	EF II	pública	particular (Santo André)	gosto por conhecimentos diversos e realização profissional; a leitura foi o fator essencial	não leitores	didáticos	*Um cadáver ouve rádio* (Marcos Rey)	*Nação crioula* (Agualusa)	*Casa grande e senzala* (Gilberto Freyre)
DES 1 37 a. F	EF I	EF I	EF pública; EM part.	particular (Unisa e Uniban)	gosto pela língua e literatura	não leitores; avô leitor voraz	literatura	Sartre; Freud; Engels; Marx; Kafka	*Os miseráveis* (Victor Hugo)	-
DES 3 54 a. M	EF I	EF I	EF pública; EM part.	particular (Uniban)	gosto pela leitura e literatura	não leitores	infantis	clássicos infantis	*O caçador de pipas* (Khaled Hosseini)	-

Nome	Literatura é...	Ensino de literatura quando eram alunos	Ensino de literatura hoje	Prática de ensino	Problemas que enfrenta
DEL 18 35 a. F	Para mim é inviável imaginar/pensar o mundo sem livros, ou melhor, a minha vida sem leituras.	Quando eu fiz o EM havia uma preocupação por pontuar os aspectos históricos de uma obra (não que isso não fosse importante), mas se desconsideravam os aspectos artísticos.	Acredito que hoje se esteja reavaliando a postura anteriormente citada [trabalho com os aspectos históricos de uma obra], partindo-se dos aspectos artísticos para conduzir os/as alunos/as a outras análises.	A metodologia que eu utilizo para as aulas de literatura é a seleção de textos ou trechos (clássicos) comparando-os com "atuais"; há aulas de leitura livre, também utilizo reproduções artísticas (pinturas) para falar sobre determinados conceitos e alguns momentos, falo sobre a história da literatura.	Não acredito muito na obrigatoriedade da leitura literária, pelo menos nas vezes em que tentei (e isso foi no início da minha carreira) acabou sendo uma frustração. [...] A maioria dos/as alunos/as leem o que é proposto.
DES 1 37 a. F	Literatura é sonho... é criar um mundo individual para cada história. Aprender... através do sentimento do seu próprio pensar...	Eu me apaixonei totalmente pela literatura com meu professor Amil, que já faleceu, porque ele passava sua paixão para nós, era contagiante...	Literatura é paixão, se você passa essa paixão seus alunos embarcam com você...	Quando pego uma turma no 1° ano eu tento instigá-los a ler, conto uma parte, ou capítulo, deixo-os bem curiosos, assim alguns tomam gosto pela leitura, vão atrás; passo um filme e falo que o livro é melhor... Tem funcionado.	O problema maior é a falta de incentivo da família... Eles preferem viciar seus filhos à TV do que lhes dar bons livros... Sempre falam do custo, mas, e os sebos?
DES 3 54 a. M	Através da literatura nós podemos ter uma visão histórica, social e de estilo das diversas épocas, podendo entender melhor o mundo atual e fazendo um paralelo com épocas e momentos diferentes.	Era um ensino voltado para a decoreba, muitas datas desnecessárias, sempre os mesmos clássicos. E nada que se voltasse para a realidade que a obra poderia trazer para a época.	O ensino de literatura hoje é utópico, já que os alunos chegam no 3° ano do EM sem saber ler e entender textos.	Procuro através dos textos dar um panorama geral da história da literatura, as características da época, o momento histórico vivido pelo período literário dado e algumas características do autor.	O meu maior problema é a resistência dos alunos por estarem habituados a ficar copiando da lousa, eles têm muita dificuldade de expressão, de expor suas ideias.

F – sexo feminino; M – sexo masculino; EF I – ensino fundamental I; EF II – ensino fundamental II; EM – ensino médio; ES – ensino superior

TABELA 5B – PERFIS SELECIONADOS DE PROFESSORES (CONTINUA)

Nome	Pai	Mãe	Ensino básico	Ensino superior	Escolha do curso de Letras	Leitura dos pais	Livros na casa de infância	Livros que marcaram sua vida	Último livro que leu	Livros que gostaria de ler
DES 9 31 a. F	EF II	EF I	pública	particular (Anhembi-Morumbi)	professora incentivou	pai contador de histórias	gibis; infantis; infanto-juvenis	*Barquinhos de papel*	literatura africana	Algum do Paulo Coelho
DES 15 33 a. F	EF I	EF I	pública	particular (Osec)	necessidade; gostou depois	não leitores	infantis	*O pequeno príncipe* (Saint-Exupéry); *Senhora* (José de Alencar)	*Quem ama, educa* (Içami Tiba)	-

Nome	Literatura é...	Ensino de literatura quando eram alunos	Ensino de literatura hoje	Prática de ensino	Problemas que enfrenta
DES 9 31 a. F	Para mim literatura é a arte de trabalhar com as palavras, de atribuir-lhes novos significados, de viajar no mundo das letras.	Alguns professores realmente me fizeram viajar nesse mundo literário, outros deixaram a desejar. Penso que não mudou muito, porém os alunos eram "obrigados" a ler mais.	Em alguns lugares continua o mesmo, tem professores que inovaram procurando trazer a literatura para o cotidiano, fazendo paralelos, outros continuam "ditando" somente o que o livro didático traz. Acho que antes os alunos liam um pouco mais, talvez por "medo".	Procuro trabalhar literatura fazendo relações com o cotidiano do aluno, trazendo filmes recentes, se possível levando-os para assistir peças de teatro, declamando poesias. Sendo muito difícil, pois são bem resistentes, preferem sempre copiar da lousa.	Falta de material, falta do domínio da leitura e interpretação de textos, desinteresse dos alunos por pesquisa. Os trabalhos solicitados são mera cópia de livros do colegial. A falta de costume dos alunos em relacionar fatos históricos/literários. Alunos com vocabulário medíocre, sequer sabem ordem alfabética para pesquisar e usar o dicionário.
DES 15 33 a. F	Meio de conhecer o passado e entender o presente.	Fantástico. Tinha um professor maravilhoso de literatura.	Pobre, os nossos alunos não querem saber o que aconteceu na Idade Média, o que foi pré-modernismo, por mais que a gente fale que é importante saber e procure mostrar a beleza que existe.	A minha didática é simples, faço aulas expositivas sobre o assunto, procuro sempre ter textos de apoio e, o que é mais importante, procuro casar com os tempos atuais, procurando assim despertar o interesse do aluno, às vezes conseguimos, outras, não.	Para falar de literatura de modo enriquecedor, precisaríamos trabalhar com o professor de artes e história [...]. Precisamos também de um material diversificado para que a literatura saísse do campo "passado" para algo mais significativo para o aluno.

F – sexo feminino; M – sexo masculino; EF I – ensino fundamental I; EF II – ensino fundamental II; EM – ensino médio; ES – ensino superior

TABELA 5B – PERFIS SELECIONADOS DE PROFESSORES (CONTINUAÇÃO)

Nome	Pai	Mãe	Ensino básico	Ensino superior	Escolha do curso de Letras	Leitura dos pais	Livros na casa de infância	Livros que marcaram sua vida	Último livro que leu	Livros que gostaria de ler
DECO 5 51 a. F	EF I	EF I	EF pública; EM part.	pública (USP)	gosto pela leitura e escrita; vocação	pais liam; pai contador de histórias	gibis; revistas	tradição oral	*Histórias de velhos* (Ecléa Bosi)	*Ulysess* (James Joyce)
DECO 10 46 a. M	EF I	EF I	pública	particular (Univ. São Marcos)	gosto por letras	não leitores	gibis; revistas	autoajuda	*Meditando sobre a vida*	-
DECO 14 31 a. F	EF I	ES	pública	particular (Unifico Osasco)	queria ser tradutora, mas não se sente frustrada	não leitores	gibis; infantis	*Frankestein* (Mary Shelley)	*Pais brilhantes, professores fascinantes* (Augusto Cury)	*O príncipe* (Maquiavel)

Nome	Literatura é...	Ensino de literatura quando eram alunos	Ensino de literatura hoje	Prática de ensino	Problemas que enfrenta
DECO 5 51 a. F	Literatura é a arte de escrever (ou criar, pois há o oral também) textos, cujo sentido transcede através do tempo e espaço.	Foi dado de forma fragmentada, estudo de períodos e características, autores e obras, sem sentido e de forma decorativa.	Há algumas mudanças, mas ainda são acentuados os períodos, as obras e os autores.	Gosto de selecionar textos e autores para trabalhar com as características, contexto sócio-histórico, contexto de produção e de uso; mas também trabalho com os textos para vestibular.	Talvez seja a falta de conhecimento do valor da obra literária produzida numa época longínqua da vivida pelo aluno; ou a TV, que ocupa grande parte de sua vida com atrações rápidas e dinâmica que cativam mais (ou também a internet).
DECO 10 46 a. M	Serve para a formação global ou cultural do aluno etc.	Não era muito levado a sério.	É levado mais a sério e mais aproveitável.	Normalmente é apresentada uma introdução à literatura e uma explicação geral sobre os movimentos, características e obras com os autores de cada movimento literário. Apresentação de seminários pelos alunos.	Falta de tempo e interesse por parte dos alunos. A influência da televisão, internet etc. é outro fator.
DECO 14 31 a. F	A literatura é muito importante por sua perenidade e por nos permitir conhecer a sociedade e a política de cada época, além de sua estrutura linguística diversificada. É importante observar que a literatura pode formar o aluno como leitor e como crítico de seu próprio tempo.	O ensino da literatura era muito fraco, porque a escola em que estudei não tinha muitos recursos, além da constante falta de professores.	Os professores de hoje dão ênfase ao ensino da literatura, mas ainda está longe do ideal, pela falta de recursos e, por vezes, pela falta de interesse dos alunos.	Costumo selecionar um determinado movimento literário para ressaltar os escritores daquele movimento, suas obras, contexto político e social. Seleciono as obras importantes e mais interessantes e peço para eles lerem. Depois debatemos as leituras e as opiniões dos alunos de suas leituras.	A dificuldade está na forma como o aluno chega no EM. [...] o professor pode mudar este perfil [não leitor] do aluno, desde que ele acredite em seu trabalho.

F – sexo feminino; M – sexo masculino; EF I – ensino fundamental I; EF II – ensino fundamental II; EM – ensino médio; ES – ensino superior

TABELA 5C – PERFIS SELECIONADOS DE PROFESSORES (CONTINUA)

Nome	Pai	Mãe	Ensino básico	Ensino superior	Escolha do curso de Letras	Leitura dos pais	Livros na casa de infância	Livros que marcaram sua vida	Último livro que leu	Livros que gostaria de ler
DECO 15 43 a. F	EF II	EF I	pública	particular (Unip)	vocação	ela lia para os pais; pai contava "causos"	enciclopédias; antigos	*O guarani* e *Helena* (José de Alencar)	*Autobiografia de um yogue*	muitos
DEN 3 39 a. F	sem	EF I	pública	particular (Univ. São Francisco)	gosto pela leitura e escrita; vocação	mãe não lia, mas incentivava	gibis; infantis	*O pequeno príncipe* (Saint-Exupéry)	*Quem ama, educa* (Içami Tiba)	*Pais brilhantes, professores fascinantes* (Augusto Cury)

Nome	Literatura é...	Ensino de literatura quando eram alunos	Ensino de literatura hoje	Prática de ensino	Problemas que enfrenta
DECO 15 43 a. F	Uma maneira de passar o conhecimento humano de forma agradável e saborosa, fazendo você viajar.	Acho que foi melhor e mais profundo porque tínhamos que pegar no livro para fazer a leitura.	Hoje os alunos não podem/não gostam de textos longos. Usamos, normalmente, xerox (porque não temos livros suficientes), resumos, filmes, etc.	Associo a literatura clássica da contemporaneidade através de pesquisas, visitas de exploração de campo, buscando a sincronicidade entre o passado e o presente. Tento mostrar a arte literária como o espelho dos tempos. Para isso, transporto-me a recursos visuais e teóricos simultaneamente. Falo de literatura como se contasse uma história simples e concreta.	Muitas reclamações dos alunos que não gostam de leitura, mas depois melhora e descobrem que é importante descobrir, dentro do texto, as informações implícitas.
DEN 3 39 a. F	Para mim literatura é vivência, conhecimento, realização, criatividade, construção de opinião.	Tive bons professores, e foi nessa época que cultivei o hábito da leitura, por isso avalio o ensino de literatura da minha época como muito bom.	Hoje, temos mais recursos audiovisuais e o trabalho interdisciplinar (arte, história, literatura) ajuda na motivação, pois o aluno consegue perceber como essas matérias são afins, podendo entendê-las melhor.	Trabalho com a teoria (características, contexto histórico, biografias) e prática (leitura e compreensão de textos, leitura de livros, apresentação de seminários, produção de poesia, música adaptados das leituras, filmes adaptada – análise de diferenças entre o livro e o filme). Levo os alunos ao teatro, cinema, quando possível.	A falta, na infância, dessa prática, a falta de motivação para a leitura.

F – sexo feminino; M – sexo masculino; EF I – ensino fundamental I; EF II – ensino fundamental II; EM – ensino médio; ES – ensino superior

TABELA 5C – PERFIS SELECIONADOS DE PROFESSORES (CONTINUAÇÃO)

Nome	Pai	Mãe	Ensino básico	Ensino superior	Escolha do curso de Letras	Leitura dos pais	Livros na casa de infância	Livros que marcaram sua vida	Último livro que leu	Livros que gostaria de ler
DEN 8 30 a. M	EF I	EF I	pública	particular (Univ. Sagrado Coração)	gosto pela leitura e escrita; gostava da disciplina	não leitores	infanto--juvenis	-	Não se lembra do nome (Conan Doyle)	Algum do Paulo Coelho
DEN 11 28 a. F	EF I	EF I	pública	particular (Teresa Martin)	gosto pela literatura	mãe lia	gibis; infantis; Bíblia	contos de fada e fábulas	*Quando Nietzsche chorou* (Irvin Yalom)	*Baudolino* (Umberto Eco)
DENn 5 36 a. F	EF I	ES	pública	particular (FFLC Ituverava)	gosto pela leitura e escrita; professora influenciou	pais leitores	gibis; literatura	*Ana Terra* (Erico Verissimo)	*Cem anos de solidão* (Gabriel Garcia Márquez)	*Dom Quixote de la Mancha* (Cervantes)

Nome	Literatura é...	Ensino de literatura quando eram alunos	Ensino de literatura hoje	Prática de ensino	Problemas que enfrenta
DEN 8 30 a. M	Literatura é a produção escrita de um povo. Literatura é arte, literatura é vida.	Fraco, sem aprofundamentos.	Existe mais incentivo [hoje], mas está relegado a segundo plano, o que vem primeiro é a gramática.	Literatura para o vestibular, pois a maioria de nossos alunos não desenvolveram o gosto pela leitura. Logo, o vestibular funciona como estímulo. Porém, vivo frisando a importância da leitura por si só.	A falta de pré-leitura nas várias etapas de seu desenvolvimento como leitores [...] Os alunos não querem ler os clássicos, acham maçante buscar características dos períodos literários nos textos.
DEN 11 28 a. F	A literatura é um misto de entretenimento e conhecimento, a melhor fusão entre o útil e o agradável. Quanto ao sentido, é complicado dizer... não dá para viver sem ler!	Durante o EM, tive ótimos professores de literatura, especialmente um que me incentivou sempre. O programa de curso era mais denso e abrangente, contemplando vários temas e modalidades textuais.	Infelizmente, devo dizer que a literatura sofreu um grande retrocesso tanto nos materiais didáticos disponíveis quanto na forma de se ensinar, tendo em vista o desinteresse dos alunos pela leitura.	A princípio procuro utilizar textos solicitados pelos vestibulares. A partir desses textos, faço com os alunos algumas leituras, analogias com outros textos, contextualização histórica e social e abordagem da teoria literária dos movimentos de época.	Os maiores problemas no ensino da literatura vêm do desinteresse dos alunos pela leitura. [também é problema] a internet com sua quase infinita gama de informações, além, é claro, dos altos preços dos livros.
DENn 5 36 a. F	É a expressão social, política e cultural de uma época. Um registro, um retrato, um ensinamento. É cultura.	Fantástico! Tanto que fez com que eu me apaixonasse pela literatura. As aulas eram articuladas com a realidade e extremamente instigantes (anos 1980).	Procuro envolver os alunos, ensiná-los com prazer para que eles aprendam da mesma forma.	Procuro envolvê-los, utilizando ganchos para realidade deles e minha, contextualizando o conteúdo, comparando, relacionando. Leio para os meus alunos em voz alta, sempre!	A falta de exemplo ou incentivo em casa. Leitura não devia ser associada somente à escola; assim, torna-se mais uma disciplina ou tarefa.

F – sexo feminino; M – sexo masculino; EF I – ensino fundamental I; EF II – ensino fundamental II; EM – ensino médio; ES – ensino superior

capítulo 3

AS ENTREVISTAS

“Um indivíduo reconhece-se na história que
conta a si próprio sobre si próprio”

Paul Ricoeur

PERSPECTIVA METODOLÓGICA

Após o levantamento do perfil médio do professor de português feito a partir da análise dos dados quantitativos coletados pelos questionários, surgiu a necessidade de aprofundar a pesquisa por meio de entrevistas. Como observa Lahire (2004, p. 34), "todos os que praticam a pesquisa através de questionários sabem que as informações produzidas nesse âmbito são ambivalentes, ambíguas e às vezes bastante vagas", o que o leva a propor a recontextualização dos traços, das propriedades e das características extraídos das formas de vida social, para que as pesquisas quantitativas possam ganhar um sentido sociológico. Por isso, o sociólogo enfatiza a necessidade de se alternar "o mais frequentemente possível abordagens estatísticas, mais abstratas, e abordagens que fixam e interligam as variáveis, os fatores em tecidos sociais específicos, em configurações sociais singulares" (Lahire, 2004, p. 37). Discorrendo sobre a pesquisa qualitativa, o autor destaca ainda que:

> [...] deslocando o olhar para os casos particulares, ou, melhor ainda, para a singularidade evidente de qualquer caso a partir do momento em que se consideram as coisas no detalhe, o sociólogo mostra aquilo que os modelos teóricos fundados no conhecimento estatístico e na linguagem das variáveis ignoravam ou pressupunham: as práticas e as formas de relações sociais que conduzem ao processo de "fracasso" ou de "sucesso". (Lahire, 2004, p. 32).

Assim, partimos para a pesquisa qualitativa[1] com o objetivo de aprofundar as questões levantadas ao final do capítulo 2, ou seja, investigar como sujeitos, que viveram em contextos com indicadores econômicos e sociais desfavoráveis, puderam construir trajetórias escolares de sucesso e constituíram-se leitores literários, buscando compreender justamente os sujeitos que "sobrevivem"[2] (Zago, 2003) ao sistema de ensino e que a ele retornam como professores. Desta vez, a coleta dos dados foi feita com entrevistas com quatro docentes que se dispuseram a conversar conosco, três dos quais haviam respondido ao questionário da fase anterior da pesquisa. Com essas entrevistas, buscamos levantar um material que nos ajudasse a compreender mais a fundo as relações entre formação, hábitos de leitura e prática de ensino dos docentes.

Para tanto, o tipo de entrevista escolhido foi o compreensivo, que não segue uma estrutura rígida e no qual questões previamente definidas podem sofrer alterações conforme o que se busca coletar e a partir das respostas que são obtidas durante a conversa com o entrevistado. É preciso ressaltar que o trabalho com as histórias de vida e os depoimentos pessoais coletados em entrevistas abre a possibilidade de o entrevistado ter maior liberdade ao reelaborar a sua história, produzindo uma informação viva já não vinculada diretamente aos propósitos e objetivos do pesquisador, mas àquilo que, para o sujeito pesquisado,

1 Segundo definição de Martins (2004), a pesquisa qualitativa é definida como aquela que privilegia a análise de microprocessos, mediante o estudo das ações sociais individuais e grupais, realizando um exame intensivo dos dados e caracterizada pela heterodoxia no momento da análise. Zago (2003) chama a atenção também para o fato de que, numa perspectiva qualitativa, é imprescindível a compreensão de uma realidade heterogênea e contraditória, sem que se caia em determinismos sociologizantes ou psicologizantes.

2 Sposito (2001 *apud* Zago, 2003) e Zago apontam para o esgotamento dos estudos sobre o fenômeno do fracasso escolar no sistema educacional dos que vêm dos chamados meios sociais populares.

seja importante em sua própria história.[3] É nessa perspectiva que Kaufmann (1996 *apud* Zago, 2003, p. 20) afirma que a entrevista compreensiva inverte as fases da construção do objeto: "A pesquisa de campo não é mais uma instância de verificação de uma problemática preestabelecida, mas o ponto de partida desta problematização".

O que procuramos, portanto, não foram respostas a questões estruturadas e preestabelecidas (embora existisse um roteiro prévio à realização das entrevistas), mas sim a construção de uma problemática, que foi surgindo à medida que os dados foram sendo coletados. Esse exercício, no entanto, não foi baseado em espontaneísmo e não excluiu o esforço para construir uma objetivação (Kaufmann, 1996 *apud* Zago, 2003), inclusive durante o processo de realização das próprias entrevistas. Sabemos que a escolha pelo tipo de entrevista e por outros instrumentos de coleta de dados não é neutra e só se justifica pela necessidade decorrente do problema colocado, já que é ele que leva a determinadas interrogações sobre o social e às estratégias que são armadas para respondê-las (Zago, 2003). Por isso, as entrevistas foram adaptadas à realidade da pesquisa e, nesse sentido, constituíram mais do que uma simples técnica, ou seja, tornaram-se um instrumento integrante na construção do objeto pesquisado.

Uma questão de ordem metodológica, sobre a qual é necessária uma justificativa, diz respeito ao número de entrevistas. Ainda que, a princípio, tivéssemos cogitado entrevistar entre oito a 12 sujeitos, provenientes das quatro diferentes diretorias de ensino nas quais havíamos aplicado os questionários, tal projeto não se tornou viável, em função da falta de professores dispostos a serem entrevistados e do

---

3 Martins (2004, p. 298) ressalta ainda que a "retomada da metodologia qualitativa nos anos recentes, especialmente a redescoberta da história de vida, [...] resultou, por um lado, do predomínio de correntes teóricas voltadas para a problemática do sujeito e da interpretação que ele faz de sua situação social".

tempo disponível para o trabalho. Mas, como lembra Zago (2003), entrevistas em profundidade não produzem dados quantitativos e, por essa razão não precisam ser numerosas, desde que as análises não sejam generalizadas.[4] Como questionários com um número maior de sujeitos já haviam contribuído para reafirmar um conhecimento sobre o perfil médio dos professores de português da escola pública, as quatro entrevistas que conseguimos coletar nessa etapa posterior puderam levar à reflexão sobre esse quadro. O aprofundamento dos dados qualitativos, apesar de não numerosos, serviram, assim, ao confronto com os dados coletados pelos questionários e tiveram por função compreender mais do que descrever sistematicamente ou medir uma determinada população (Kaufmann, 1996 *apud* Zago, 2003). Além disso, na amostra coletada pelas entrevistas, pudemos trabalhar três casos que poderiam ser considerados de "sucesso" do ponto de vista da trajetória de vida dos sujeitos e um caso que poderia ser considerado de "fracasso". As comparações que daí surgiram direcionaram a análise dos dados e levaram à construção de algumas hipóteses relativas às questões levantadas.

Um último comentário prévio diz respeito à *representatividade* dos sujeitos entrevistados. Se entendermos que tal representatividade esteja "relacionada às possibilidades de generalização e se baseie na noção estatística de amostra" (Martins, 2004), os sujeitos que participaram dessa fase da pesquisa não podem ser considerados representativos de uma população. Mas se, ao contrário, tomarmos a

4 Segundo Martins (2004, p. 375), não cabe, "no uso da metodologia qualitativa, a preocupação com a generalização, pois o que a caracteriza é o estudo em amplitude e em profundidade, visando a elaboração de uma explicação válida para o caso em estudo, reconhecendo que o resultado das observações são sempre parciais". Para a pesquisadora, o que sustenta e garante a validade desses estudos é o rigor advindo da solidez das relações estabelecidas entre as interpretações teóricas e os dados empíricos.

representatividade de um ponto de vista interno à pesquisa aqui proposta, então professores que se tornaram sujeitos de suas leituras apesar das condições sociais a que suas formações estiveram submetidas podem ser considerados representativos para nosso trabalho. Esses foram os sujeitos que buscamos entrevistar.

Logo, procurando investigar como se construiu a história de leitor dos sujeitos entrevistados, suas relações com a literatura e as influências dessas relações nas práticas de ensino em sala de aula, foi estruturado um roteiro baseado em quatro tópicos, que serviram de orientação para a realização das entrevistas, considerando-se os dados coletados por meio dos questionários:

1. **leitura** – *formação como leitor:* influências em casa (investimento paterno); influências na escola básica; influências na faculdade (identificação com professores); *qual a prática da leitura literária na vida de cada um:* leitor que lê com preocupações profissionais; leitor que efetua uma leitura de evasão; leitor que tem intimidade com a cultura erudita;
2. **literatura** – *relação que tem com a literatura:* literatura entendida como fonte de informação; literatura entendida como prazer; literatura entendida como motivadora do pensamento crítico;
3. **prática de ensino** – *levantamento de possíveis relações entre o tipo de sujeito leitor que o professor é e sua prática de ensino:* Como é essa prática? Quais critérios usa para selecionar os textos trabalhados em sala de aula? A partir de quais enfoques trabalha os textos literários? Que recursos usa?
4. **relação com os alunos** – de aliança; de enfrentamento; de indiferença; há sofrimento envolvido no exercício da profissão?

A partir da tabulação dos dados quantitativos, foram selecionados todos os professores que não correspondiam ao perfil médio levantado no capítulo 2. A esses docentes e a todos aqueles que manifestaram, no próprio questionário[5] ou em conversas[6] durante a sua aplicação, interesse e vontade de contribuir, foi enviado um e-mail convidando-os para que participassem dessa fase da pesquisa. Dos 87 professores que responderam ao questionário, trinta receberam convites para as entrevistas, três responderam ao e-mail e só foi possível agendar entrevistas com dois deles: Sílvia e Cristiano. Diante de um número tão diminuto de possíveis entrevistados, foi feito um contato com uma colega do curso de pós-graduação da FEUSP que trabalha na DE Leste 4, com o objetivo de conseguir o número telefônico[7] de quatro professoras daquela diretoria que correspondiam ao perfil que buscávamos entrevistar. Dessa forma, uma terceira entrevista, com M.E., foi agendada com sucesso. À quarta docente entrevistada, Antônia,[8] chegamos por

5 Ao final do questionário, foi inserida a seguinte questão: "Se quiser, faça comentários a respeito do questionário" (Cf. questionário na íntegra no Anexo A). Nesse espaço, 28 docentes deixaram manifestações favoráveis à pesquisa, reflexões a respeito da estrutura do questionário, ofereceram-nos auxílio ou, ainda, deixaram pedidos de retorno dos resultados obtidos e de contato. Todos os professores que usaram esse espaço foram convidados a participar dessa fase posterior da pesquisa.

6 Alguns professores vieram conversar conosco durante os intervalos para o café ou após a coleta de dados, em busca de informações sobre cursos de pós-graduação, sobre a FEUSP e seus processos de seleção para a pós ou, ainda, sobre a pesquisa de maneira geral. Esses professores também foram convidados para as entrevistas.

7 Como no questionário escrevemos "contato/e-mail", a grande maioria dos professores deixou seus endereços eletrônicos, mas não seu número telefônico.

8 Apesar de três dos quatro professores não terem manifestado objeção ao uso de seus nomes verdadeiros neste trabalho, seus sobrenomes foram omitidos no intuito de garantir a proteção de suas identidades. A professora M.E. preferiu que seu nome não fosse publicado.

indicação da Prof.ª Drª Ivone Daré Rabello, quando de sua participação da banca de qualificação desta dissertação.

A COLETA DOS DADOS QUALITATIVOS

De posse do roteiro estruturado, quando partimos para a coleta das entrevistas tínhamos em mente que tal situação é uma espécie de intrusão mais ou menos arbitrária (Bourdieu, 2003a), reedição da relação de poder experimentada durante a coleta dos dados quantitativos, na qual mais uma vez o entrevistador ocupa uma posição privilegiada. Em função disso, foram levadas em consideração as afirmações de Zago (2003) de que a confiança entre o pesquisador e o entrevistado é o que há de mais importante na relação que se estabelece durante a entrevista. Também foram observadas as afirmações de Bourdieu (2003a) de que, a fim de reduzir ao máximo a violência simbólica que pode ser exercida numa tal situação, o entrevistador deve procurar adotar o ponto de vista do entrevistado, numa atitude de disponibilidade total em relação à pessoa interrogada, sem perder de vista o conhecimento das condições objetivas da circunstância em questão.[9]

Eram claros também os limites impostos pela coleta de dados por meio de entrevistas dialogadas. Havia expectativas de comportamento de ambas as partes, e a autocensura e a autopromoção (Kaufmann, 1996 *apud* Zago, 2003, p. 83) certamente estiveram presentes. Coube a nós, no entanto, trabalhar também essas questões no momento da apresentação e da análise dos depoimentos.

Durante a coleta das quatro entrevistas, pudemos perceber diferenças tanto em nosso comportamento como no dos entrevistados.

9 A esse respeito, Kaufmann (1996 *apud* Zago, 2003) afirma que, para favorecer a produção do discurso, "o pesquisador deve esquecer totalmente suas próprias opiniões e categorias de pensamento. Pensar somente em uma coisa: há um mundo a descobrir, cheio de riquezas desconhecidas".

Sobre isso, faremos aqui algumas curtas observações, que serão aprofundadas nas apresentações das análises de cada uma das entrevistas.

A primeira professora entrevistada, Antônia, a princípio mostrou-se bastante desconfiada e resistente às questões mais pessoais que foram feitas. Tal maneira de proceder pode ter sido uma reação à situação em que a conversa foi proposta: não nos conhecíamos anteriormente, como já foi mencionado. Essa circunstância, somada à nossa inexperiência, deixou-nos com lacunas em seu depoimento que infelizmente não puderam ser reparadas, visto que um segundo encontro para uma nova conversa não se tornou possível.[10]

A segunda entrevistada, professora Sílvia, havia se colocado à nossa disposição para ajudar-nos no que fosse necessário já durante a aplicação do questionário, na DE Leste 4. Durante seu depoimento, ficou claro que ela gostaria de compartilhar conosco sua história de vida e, por vezes, nos vimos levados pelo ritmo da narrativa imposto pela professora, sem o distanciamento necessário a intervenções mais objetivas.

M.E., a terceira docente com quem tivemos contato, foi entrevistada numa situação peculiar: como o encontro aconteceu na própria escola em que ela leciona, fizemos a observação de sua aula antes de nossa conversa. Essa circunstância certamente teve ecos em seu depoimento, no qual ela com frequência pareceu procurar se defender de uma imagem que provavelmente acreditou ter sido criada a partir do que observamos em sua prática. Nessa situação, algumas vezes sentimos dificuldades de contornar as resistências de seu discurso no sentido de levá-la a discorrer sobre seus hábitos de leitura.

O quarto e último entrevistado, Cristiano, foi uma surpresa. Como as respostas de seu questionário eram curtas e sucintas e pareciam corresponder às do perfil médio do professor da rede, elas não nos

10 Maiores explicações sobre essa situação específica de coleta de dados encontram-se na análise da entrevista da professora, a partir da p. 233.

levaram à previsão de um sujeito com uma história de leitura tão peculiar. Na conversa, que se estendeu por mais de uma hora e meia e só foi interrompida em função de compromissos nossos, ele falou abertamente de sua história de vida, dos problemas recentes que enfrentava em sua prática naquele momento e de seus planos futuros.

Contudo, independentemente dos diferentes estilos de entrevistados que deparamos, desde o que tinha muito a falar até aquele que resistiu a dar um depoimento mais longo, é importante pontuar que a própria maneira como se desenrolaram as entrevistas trouxe significados e revelou muito a respeito dos sujeitos pesquisados.

Além das quatro entrevistas, foram observadas aulas de três dos professores que participaram dessa etapa da pesquisa.[11] À exceção de M.E., cuja observação de aula, como já mencionado, foi feita antes da entrevista, encontramos algumas dificuldades para agendar as observações com Sílvia e com Cristiano. Com Sílvia foram marcados e desmarcados dois encontros (um em função de greve, outro em função de atividades na escola) antes que pudéssemos acompanhá-la durante uma atividade extraclasse na Cinemateca[12] e observar sua prática de ensino na própria escola. Com Cristiano, foram marcados e desmarcados quatro encontros (a primeira observação foi desmarcada porque os alunos assistiriam ao filme *Macunaíma* durante a aula; depois, o professor precisou faltar dois dias em função de doença; e o quarto encontro foi cancelado devido a complicações de saúde de seu pai) e, finalmente, numa quinta oportunidade, pudemos assistir à sua aula para alunos do 3º ano do ensino médio na escola em que

11 Só não foi possível observar a aula da professora Antônia, com quem não conseguimos mais nenhum contato a partir de agosto de 2007.

12 Ocasião em que os alunos foram assistir ao filme *O ano em que meus pais saíram de férias*, de Cao Hamburger, em um programa da própria Cinemateca organizado para escolas.

leciona. Acreditamos serem comuns e normais problemas do tipo dos que aconteceram nos casos em que as observações marcadas precisaram ser postergadas, mas, supomos, a resistência encontrada pode ser também indício do incômodo da situação e da intromissão que é ter alguém, advindo de uma instituição e fazendo pesquisa, observando sua prática de ensino.

É preciso ressaltar, ainda, que as observações não foram exaustivas nem foi pretensão nossa trabalhar com estudos de caso, na acepção clássica do termo. Como assistimos a apenas uma aula de cada docente, tais observações serviram, antes, para que pudessem ser aventadas relações entre os discursos proferidos nas entrevistas e a realidade da prática na sala de aula.

PERSPECTIVAS DE ANÁLISE DOS DADOS

Acreditamos que o trabalho de análise da pesquisa qualitativa começa com os procedimentos de transcrição. Para garantir aos discursos dos entrevistados a maior fidelidade possível nas transcrições,[13] tentamos, por meio do emprego dos recursos de pontuação, resgatar na passagem do oral para o escrito a voz, o ritmo e a entonação dos sujeitos pesquisados.[14] Contudo, reconhecemos que essa tarefa produz, na verdade, um novo tipo de documento, o documento escrito (Queiroz, 1991, p. 90), com características próprias de seu gênero e as marcas de quem o produziu: o pesquisador.

13 Para Bourdieu (2003a, p. 709), a transcrição, ainda que muito literal, já é ela mesma "uma verdadeira *tradução* ou até uma interpretação" (grifo do autor) do depoimento colhido.

14 A fim de garantir a boa compreensão dos depoimentos e em respeito a seus autores, foi omitido na transcrição final certo excesso de algumas redundâncias e repetições típicas da oralidade ("né?" e afins), que, apesar de terem uma função no âmbito de uma conversa, não contribuem para a leitura de quem não ouviu o discurso original.

Já num segundo momento, a transcrição teve como efeito um distanciamento propício à reflexão na reaproximação aos depoimentos colhidos. Com os documentos escritos em mãos, procedemos a várias leituras de cada texto, dividindo cada depoimento em partes relacionadas a tendências e padrões relevantes, por vezes relativos a questões mais gerais da pesquisa e, outras vezes, a questões internas e particulares de cada discurso. Nesse sentido, durante o processo analítico foram feitos recortes que obrigaram ao descarte do encadeamento e do ritmo empregados pelos sujeitos a suas falas, o que certamente acarretou perdas ao material original. Tal procedimento de seleção foi fundamental, porém, para que uma nova coordenação das histórias de vida pudesse levar a uma compreensão mais profunda de seus sentidos e a uma avaliação de suas qualidades. Só assim as tendências e padrões puderam ser relacionados e reavaliados à luz das reflexões teóricas elaboradas. As análises aqui propostas, portanto, desenham sujeitos a partir de "trechos escolhidos" de discursos mais amplos.[15]

É preciso, ainda, deixar aqui registrados os sentimentos de simpatia e de antipatia que, durante o processo de análise, desenvolvemos pelos sujeitos pesquisados. Tais sentimentos acabaram transparecendo num primeiro momento ao longo de nosso texto e provavelmente estiveram relacionados também à ordem a partir da qual procedemos às análises.

Começamos o trabalho analítico pela entrevista do docente Cristiano, justamente em função de nossa simpatia para com a história de vida do sujeito pesquisado e por ter sido essa uma das entrevistas mais longas, tendo sido nela discutidas praticamente todas as questões que nos interessaram desde o começo da pesquisa. Depois, seguiu-se a análise do discurso da professora M.E., que procurou se justificar

15 A íntegra das transcrições das entrevistas e dos questionários respondidos pelos docentes entrevistados está publicada na versão completa da dissertação disponível no banco de teses on-line da Universidade de São Paulo (USP).

quase todo o tempo e se mostrou, de maneira geral, bem mais resistente a nossas perguntas. Nessa circunstância, o trabalho analítico nos levou muitas vezes à irritação e ao sentimento de antipatia, sobre o que procuramos refletir criticamente. Logo em seguida trabalhamos com o depoimento da professora Sílvia, que tem uma compreensão do ponto de vista dos alunos com a qual concordamos e uma história de vida pela qual nos encantamos, ainda que tenhamos buscado aqui também a manutenção de uma posição crítica ante o depoimento. E, finalmente, procedemos à análise do discurso da professora Antônia, cuja prática de ensino consideramos próxima de um ideal e por quem desenvolvemos empatia e identificação, em função, inclusive, de uma formação universitária comum.[16]

Enfrentamos, portanto, dificuldades para alcançar o distanciamento necessário ao descolamento do ponto de vista dos professores e à constituição de uma avaliação crítica de seus discursos. No entanto, ainda que por vezes a atenuação ou acentuação de certos traços possa ter levado à construção de impressões favoráveis ou desfavoráveis dos sujeitos pesquisados, acreditamos ter sido possível a assunção de nosso ponto de vista sobre as questões levantadas a partir dos discursos desses sujeitos.

Uma outra questão relativa à análise das entrevistas diz respeito a seu caráter autobiográfico. A partir deste tipo de dado, o que se analisa é o resgate que o sujeito faz de seu passado a partir do presente, selecionando fatos de que se lembra e omitindo outros. Trata-se de um discurso que constrói uma história de vida e não a vida em si. É nesse viés que Bruner e Weisser (1995, p. 147) afirmam que "o processo de 'organização de uma autobiografia' é um hábil ato de se transferir uma amostragem de memórias episódicas para uma densa matriz

---

16 Assim como Antônia, também fui aluna do curso de graduação em Letras da FFLCH-USP.

de memória semântica organizada e culturalmente esquematizada". Lembrando ainda que "a autobiografia, em poucas palavras, transforma a vida em texto, por mais implícito ou explícito que seja" (Bruner e Weisser, 1995, p. 149), e que esse texto obedece a exigências genéricas, estilísticas e culturais da interpretação, os autores chamam a atenção para o fato de que "autodescrição" seria um melhor termo para se referir ao autorrelato, pois nele fica clara a relatividade dessa construção narrativa, que depende do lugar que o sujeito ocupa na própria organização de sua vida e da interpretação que faz, no momento em que narra, dos episódios que o formaram. Assim, como bem observa Geertz (1978 *apud* Martins, 2004, p. 295), os pesquisadores "lidam sempre com interpretações, sendo que a por eles construída é a interpretação da interpretação fornecida pelo entrevistado".

Selecionados por serem professores e questionados a respeito de sua formação, de seus hábitos de leitura e de sua prática docente, os sujeitos dessa pesquisa foram levados a construir narrativas que podem ser entendidas como exercícios autobiográficos, releituras da trajetória pessoal de cada um do ponto de vista do professor e do leitor que eles se tornaram. Suas histórias, dessa forma, foram pontuadas e transformadas pelas leituras que fizeram – escolares ou não – e pelas questões levantadas a partir de sua prática de ensino, elementos estruturantes de seus depoimentos.

Levando-se em consideração o caráter de constructo autobiográfico, os depoimentos foram analisados a partir de dois planos, um formal e um relativo aos conteúdos (Queiroz, 1991). Neste, o que se procurou verificar foi, primeiro, a verbalização de "acontecimentos", tudo aquilo que sucede num momento e numa localização determinados e que escapa inteiramente ao corriqueiro, chamando a atenção; depois, buscou-se ainda destacar as reflexões e julgamentos pelos quais os sujeitos avaliam as situações narradas, passando de testemunhas a avaliadores. No plano formal, o que se pretendeu foi investigar a maneira pela qual se desenrolaram as narrativas, o que algumas vezes revelou pontos de referência do entrevistado.

As análises das entrevistas foram também relacionadas aos dados coletados pelos questionários e às observações de aula dos professores, à exceção do depoimento de Antônia, como já foi mencionado.

Partimos então para a apresentação dos depoimentos, tendo em mente a afirmação de Norbert Elias:

> Para compreender um indivíduo, é preciso saber quais são os desejos predominantes que ele aspira a satisfazer [...]. Mas estes desejos não estão inscritos nele antes de qualquer experiência. Constituem-se a partir de sua primeira infância sob o efeito da coexistência com os outros, e fixam-se progressivamente na forma que o curso de sua vida determinar, no correr dos anos, ou, às vezes, também de maneira brusca, após uma experiência particularmente marcante. (Elias, 1991 *apud* Lahire, 2004, p. 18).

Embora tenhamos coletado as entrevistas na seguinte ordem: Antônia, Sílvia, M.E. e Cristiano, e tenhamos realizado as análises dos depoimentos na seguinte: Cristiano, M.E., Sílvia e Antônia, decidimos apresentar primeiro a análise do caso de M.E., seguida de Sílvia, Cristiano e Antônia, por acreditarmos que os níveis de consciência relativa à própria formação, à história de leitura e às escolhas feitas em sala de aula podem, assim, ser acompanhados num crescendo.

UMA PROFESSORA QUE QUERIA SER JORNALISTA (ENTREVISTA COM M.E.)

M.E. fez parte da primeira turma de professores que responderam ao questionário da pesquisa na DE Leste 4, em julho de 2006. Ao final do encontro, veio falar conosco, perguntando sobre o curso de pós-graduação na FEUSP. Quando passamos à segunda fase da pesquisa e precisávamos de professores que se dispusessem a ser entrevistados, enviamos-lhe um e-mail por três vezes, mas não obtivemos resposta. Conseguimos então um contato telefônico por meio de uma colega que trabalha na DE Leste 4 e a entrevista com M.E. foi finalmente agendada. Foi dela a sugestão de nos encontrarmos na escola estadual onde dá aulas; a conversa foi marcada para uma manhã de terça-feira, aproveitando duas "janelas" em seu horário.

Durante toda a entrevista, a professora fez menções à cultura legítima[17] – a que deve ser ensinada em aula, segundo ela – e se queixou da escola, dos alunos e dos "pedagogos de laboratório", "educadores distantes da realidade" que pesquisam a educação, escrevem livros sobre ela, mas não vão "ver a realidade". Com esse movimento, ela pareceu buscar constituir um *ethos* em contraposição ao espaço físico da escola, às atitudes dos alunos e à nossa posição de pesquisadora em educação, deixando claro que se sentiu obrigada a se submeter à situação de pesquisa em função de um pedido de sua DE.

Muito diferente das outras três entrevistas coletadas, o depoimento de M.E. parece ser a repetição do discurso de um perfil médio do professor da rede. Suas respostas ao questionário, pelo menos, corresponderam às desse perfil, levantado durante a primeira fase da pesquisa. Seus pais só chegaram a cursar o ensino fundamental I (a mãe é dona de casa e costureira). Ela cursou todo o ensino básico – fundamental e médio – em escola pública, e o ensino superior em uma instituição particular, a Faculdade São Judas Tadeu, no período noturno. Na época da primeira fase da pesquisa, estava fazendo um curso de especialização, também em uma instituição particular. Perguntada sobre o que

17 Noção utilizada aqui no sentido que lhe dá Bourdieu, cf. nota 9, p. 92.

a levou a escolher o curso de Letras, M.E. respondeu que sempre havia gostado de ler e que havia pensado que a graduação a habilitaria para o trabalho em uma redação de jornal, o que não se confirmou – ao longo do curso, percebeu que ele era voltado "especificamente para o magistério". Mesmo assim, continuou e "conseguiu" aulas na rede estadual. Quando questionada sobre qual a importância da literatura, respondeu que por meio dela "adquirimos conhecimento, ampliamos o vocabulário, ampliamos nossa visão de mundo, pois a literatura abre a mente, além de ser um excelente passatempo e uma forma de escrever melhor". Considerou "bom" o ensino de literatura na época em que era aluna, embora os professores não o relacionassem com outras artes, e o ensino de literatura hoje, "muito mais amplo e contextualizado". Com relação aos alunos, afirmou que a maioria deles não cria o hábito da leitura, que julgam "chato", e que eles "vivem no mundo da imagem". Sobre as preferências dos jovens, respondeu que eles não leem os "clássicos" e que gostam mais de mistério e ficção, avaliação que parece levá-la a trabalhar, em sala de aula, com leituras de outros tipos, como "ficção, humor e poesia", além de trabalhar também com a leitura dos clássicos, selecionada "através das escolas literárias".

Sobre seus hábitos de leitura, M.E. comentou que na casa de sua infância havia dicionários e livros sobre folclore e sobre animais, que seus pais liam "raramente" e que só foram perceber a importância da leitura "muito depois". Respondeu que gostava de ler quando adolescente e que se iniciou no hábito da leitura "lendo livros de romance da coleção *Sabrina, Bianca* e *Júlia*", que a ajudaram a "conhecer países, suas capitais e seus hábitos". Assinalou que lê mais "jornal", leitura seguida pela de "poesia", de "revistas", de "livros teóricos" e de "clássicos", nessa ordem. O último livro que havia lido era *Poemas,* de Millôr Fernandes, e o que gostaria de ler, *Dom Quixote,* de Cervantes. Considerou "pouquíssimo" o tempo que dedica à leitura, mas afirmou que, quando o faz, esquece do "mundo ao seu redor".

O desejo não realizado de M.E. de se tornar jornalista talvez seja em parte advindo da leitura da coleção *Sabrina, Bianca* e *Júlia,* já que os livros, segundo a professora, traziam "informações" sobre outros países e outras culturas. É nessa perspectiva que a definição da literatura parece ser construída, pois ela será importante em função da ampliação da visão de mundo, do conhecimento e do vocabulário que são adquiridos por meio de sua leitura, isto é, uma visão da literatura voltada para aquilo que se "adquire" por seu intermédio. É também nesse sentido que a escolha do curso de Letras se justifica: a formação seria suficiente para trabalhar em uma redação de jornal. As questões que se colocaram a partir da análise do questionário respondido pela professora foram: que tipo de leitora ela seria, se seus pais só perceberam "muito depois" a importância da leitura?; será que o desejo de trabalhar em jornal teria influência sobre a prática docente da professora?; será que ela teria respondido que o ensino de literatura hoje é "muito mais amplo e contextualizado" em função da situação de pesquisa em que nos encontrávamos?; sua aula de literatura teria efetivamente um ensino desse tipo? Com essas questões em mente, partimos para a análise da conversa com a professora.

UMA LEITURA SEM LASTRO

Penúltima filha de uma família muito numerosa, M.E. tem 42 anos e mora sozinha em um apartamento de três quartos, no qual vai "guardando" tudo o que é "de literatura, de gramática, de jornal" – material arquivado que pode servir para a organização de suas aulas. Esse hábito parece ter sido herdado de sua mãe, que costurava "para fora" e tinha o costume de comprar todos os livros que "aqueles homens" passavam vendendo na porta, o que a fez acumular em casa um certo capital cultural objetivado. Eram os livros de animais, de folclore, que falavam do palhaço Arrelia, do saci-pererê, da lenda da Iara, cujas imagens M.E. gostava de olhar quando pequena, e os dicionários – entre eles um de psicologia, "que ela [a mãe] nem sabia o que é que era [risos]", mas que comprou assim mesmo –, aos quais a professora faz menção em seu questionário. Essa pequena biblioteca materna, da qual M.E. se lembra com certa nostalgia, foi se perdendo em função da necessidade dos sobrinhos, que, quando precisavam fazer os trabalhos de escola, a ela recorriam ([Eles diziam:] "Ah, a vó tem aquele livro..."). Dos cinco volumes de uma certa coleção, por exemplo, só sobrou um, fato que a professora parece lamentar.

M.E. aprendeu a "ler um pouco em casa" com a mãe (responsável também pela alfabetização da irmã mais velha, de 48 anos), apesar de ela "não ter estudo" e ler "assim com um pouquinho de dificuldade". Aos 6 anos, começou a frequentar a escola. Apesar de não considerar que tenha sido uma aluna exemplar – confessa que não era muito interessada –, explica que "prestava atenção", estudava para não ser reprovada e "não ia na escola para bagunçar, como é hoje". Da escola, lembra ainda que tinha dificuldade ("um trauma") em matemática, física e biologia, o que a levou para uma faculdade na área de humanas.

Por volta dos 13 anos, M.E. passou a ler os romances da coleção *Sabrina, Bianca e Júlia*, por influência da irmã mais velha, que "gosta muito de ler também". Nas histórias, "tudo água com açúcar", o que a atraía então era a possibilidade de aprender sobre a cultura de outros países ("aprendi algumas expressões"; "na Espanha tem a siesta"), o que, conclui, a ajudou "muito". Nessa época, teve acesso também a exemplares da revista *Pais e filhos*, comprados pelas cunhadas mais velhas que ficavam grávidas, cuja leitura era reprovada pela mãe ("ela falava:

'Ai, você fica lendo essas porcarias... Vai fazer o serviço de casa!'").[18] O papel ambíguo da mãe, que ensina a ler, compra todos os livros que aparecem na porta, mas que acredita que ler revista é perda de tempo e que, segundo sua irmã mais velha, não incentivou os filhos a fazerem uma faculdade ou mesmo a ler, é compreendido por M.E. quando ela explica: "Eu acho que ela não incentivava a gente a fazer faculdade porque ela não sabia o que é que era... Ou por conta do financeiro, da dificuldade. [...] Ela também não era de ficar olhando caderno assim, mas também tinha que ter nota, passar de ano, senão era um quebra-pau lá em casa, né? [...] Mas assim, comprar livrinho infantil e ficar sentada lendo com a gente, eu não me lembro de ela fazer isso, não. Acho que porque ela também não tinha muito tempo, porque ela costurava para fora, então ela tinha que fazer, tinha que trabalhar, né?"

A falta de tempo e as dificuldades financeiras parecem ter levado a mãe a exigir o mínimo: que os filhos passassem de ano na escola. O acesso à educação, da perspectiva materna, parece atender a uma ética do trabalho e da sobrevivência, originada no que Bosi (1992) entende como um realismo, uma praticidade e um senso vivo dos limites e das possibilidades de sua ação. Tal ética parece ser orientada para os gostos da ordem da necessidade e determina tanto uma visão de mundo, como uma maneira de se gerir o tempo e o orçamento, de usar a linguagem, de se vestir e de decidir o que é prioritário (Bourdieu, 2003c). Uma visão orientada pela práxis utilitária, que encara o trabalho – e a escola é trabalho – como dor, em oposição

18 Nesse comentário da mãe sobre a leitura da filha e nessa ordem para que M.E. parasse de ler revistas e fizesse o trabalho doméstico, estão implícitos os princípios de disposições éticas (como o gosto pelo trabalho bem cuidado) e a ausência de disposições estéticas, que implicariam o distanciamento do mundo e das necessidades básicas e urgentes necessário à valorização do hábito da leitura "desinteressada". Além disso, chama a atenção também a questão de gênero aí colocada, já que o "serviço da casa" deve vir em primeiro lugar e é uma obrigação feminina.

àquela "coisa frouxa",[19] que seria a arte e a leitura desinteressada e não funcional. O costume de comprar os livros que apareciam na porta possibilitou aos descendentes o contato com uma cultura letrada que ela mesma, a mãe, provavelmente não teve em sua infância. Talvez por isso, e em função da falta de tempo, ela não tenha chegado a incorporar o capital cultural objetivado que adquiriu, o que se explicita no fato de não ler "livrinho infantil" nem incentivar o acesso a um curso superior. A queixa da falta de capital cultural incorporado materno, atribuída por M.E. ao discurso de sua irmã mais velha, explicita a dificuldade dos filhos de serem os primeiros de sua família de origem a frequentar um curso superior e de precisarem adquirir hábitos e práticas antes inexistentes.

Mas mesmo com o que M.E. parece julgar um baixo incentivo materno, ainda que reconheça que ele foi o máximo que sua mãe pôde lhe dar, ela chega à faculdade. Sua primeira opção, no entanto, não foi o magistério ("eu queria fazer Jornalismo, mas eu não passei na Faap e na São Judas não tinha, na época, então fui fazer Letras. Aí foi onde eu *caí* [risos] no magistério..." [grifo nosso]). A não escolha da profissão que exerce atualmente talvez esteja na base de suas reclamações e das frustrações explicitadas quando discorre sobre sua prática de ensino. Na escola em que dá aulas, convive com colegas que fazem mestrado com a bolsa da Secretaria do Estado de São Paulo[20] ("única melhora

19 Em depoimento a uma professora, que a instava a responder sobre o que considerava que fosse arte, uma mãe de aluno usou esses termos para definir o que julga não ser trabalho, "a luta de todo dia". Em sua fala, a arte aparece identificada ao artesanato, "uma alegriazinha", coisa de que a escola "não carece" (OCNEM de literatura, 2006).

20 Trata-se da bolsa mestrado, oferecida pela Secretaria de Educação do Estado de São Paulo. Segundo dados da própria Secretaria, para pleiteá-la o pretendente deve comprovar que foi admitido em um curso de mestrado ou doutorado reconhecido pela Coordenação de Aperfeiçoamento de Pessoal de Nível Superior (Capes), na área correspondente à disciplina do cargo que exerce ou na área

do governo estadual"), o que parece desejar fazer também. No entanto, por se encontrar no momento "meio deprimida" e com "muito trabalho", ela resolveu parar esse ano para "pensar que caminho seguir" – sugestão de sua terapeuta –, para, depois, partir para um mestrado.

Insatisfeita com relação a si mesma e com relação à sua prática profissional, M.E. se sente gratificada na projeção que faz em duas de suas sobrinhas, que cursam a faculdade não por "necessidade do serviço", mas porque "gostam de estudar", e que parecem ter realizado alguns de seus próprios desejos ("eu tenho uma sobrinha que está fazendo Jornalismo na PUC-SP, então a gente troca muita ideia, e ela diz assim: 'Ai, tia, lembrei de você outro dia, tive uma aula, lembrei de você'. Aí é gostoso isso, né?"). Ao comentar suas leituras atuais, diz que assina o jornal *Folha de S. Paulo* e as revistas *Escola* e *Língua Portuguesa,* cita uma crônica de Carlos Heitor Cony, que separou para um eventual trabalho em sala de aula; não comenta nenhuma leitura literária no sentido estrito e muda de assunto em seguida, passando mais uma vez a reclamar da falta de recursos da escola. A resistência em falar sobre suas próprias leituras literárias não relacionadas ao trabalho talvez seja um indício de que elas não existam relacionadas ao lazer e ao prazer no espaço de sua vida privada e de que a motivação maior de leitura esteja relacionada às "obrigações pedagógicas" (Paulino *et al*, 1999). Mas como M.E. foi educada a partir de uma ética do trabalho, provavelmente teve acesso a práticas escolares marcadas pela finalidade do aprendizado e parece ter frequentado uma faculdade – ela sim – por "necessidade do serviço", teria sido difícil desenvolver hábitos

---

da educação e firmar compromisso de que permanecerá no magistério público estadual, após a conclusão do curso, pelo prazo mínimo de dois anos. A bolsa consiste em ajuda financeira de R$ 720,00 (setecentos e vinte reais) mensais. A Secretaria informa que o estado tinha, em 2007, um total de 3.014 bolsistas.

de leitura nos quais a "gratuidade" e o "desinteresse" levassem a uma autonomia por parte do leitor (Chartier, 1991).

PRÁTICA DE ENSINO: "VOCÊ DÁ LITERATURA, É UM SACO, VOCÊ DÁ GRAMÁTICA, É UM SACO, VOCÊ DÁ PRODUÇÃO DE TEXTO, É UM SACO"

A escola como espaço físico desprovido de recursos e repleto de problemas está sempre presente no discurso de M.E. sobre sua prática de ensino. Localizada ao final da avenida Inácio de Anhaia Mello, na periferia da Zona Leste, já próxima à cidade de Santo André, a E.E.A.A. é uma grande escola e tem cerca de 3 mil alunos matriculados exclusivamente no ensino médio. Com fama de "ruim" na comunidade ("aquele negócio de que adquiriu a fama, ninguém tira"), ela é procurada por jovens reprovados em outras escolas da região que querem completar sua formação básica sem esforço. Esses detalhes constituem um *efeito de lugar*[21] que toma corpo na ação dos sujeitos dentro do espaço físico da escola. Como observa Bourdieu (2003a, p. 165), se "o habitat contribui para fazer o hábito, o hábito contribui também para fazer o habitat através dos costumes sociais mais ou menos adequados que ele estimula a fazer".

O impacto da organização arquitetônica do espaço físico da escola é perceptível a qualquer um que a visite, como foi nosso caso. Seguindo instruções de M.E., ao chegar à escola, estacionamos o carro num pátio fechado por uma porta de ferro e acompanhamos o zelador até a entrada da escola, gradeada do chão ao teto. O funcionário abriu dois grandes cadeados com um molho de chaves que carregava preso

---

21 "Os efeitos de lugar", explica Pereira *et al* (2006, p. 13), "são as formas pelas quais as características do espaço físico são incorporadas pelos agentes e, simultaneamente, os modos pelos quais os indivíduos emprestam ao espaço físico suas propriedades distintivas".

à cintura, nos deu passagem, indicou a terceira porta à esquerda – a sala dos professores – e tornou a fechar os cadeados das grades atrás de nós. Como era o horário do intervalo, um grande número de adolescentes se concentrava nos corredores. Na sala dos professores, encontramos um ambiente com as paredes forradas por armários de ferro chaveados, chão frio, mesa grande e fria, ausência de janelas, luz fria e o eco do barulho provocado pelo intervalo dos jovens. Distribuída em dois andares voltados para um pátio central, a escola é toda gradeada e se assemelha a uma prisão.

Por estarmos adiantadas, M.E. nos convidou a assistir à aula que devia dar antes de poder conversar conosco. A caminho da sala, ela explicou que os professores têm o costume de começar a aula seguinte ao intervalo dez minutos depois do previsto, porque os vinte minutos protocolares não são suficientes para que os alunos comprem seus lanches na cantina, em função da quantidade de estudantes da escola.[22] À noite, ela dá aulas em outra escola pública que, em seu discurso, funciona como contraposição a tudo o que lhe desagrada na E.E.A.A. Essa escola, que lhe serve de modelo comparativo, é bem menor, tem menos indisciplina, alunos que se interessam mais pelos estudos, trabalhos de DP[23] que são desenvolvidos desde o começo do ano e uma diretora efetiva. Já na E.E.A.A., há rotatividade de diretores ("cada um vem e impõe uma regra, né?"), uma supervisora que "fala" para os

22 Em algumas escolas da prefeitura de São Paulo, segundo informações de uma professora efetiva da rede municipal, está previsto um escalonamento dos horários de intervalo por séries, o que diminui o número de alunos no pátio e resolve questões desse tipo. A solução encontrada por esta escola parece ser comum a outras escolas da rede estadual, segundo se pode ler em alguns relatórios de estágio da disciplina de Metodologia de Ensino de Língua Portuguesa, para a qual fizemos monitoria no primeiro semestre de 2006.

23 Abreviação de "Dependência", sistema pelo qual o aluno passa de ano, mas cursa concomitantemente até quatro disciplinas relativas ao ano anterior, nas quais não obteve aprovação.

professores não deixarem os alunos em situação de DP, estudantes desinteressados e salas com tomadas que não funcionam ("a instalação elétrica é péssima e queima todos os aparelhos"), sem cortinas que protejam da claridade ("eles rasgam") e sem lixeiras ("alguns põem fogo"). Nesse sentido, se, como afirma Bourdieu (2003a, p. 160-161), a "posição de um agente no espaço social se exprime no lugar do espaço físico em que está situado [...] e pela posição relativa que suas localizações temporárias e sobretudo permanentes ocupam em relação às localizações de outros agentes", é possível compreender a comparação feita por M.E. da E.E.A.A. com a outra escola em que trabalha como uma tentativa de não se deixar identificar a um espaço físico opressor e desterrado. Consciente de que o problema que enfrenta é maior do que a posição que ocupa e do que os efeitos que pode obter por meio de sua ação individual, M.E. se contrapõe à escola, aos alunos e a nós – representantes da instituição acadêmica – para construir um *ethos* e defender sua imagem.

A grande maioria das referências que M.E. faz a seus alunos é depreciativa. Na sala de aula, ela levou dez minutos passando na lousa uma proposta de produção de texto copiada de um livro didático de português, que os estudantes, por sua vez, copiaram em seus cadernos. A professora levou, então, outros dez minutos fazendo a chamada e anotando mais algumas observações em seu diário e, nos 15 minutos finais, deu vistos nas cópias feitas pelos alunos em seus cadernos. Durante todo o tempo, os alunos não pararam quietos, andaram pela sala, conversaram em voz alta entre si, movimentaram carteiras e cadeiras, meninas se maquiaram, alunos de outras classes bateram na porta, entraram e saíram. M.E., por sua vez, tentou controlar os corpos e as vozes e gritou a maior parte do tempo para ser ouvida.[24]

24 Essa é a impressão que em geral o observador tem das salas de aula da rede pública. Mais uma vez recorremos a nossa monitoria da disciplina de Metodologia

Situação flagrante de um embate estafante que é a sua rotina. Em seu discurso sobre o que o professor pode ou não pode fazer, a professora justifica a falta de autoridade no exercício da profissão a partir do que, segundo ela, "diz a legislação": o professor não pode deixar aluno para fora se ele chega atrasado ("ele tem que entrar"); deve "incluir" o aluno, mesmo que ele não se encaixe nas regras; deve considerar qualquer esforço que o aluno faça ("A gente brincava mesmo: 'ah, o aluno sentou, fez chamada, ele sabe o nome dele? Você já dá C...' [risos]"); não pode reprová-lo em função de baixo rendimento. A sujeição a tais restrições parece gerar em M.E. uma sensação difusa e constante de impotência, presente o tempo todo em seu discurso.

Identificando nos alunos um grande desinteresse pelo "conhecimento", M.E. explica que a escola é para eles um espaço social ("os alunos vêm para cá para ficar no corredor"), que eles consideram deles ("eles acham que eles podem fazer o que eles quiserem"). Para a professora, essa relação com a escola fica clara nas atitudes deles: está presente na duração dilatada do intervalo, maior do que o tempo regimental, que os alunos procuram alongar ainda mais; perpassa a falta de respeito deles para com o professor quando estão em classe ("[um aluno] pegou emprestado de outro, o celular, e ficou tirando foto minha na sala explicando a matéria. E aí essas coisas eu não consigo me equilibrar, eu fico nervosa"); é refletida na relação que eles desenvolvem com o conhecimento e com as propostas de trabalho ("Se você

do Ensino de Língua Portuguesa na FEUSP, realizada no primeiro semestre de 2006, durante a qual pudemos perceber que foram constantes as descrições desse tipo de ambiente nos relatórios de observação dos licenciandos. A questão parece ainda não se restringir ao Brasil. Lahire (2004, p. 67-68) descreve situação de semelhante instabilidade entre os alunos dando voz ao relato de uma professora de educação física das classes iniciais de uma cidade do interior da França. Para o pesquisador, trata-se de uma rejeição por parte dos estudantes a uma forma escolar de aprendizagem, que pressupõe um aluno ideal cujo comportamento não existe mais.

der um trabalho para um mês, eles vão fazer na última semana, chega um dia antes tudo com as folhas caindo e aí fica pelo corredor procurando grampeador [risos]"); e está presente na expectativa dos alunos de que qualquer esforço que realizem deva ser considerado ("é cultura deles: 'Ah, o que eu fizer a senhora tem que considerar'").[25] Ao mesmo tempo, M.E. parece identificar nessas atitudes dos estudantes uma certa resistência a questões sociais de maior amplitude, sobre as quais ela não discorre especificamente, mas que intui a partir de sua prática ("Antigamente, tinha aquela questão de rebeldia, hoje a rebeldia deles é não fazer nada"). Identificando mudanças de hábito presentes na nova geração ("A clientela mudou também, entende? O jovem de hoje não é igual há dez anos atrás"), observa que o sistema de ensino não dá conta dos alunos que recebe atualmente ("dentro da sala de aula, esse tipo de ensino que vem de muitos e muitos anos não é para a geração de hoje. E não se tem outra forma, não se tem outro jeito") e declara a sua falência ("Já faz uns dois ou três anos que eu venho dizendo isso, está falido!").

A ironia, no entanto, se traduz na seguinte questão: quem está preso neste sistema? Se, por um lado, os alunos são obrigados a frequentar a escola por seus pais e pelas diretrizes governamentais, por outro, as obrigações, do ponto de vista de M.E., recaem todas sobre os professores. Uma vez dentro da escola, os estudantes se sentem no direito de fazer o que bem entenderem. Já os professores se adaptam ao mínimo – sem cortinas, sem lixeira, sem tomadas, sem silêncio, sem respeito – e seguem jogando o jogo da melhor maneira possível,

25 Analisando a atitude dos estudantes, M.E. afirma que a "maioria é copista", tendo aprendido uma prática que, apesar de efetivamente fazer parte da estrutura da aula – como presenciamos na observação de sua própria aula –, é considerada menor pela professora e oposta a uma prática reflexiva, mais legitimada dentro da escola ("eles não sabem refletir, eles não querem refletir. Eles querem copiar"). Mas será que os alunos são ensinados a refletir?

fingindo que ensinam àqueles que não se dão ao trabalho de fingirem que aprendem.

Sentindo-se impotente diante do desafio de promover alguma mudança num sistema ultrapassado, M.E. se compadece dos pais dos adolescentes, que segundo ela não sabem como agir com os filhos no sentido de estimulá-los a estudar ("Porque às vezes na reunião, eu fico penalizada, porque tem pai e mãe que você vê que não tem assim um estudo e vai: 'Eu já não sei mais o que fazer... Ai, meu filho... Ai, o que é que eu faço?'"). Ela parece compreender que a falta de capital cultural desses pais os impede de se envolverem com maior intensidade na educação dos filhos e que essa mesma falta os leva a acreditar que a simples frequência à escola é suficiente ("Alguns vêm na reunião e tal, mas eles não se envolvem mais com a escola, né? Eles acham que o prédio é o suficiente"). Na análise da professora, a escola não está preparada para receber esse "tipo" de aluno, herdeiros de pais despossuídos do ponto de vista da cultura letrada, fato que contribui para a falência do sistema e que, de certa maneira, funciona no sentido de eximi-la da responsabilidade do fracasso desses alunos ("Então acho que assim, é um todo que faz com que eles sejam assim... São eles, é a escola, é a legislação, é tudo... É a sociedade que vem se degradando e a escola recebe esse tipo de pessoa").

Esse discurso que acusa a falência do sistema de uma maneira geral parece abrigar o discurso que responsabiliza os alunos pelo fracasso do ensino – este, resultado direto da falta de interesse pelo conhecimento –, o discurso que acusa as famílias dos estudantes de não se envolverem com a formação escolar de seus filhos e de não os ajudarem a desenvolver o hábito da leitura, o discurso que responsabiliza a burocracia escolar pelo mau funcionamento da instituição e o discurso que responsabiliza a academia e o governo pela ausência de saídas viáveis para esse modelo supostamente morto. Está claro que a repetição desse discurso parece funcionar, mais uma vez, como defesa de um *ethos* do professor, cuja imagem se encontra em pleno processo de deterioração. Mas, ao generalizar e aglutinar tantas questões sob um simples "é tudo" – que se assemelha mais a mera retórica do que a uma crença efetiva de que o sistema não tem mais jeito –, M.E. parece ficar presa a uma fala que reclama, em tom de queixa, porém que não pode jamais levar ao movimento. Quem poderia agir perante a tantos problemas e tão maiores do que a ação de um sujeito?

Professora que se divide entre o ensino de gramática ("no bimestre passado, que eu dei gramática, então eu trouxe poemas, expliquei para eles o que era um poema, aí em cima daquele poema trabalhei a gramática"), o de produção de textos – que parece trabalhar por meio de redações temáticas ("dei a redação *Comida* dos Titãs"; "eles fizeram a redação da mulher")[26] –, e o de literatura ("eu gosto mais de literatura"), é com este conteúdo que M.E. parece ter maiores dificuldades, em função de os alunos não terem o hábito da leitura ("Aqui eles abominam a leitura"; "Parece que eles não têm parada... Falta concentração mesmo. De sentar, de parar, de ler, de refletir"). A falta da leitura em casa e sua ausência em sala de aula, visto que os estudantes não têm paciência para "parar e ficar ouvindo em silêncio" e tampouco se dispõem a ler em voz alta – se sentem "envergonhados" e "não gostam

26 Discorrendo sobre a produção de textos dos alunos, M.E. destaca a falta de repertório deles para o exercício da atividade, o que a irrita, pois a situação deixaria a seu cargo também o fornecimento de dados para que os alunos possam escrever alguma coisa sobre um tema qualquer: "Porque, assim, para eles fazerem a redação, a dissertação, muitas das coisas é porque eu falo na sala de aula. Essa sala que eu saí, eles fizeram a redação da mulher. Eles conseguiram fazer, porque eu fiquei umas três aulas explicando a evolução da mulher, a condição na sociedade, falando de pesquisa, de quantas donas de casa chefiam a casa, que ganham mais do que o marido, ou que já têm filho sozinhas... Aí, eles, por eu ter falado isso, eles até conseguem pôr no papel. Às vezes, meio jogadinho, mas conseguem elaborar. Porque se eu não falo nada, se eu deixo oco, não sai nada".

de se expor" –, dificulta o trabalho com a literatura. Além disso, M.E. lista alguns fatores que tornam o trabalho com esse conteúdo ainda mais penoso: o fato de ele ser confundido pelos alunos com os conteúdos da disciplina de história – indício de um trabalho centrado na história da literatura ("Quando eu estou trabalhando literatura, eles dizem: 'Ah, professora, isso aí é de história, já teve em história'. Então, eu falo para eles, a história e a literatura é tudo junto"); o fato de ele ter que ser trabalhado de maneira "expositiva" – o que reitera os indícios já apontados anteriormente ("é muita explicação que você tem que dar e eles não têm paciência para isso, para você trabalhar a literatura"); e a subjetividade do texto literário ("a maioria dos alunos tem dificuldade na literatura, porque é muito subjetivo").

Considerando, portanto, o ensino de literatura uma tarefa difícil, M.E. lança mão de algumas estratégias didáticas para trabalhar com suas turmas: propõe, por exemplo, a encenação de trechos de obras e costuma pedir aos alunos para que façam uma síntese escrita com comentários pessoais a respeito dos livros indicados por ela para a leitura. Dessa maneira, espera prepará-los para as perguntas avaliativas da leitura que ela fará sobre os livros, o que parece não surtir efeito, já que identifica que, ainda assim, os alunos preferem responder às questões sem ler ("Eles querem responder à pergunta sem ler o texto inteiro... Quer já achar ali, entendeu? Aí, se você falar: 'O livro tem que ler mais de uma vez [...]'. Uma já bastou para eles! Uma já é uma tragédia! Já foi um esforço sobre-humano"). Na tentativa de instigá-los, leva para a sala de aula filmes e músicas relacionadas à literatura, mas se frustra com a recepção que obtém de seu gosto musical, como aconteceu, por exemplo, com um trabalho com o compositor Chico Buarque ([os alunos reclamaram:] "Deus me livre, professora, que música é essa?"). Ao mesmo tempo, não consegue trabalhar com músicas ou obras que façam parte da cultura dos alunos, que considera de valor inferior ("Eles gostam desses *funks*, desses *hip-hops* [...] os jovens de hoje, é só porcaria,[27] né? Se está na tevê, sei lá, ou *Chaves* ou MTV, né? Sei lá, eles não têm paciência para ver uma coisa de qualidade"). E ao explicar sobre uma outra estratégia de que faz uso em aula na tentativa de aproximar os alunos da literatura – o comentário sobre a biografia de certos autores –, explicita o reconhecimento, de sua parte, da cultura letrada legítima ("eu estava comentando do Machado de Assis, como que ele era, que ele era pobre, negro, epilético, analfabeto, um monte de coisas para não dar certo, né? E, no entanto, ele é o escritor mais estudado do mundo [...] Jorge Amado, Paulo Coelho são muito traduzidos, mas o Machado de Assis é muito estudado academicamente. Então eu expliquei, aí uma aluna da sala falou: 'Professora, eu pensei que ele fosse intelectual, que fosse de família rica, porque as coisas que ele coloca, a linguagem dele, eu pensei que ele fosse uma pessoa letrada, estudada, intelectual").

Ao discorrer sobre essa explicação dada a uma aluna a respeito de Machado de Assis e da posição que ele ocupa dentro do campo acadêmico, M.E. reconhece, implicitamente, um autor altamente legitimado e explicita que tem noção das diferentes posições que ocupam Machado de Assis, Jorge Amado e Paulo Coelho dentro do campo da literatura. Dessa forma, procura responder ao efeito de imposição de legitimidade forjado pela situação da pesquisa, demonstrando-se capaz de reconhecer os diferentes níveis de sofisticação estética que separam, de um lado, Machado de Assis e, de outro, os *best-sellers*.[28]

---

27 É interessante notar que M.E. emprega, na avaliação negativa das práticas de consumo cultural dos alunos, a mesma palavra "porcaria" que sua mãe usava quando se referia à sua leitura da revista *Pais e filhos*, quando ela era adolescente.

28 O mesmo movimento acontece quando M.E. se refere à cultura de massa da tevê, à qual contrapõe produções mais bem cuidadas, que pertenceriam a uma cultura mais refinada e, portanto, mais escolarmente legítima: "Essa minissérie que passou na semana passada, *Pedra do reino*, com certeza eles [os alunos] não iriam entender... Na outra escola, eu falei assim: 'Ah, eu queria ver aquela minissérie

Em nenhum momento de seu depoimento, no entanto, a professora fala sobre alguma obra específica de algum autor literário que considere bom por razões pessoais, o que pode indicar que o reconhecimento do cânone literário talvez não se traduza em conhecimento efetivo desse mesmo cânone. Em razão disso, é possível afirmar que M.E. não se tornou, por meio da construção de sua história de leitura, uma leitora literária e crítica, o que tem consequências no exercício de sua prática docente.

Como histórias de sucesso, M.E. identifica em sua prática raros momentos em que consegue "trocar uma ideia" com alguns alunos sobre livros, filmes e o ensino de maneira geral, como quando explica para eles sobre a bomba de Hiroxima, a propósito de um trabalho com a letra da música de Vinicius de Moraes, e eles acham "interessante", ou como quando um aluno de DP que resiste à leitura proposta por ela do *Pequeno príncipe*, vem depois da leitura, empolgado, conversar sobre o livro. Ante a situação de constante embate em sala de aula, M.E. tende a dar atenção para quem a procura com demandas específicas, o que faz com que negligencie o resto da turma ("aquela loirinha, que senta ali na frente, que ela escreve muita poesia, muito texto subjetivo. Então, ela sempre me dá para ler... Às vezes, eu passo mais da metade da aula lendo uns textos dela e corrigindo alguns errinhos de português. Aí a sala quase que vem abaixo").

---

e tal, mas no primeiro dia eu já dormi, não aguentei...' Aí uma aluna falou: 'Ah, aquela do rei lá, professora?' [risos] Então, eles veem a propaganda, até porque é muito tarde, mas veem a propaganda, né? A do ano passado que passou, *Hoje é dia de Maria*, eu comentei com alguns alunos e tal... Aí um disse que não aguentava... Porque é um universo diferente, é muito lírico, e eles não estão habituados com isso, entende? Com o lirismo". Com isso, ela se afasta de um gosto que identifica como proveniente das classes populares e mais desfavorecidas, cuja recusa sistemática da sofisticação estética é uma das características.

Quando questionada sobre o que seria possível fazer para dar mais sentido ao ensino de literatura, a professora propõe visitas a instituições externas à escola. Cita, por exemplo, uma visita feita pelos alunos ao Museu da Língua Portuguesa, da qual gostaram, um outro passeio realizado ao Centro Cultural Banco do Brasil e uma possibilidade de trabalhar "*in loco*" a história, visitando o Pátio do Colégio. Apesar de não entrar em detalhes sobre as razões que fariam com que tais atividades pudessem contribuir para o ensino formal, M.E. parece intuir que a estrutura da escola específica onde dá aulas e sua localização periférica têm o efeito de manter os alunos afastados da cultura legítima, da qual estão espacialmente excluídos.[29] E ainda que afirme e acredite que a relação dos alunos com o conhecimento deveria servir para a vida deles de uma maneira mais geral e menos pragmática ("isso é para a sua vida, para a sua sobrevivência lá fora... Não é pensar em emprego"), assume que não sabe o que fazer para que eles desenvolvam o hábito da leitura ou para que deem importância à literatura ("eu não sei como fazer com que eles percebam mais a importância da literatura"; "esse negócio de conscientizar, não sei, a gente não consegue conscientizar").

Ao final da entrevista, as questões que nos colocávamos eram relativas à posição dos alunos no discurso da professora. Como não ser copista, quando se é treinado para isso? Como não buscar responder às questões, se elas são a avaliação que será feita da leitura? Como se aproximar de uma cultura letrada legitimada, se a sua própria cultura é desvalorizada dentro da escola? Como desenvolver o hábito da leitura, se a própria professora não consegue falar de seus hábitos de leitura? Na verdade, ao trazer à tona uma série de contradições vividas

29 Bourdieu (2003a, p. 164) observa, em relação às posições no espaço físico do campo social, que os "que não possuem capital são mantidos a distância, seja física, seja simbolicamente, dos bens mais raros e condenados a estar ao lado das pessoas ou dos bens mais indesejáveis e menos raros. A falta de capital intensifica a experiência da finitude: ela prende a um lugar".

com sofrimento, o que o discurso de M.E. parece explicitar são as falhas constituintes de seu próprio capital cultural, falhas que ela procura o tempo todo minimizar, ao identificá-las nos alunos, falhas pelas quais parece se desculpar e que são resultado da constituição de sua história de vida e de sua própria formação escolar.

DISCURSO DE RESISTÊNCIA E FRUSTRAÇÃO

Durante a entrevista, M.E. oscila entre a generalização dos problemas que enfrenta em sala de aula ("a gente está com esse problema geral, em todas as escolas, em todas...") e a especificação deles à E.E.A.A. No segundo caso, geralmente faz comparações entre essa escola específica e outras instituições que, por razões diversas, parecem ser melhores do que a grande escola estadual. Ao comentar sobre um aluno que estuda também em uma escola do Senai, por exemplo, diz que ele lá se comporta de maneira diferente e explicita o sentimento de desvalorização presente em sua prática docente ("o Senai dá redação também, o Senai também dá língua portuguesa, as coisas que eu dou... Só porque é aqui não tem valor? Por que lá tem valor? Ah, porque lá é da indústria? Ah, por que o quê? Porque o professor é melhor? É difícil você analisar essas coisas assim, mas por que ele leva a sério lá e não leva aqui?"). Esse movimento que situa os problemas do ensino ora em questões gerais e sistêmicas, ora em questões particulares, de organização da escola, parece impedir uma tomada de consciência de suas próprias responsabilidades como professora: quando a questão é geral, ela tende a ser muito ampla, o que impossibilita a ação particular; quando a questão é específica à escola, ela é relativa ao aluno, à diretora, ao prédio, o que exime M.E. da responsabilidade por sua ação.

Um outro movimento de comparação acontece quando M.E. confronta sua prática à de outros professores. Em determinado momento da entrevista, por exemplo, avalia que a professora do 3º ano do ensino médio é melhor do que ela ("a professora Guacira, ela também trabalha [literatura], ela é mais enérgica. Por ela ser mais enérgica do que eu, mais dura, eu encontro os alunos no corredor, aí eles falam: 'É, professora, volta a dar aulas...' Eles reclamam... Então eles não querem, entendeu, não querem que você seja dura, que você exija – porque ela é exigente, ela é muitíssimo empenhada, muito mais do que eu e tal, e eles reclamam, eles não valorizam o conhecimento"). O fato de sua colega ser mais exigente, que parece ser valorizado por M.E., não o é pelos alunos, que a preferem em relação à colega. Nesse depoimento, parecem coexistir de maneira ambígua um sentimento de valorização, advindo do pedido dos alunos para que ela volte a dar aulas, e um sentimento de desvalorização, surgido da constatação de que a outra professora é mais empenhada do que ela mesma. Em outro momento da entrevista, no entanto, M.E. afirma que, se fosse melhor, ficaria ainda mais frustrada, pois já não aplica "nem um terço" do que sabe em sua prática, o que parece servir de desculpa para a avaliação implícita de certa mediocridade quando fala de sua prática. Se, por um lado, a professora diz ter "fome de conhecimento", ao mesmo tempo afirma que se sente "burra", porque não consegue falar desse conhecimento em sala de aula.

Além desses movimentos, M.E. acusa os acadêmicos, pesquisadores que não enfrentam os problemas da educação *in loco*, de não encontrarem soluções eficientes ("os acadêmicos, os estudiosos ficam lá pesquisando, mas não estão dentro da sala de aula para ver o que está acontecendo. Então, a universidade está distante da sala de aula, da realidade... E, consequentemente, o governo e toda a sociedade... Então, a gente não tem a quem recorrer... Você carrega tudo sozinha nas costas... Por quê? Você sofre uma violência, você vai na delegacia, fica por isso mesmo") e, de uma certa maneira, de roubarem a voz aos professores, que, então, não têm como reclamar ("Ainda eu brinquei outro dia, eu falei: 'Poxa, nenhum professor escreveu suas memórias?' Aí um fala que é para esquecer, aí outros falam que não pode, porque não pode dar declaração do que acontece, porque você é funcionário público, você é proibido de dar entrevista, de falar do que acontece").

Essa estrutura resistente de discurso, que elege como mote a imputação dos problemas a outros (instituição, sistema, alunos, pais de alunos, pesquisadores, universidade, governo), surge também quando questionamos M.E. sobre seus hábitos de leitura e ela logo volta a falar da situação na escola, quando perguntamos como é o ensino de literatura e ela toca no assunto superficialmente ou quando questionamos sobre como fazer para que os alunos desenvolvam o hábito da leitura e ela responde que não sabe e se confessa deprimida ao pensar sobre a questão. No cerne dessa forma defensiva de estruturar sua fala, talvez esteja presente o desejo de não se reduzir ao desterro que é sua prática diária de ensino, o desejo de não se identificar ao lugar que a escola ocupa na comunidade, de não se identificar aos despossuídos e excluídos com os quais convive diariamente. Mas o problema é que, ao repetir constantemente um discurso que acusa a falência do sistema escolar de maneira generalizada, M.E., ao mesmo tempo que se exime da responsabilidade pelo fracasso que é a sua prática docente, constrói para si um estado de inação, no qual nenhuma mudança é possível.

A PAIXÃO PELO OBJETO LIVRO (ENTREVISTA COM SÍLVIA)

Sílvia, como M.E., também fez parte da primeira turma de professores que responderam ao questionário da pesquisa na DE Leste 4, em julho de 2006. No intervalo da reunião do Ensino Médio em Rede, a vimos conversar animadamente com a ATP de português sobre atribuições de aulas e pedidos de remoção. Planejava seu próprio pedido de remoção, em função da localização da escola a que fora destinada, pois queria estar mais perto de casa. Novata na rede estadual, na qual dá aulas há cinco anos, ela faz parte de um grupo de professores que precisam trabalhar a fim de garantir que suas demandas sejam atendidas, já que professores há mais tempo na rede têm prerrogativas na escolha das escolas, assim como dos anos e dos horários.

No questionário, Sílvia manifestou por escrito interesse em "trocar umas ideias" e ofereceu ajuda no que fosse possível. Quando lhe enviamos um e-mail para que participasse da segunda fase da pesquisa, ela levou uma semana para responder afirmativamente. Mais velha do que os outros professores com os quais conversamos (tinha à época 49 anos) e disposta a falar sobre sua vida, Sílvia encarou a entrevista como uma oportunidade para deixar registrada – dentro do âmbito de uma pesquisa acadêmica – a trajetória percorrida para se tornar professora de português. Aproveitou para afirmar que essa realização tem para ela um gosto de sucesso, não obstante, fez questão de ressaltar, tenha consciência da complexidade das várias questões que perpassam o sistema do ensino básico público atual.

O questionário de Sílvia chamou a atenção porque, embora ela tenha assinalado que não gostava de literatura durante a infância e a adolescência – e acima da palavra impressa "literatura" ela escreveu entre parênteses: "(clássicos?)" –, respondeu também que, às vezes, "fugia" da novela para ler à noite. Uma declaração de repulsa à leitura dos clássicos combinada à do prazer obtido a partir da leitura não constaram das respostas do perfil médio do professor da rede. Seu pai, serralheiro, frequentou a escola até o ensino fundamental II, antigo ginásio. A mãe, dona de casa, só cursou até a 3ª série do primário. Sílvia fez o ensino fundamental I e II em escola pública e só foi cursar o supletivo (relativo ao ensino médio) em uma instituição particular, aos quase 40 anos de idade. Entrou para o curso matutino de Letras na Universidade Cidade de São Paulo (Unicid), no bairro do Tatuapé, e já terminou um curso de pós-graduação *lato sensu* na mesma instituição. Questionada sobre o que a levou a escolher o curso, Sílvia respondeu que foi o "gosto pela leitura", com a qual teve contato desde a infância, período da vida em que não contou com "aparatos tecnológicos" (a televisão era a "do vizinho"). Com relação ao sentido e à importância da literatura para ela, respondeu que sempre a "valorizou muito" e ressaltou que, na sua formação, a literatura foi o "principal canal de comunicação com o mundo". Ao explicitar que sua relação com a literatura e a leitura passa pelo fato de pertencer a uma geração mais velha, que não teve acesso aos meios de comunicação de massa como os adolescentes têm atualmente – foi criança antes do "advento da internet" –, Sílvia dá indícios de sua posição diante do surgimento de novas tecnologias ("concorrência desleal"), reflexão retomada durante a entrevista. Tendo considerado positivo o incentivo à leitura no tempo em que era aluna ("sem que se 'subestimasse' a capacidade do aluno"), mas negativa a "imposição" da leitura dos "grandes clássicos", afirmou que hoje o ensino de literatura fica "restrito" à preparação para o vestibular, o que o torna "maçante" e "obrigatório". A respeito dos alunos, explicou que aproveita para comentar o que eles trazem de leitura ("mangás, HQs, livros de ficção, mistério") e para afirmar a crença de que eles devem ser conduzidos pelos aspectos mais "gostosos" ou "legais" das leituras. Discorrendo sobre sua didática, explicou que "procura estabelecer 'pontes' entre a literatura e o panorama sociopolítico atual" e que recorre ao "recurso dos filmes".

Sobre seus hábitos de leitura na infância, Sílvia comentou que teve acesso a enciclopédias, livros infantis (*Grimm, Perrault* etc.), seleções do *Reader's Digest* e histórias em quadrinhos, além de revistas de fotonovelas. Respondeu que seus pais liam "às vezes" e ressaltou ainda que seu pai lia ou comentava alguma leitura com ela "sempre que possível". Entre as leituras de que ela se recorda com "mais carinho", estão a dos clássicos infantis, dos infantojuvenis e dos quadrinhos. Entre as de que se lembra como "obrigação", pelas quais chegou a sentir "ódio", estão as dos clássicos portugueses – Almeida Garrett, Eça de Queirós, Camões. Como últimas leituras, Sílvia citou dois livros de Dan Brown: *O código Da Vinci* e *Anjos e demônios*. No momento em que respondeu ao questionário estava relendo *Admirável mundo novo* (Aldous Huxley) e afirmou também que gostaria de ler *Memórias de Adriano* (Marguerite Yourcenar), o que ainda não havia feito por falta de tempo. Assinalou que prefere ler ficção de modo geral, sendo ela contemporânea ou *best-seller*, jornais e revistas, deixando em segundo lugar os clássicos e a poesia. Pela quantidade de títulos de livros citados em suas respostas ao questionário, ficou claro que Sílvia tem com a leitura uma relação de intimidade. Apesar de, a certa altura de sua vida, a literatura ter se tornado, em suas palavras, um "remédio amargo", uma obrigação, isso não a impediu de escolher e frequentar um curso de Letras depois de adulta. O gosto pela leitura prevaleceu ao desgosto que a professora sentiu em relação à literatura durante sua formação escolar. Como isso aconteceu e que consequências essas experiências de leitura trouxeram a sua prática docente?

DE LEITORA A PROFESSORA

Como Sílvia havia sido convidada por uma antiga professora a participar de uma atividade com os licenciandos estagiários da faculdade Unicid, preferiu marcar a entrevista lá mesmo, depois desse colóquio, ao qual, inclusive, assistimos. Durante a conversa com os graduandos, ela e outras duas professoras também formadas pela faculdade falaram de sua prática docente, das dificuldades e dos sucessos que vêm obtendo na carreira e responderam a questões feitas pelos alunos. Depois do encontro, sentamos na lanchonete da faculdade e ali ficamos por mais de uma hora e meia.

Nascida no Tatuapé, Sílvia parece ter sua vida vinculada ao espaço físico do bairro, apesar de ter morado 19 anos no Carrão, na mesma região. Seu pai, hoje aposentado, teve uma pequena oficina de serralheria por quase cinquenta anos, que ficava numa "travessinha" próxima à faculdade. "Autodidata" e "muito observador" ("ele desenha muito bem"; "chegou a fazer FGV"), é dele que Sílvia afirma herdar um pensamento não pragmático e "espiralado", ligado às humanidades, cujas disciplinas afins ela "curtia" mais no tempo da escola. Era ele quem resolvia suas "dúvidas" e "dificuldades", quem ajudava na lição de casa, quem sentava com ela para ler ("ele tinha esse hábito"). A mãe, nascida em São José do Rio Preto e adotada por uma família de São Paulo, perdeu o contato com a família de origem. Considerada por Sílvia como uma pessoa "bem articulada", mais objetiva e prática do que o pai, tem, contudo, uma limitação com a escrita ("bloqueou, ela pega a caneta, ela começa a tremer e ela não consegue escrever").

Filha mais velha – o único irmão só nasceu sete anos depois –, Sílvia morou com os pais num "quarto-e-cozinha" ("minha família era muito carente") até os 9 anos e, como a mãe a proibia de ir para a rua e ela não tinha acesso a outro tipo de entretenimento ("a primeira tevê que entrou em casa, eu já estava com quase 9 anos. Então era o 'televizinho', né? Você fugia, pulava o muro para assistir"), seu universo eram os livros, principalmente os da casa do tio paterno. Era lá que ficava a estante com a enciclopédia, para cuja compra se cotizavam o tio e o pai ("afinal de contas, era chique ter livro em casa") – capital cultural objetivado coletivo que Sílvia acabou efetivamente herdando ("essa coleção ficou comigo, olha só que coisa..."). Perdida entre os livros sobre história natural, sobre os egípcios e os etruscos ("tinha umas fotos em preto e branco de múmias, pirâmides, e eu achava aquilo fantástico, não entendia nada, mas achava maravilhoso"), "devorou" escondida a coleção *Tesouros da juventude,* de seu primo. Mais tarde, a mãe passou a lhe comprar revistinhas de histórias em quadrinho ("um *Pato Donald,* um *Brasinha*").

Ao chegar à escola, Sílvia já estava alfabetizada: havia feito um "prezinho informal" na casa de uma senhora, professora aposentada, que ganhava "um dinheirinho tomando conta das crianças" e aproveitava para lhes ensinar as noções básicas da língua. A professora do 1º ano, de quem Sílvia virou o "xodozinho", sugeriu que ela fosse direto para o 2º, o que a mãe não permitiu ("ela vai fazer o 1º ano, não tem essa").[30] Durante os dois primeiros anos escolares, Sílvia se lembra de ter estudado com uma cartilha. A partir do 3º ano, no entanto, passou a usar um "livro de textos", mudança "importante", visto que o livro contava com uma "cerimônia da entrega" e sua posse representava um "rito de passagem". Segundo Sílvia, o fato de ter ganhado livros como prêmios por sua colocação escolar fez com que ela desenvolvesse com esse objeto uma relação de "amor" e de "conquista" ("Eu tinha que brigar para ganhar aquilo. E eu tenho até hoje os livros que eu ganhei, com a dedicatória da professora, direitinho, eu guardo aquilo como um tesouro").

Já no ginásio, Sílvia começou a "pegar antipatia" pela gramática, ensinada a partir de apostilas feitas pelo colégio. Ainda assim, seu

30 Tal atitude da mãe, que descartou a "vantagem" oferecida a Sílvia pela professora, parece movida por uma ética que combina rígidos valores de modéstia, correção e trabalho. Em função do conhecimento já adquirido no prezinho informal, Sílvia comenta que achou os dois primeiros anos de escola "meio chatinhos", experiência que foi consequência da decisão materna de não deixá-la adiantar-se. Antes disso, Sílvia já havia comentado que compreendia a "situação" da mãe de não conseguir escrever. Tal posicionamento parece significar que a professora perdoa sua mãe por sua condição social, o que lhe permite distanciar-se dela e identificar-se com seu pai.

"amor pela leitura" resistiu, pois ela a encarava como algo "libertário", quando comparada à "precisão" e à "retidão" gramaticais ("Eu gostava daquela liberdade"). Contudo, quando começou a estudar os clássicos portugueses, sua relação com a leitura sofreu mudanças ("Eu lembro que [...] o império do terror começou na 7ª série, [...] quando a professora mandou a gente ler [...] o *Arco de Sant'Anna*, do Almeida Garrett. Assim, um livro dessa grossura, naquela linguagem, naquele português castiço"). Inconformada com a impossibilidade de ler ("Eu lia três vezes a mesma página, eu dormia em cima do livro e eu não conseguia, e aquilo não caminhava, e aquilo não andava, e eu dizia: 'Não é possível... O que é que está acontecendo?'"), ela passou a sentir angústia em uma situação antes prazerosa.

Em seu discurso, Sílvia parece atribuir à rigidez do regime militar as diretrizes didáticas seguidas pela direção da escola de seu antigo curso ginasial, que a levaram a sentir-se desamparada na tarefa imposta pela escola de ler os clássicos portugueses ("porque só me jogaram livro no colo e falaram vai lendo aí, por que, né? Por quê? Nos anos 1970 a coisa era seguida à risca, existia aquela exigência, tanto é que era feita a apostila, na escola, eu tinha que decorar as regras, tinha que decorar os hinos, era tudo decoreba... E a literatura era uma coisa que... partia do princípio de que você tinha que... [...] ler. Você tem que ler. E olha que eu gostava... [Era] Só o livro. Por quê? Porque estava lá no planejamento, era uma coisa geral que vinha de cima para baixo, então você se vira"). Em seu discurso, percebe-se claramente a releitura de sua formação escolar em retrospectiva transformada pelas tendências didáticas contemporâneas.

Annie Rouxel (2012), pesquisadora francesa, analisando dados coletados sobre autobiografia de leitores e constituição de identidades literárias a partir das histórias de alunos de liceu e de cursos de licenciatura em Letras na França hoje, identifica neles o que chama de "um leitor constrangido", consequência da mesma situação vivida por Sílvia na escola. Segundo a pesquisadora, esse "leitor forçado" sofre exatamente o que a professora descreve em seu depoimento: "uma clivagem identitária entre o leitor escolar e o outro leitor que existe nele" (Rouxel, 2012, p. 71). Tal cisão é resultado, segundo os alunos que participaram da pesquisa francesa, dos textos propostos em classe, muito afastados culturalmente de suas leituras pessoais e particulares, do ritmo imposto para a leitura dessas obras e da lentidão que se apossa de seus estudos quando se põem a ler esses textos. Exatamente o que Sílvia descreve quando afirma que "dormia" sobre os livros e que a leitura dos clássicos portugueses não "caminhava". Nessa situação de leitura forçada, os alunos franceses chegam a reclamar de um "mal de ler" que se amplifica à medida que não conseguem cumprir suas tarefas de leitura: o verbo ler passa a ser conjugado a maior parte do tempo em conjunto com o verbo dever, tal como descreve a professora em seu depoimento.

A dificuldade que Sílvia encontrava para desenvolver a leitura obrigatória dos clássicos portugueses dentro do âmbito escolar parece ter relação, em primeiro lugar, com o modo como a leitura era proposta na sala de aula e, em segundo lugar, com a distância entre os conhecimentos e disposições que ela havia desenvolvido até então e aqueles exigidos por tais leituras. Essa situação parece levá-la a sentir-se como uma "não leitora", uma leitora "fraca" e "precária" (Batista, 1998) naquele momento de sua vida. A incapacidade de se apropriar dos textos propostos para a leitura pela escola parece ter levado Sílvia a desenvolver uma relação tão tensa com a literatura, que chegou a impedi-la de continuar os estudos nessa área e parece tê-la conduzido a uma ruptura: a partir do momento em que a professora discorreu sobre a questão da obrigatoriedade da leitura literária em sua formação escolar, ela cessa de falar sobre sua relação com os livros e passa a comentar sobre sua vida de casada, como se tal mudança radical em sua relação com a leitura tivesse tido consequências em sua vida de maneira mais geral.

Quando chegou ao curso técnico, Sílvia conheceu o atual marido, se casou e sua vida mudou: "fiquei no limbo por uns 22 anos". Apesar de assumir que quis se casar, ter filhos e fazer tudo "dentro de todos os padrões que mandava a formalidade", revelou, na própria entrevista, que o marido "era radicalmente contra" a ideia de que ela trabalhasse ou mesmo estudasse.[31] Durante esses anos de "choco", nos quais foi "mãe em período integral", procurou não se alienar e cuidou da educação das duas filhas, acompanhando suas leituras escolares. Mas à medida que as meninas atingiram a idade de fazer o curso superior ("o momento em que elas vão sair pro mundo"), passou a se angustiar e a se preocupar em "não jogar nas costas delas a frustração" de uma vida vazia. Aliada a essa situação, Sílvia enfrentou a experiência de perder uma prima próxima, com quem se identificava (eram amigas, tinham vidas parecidas, filhos na mesma idade), que morreu em função de uma profunda depressão. A partir daí, começou "a sentir tudo aquilo" e a "cair, cair, cair". Um dia, quando estava às voltas com suas angústias na cozinha, "habitat natural de toda dona de casa", sua filha lhe pediu que a levasse de carro a algum lugar. Ocupada com afazeres domésticos, ela sugeriu à menina que procurasse a mãe de uma amiga para cumprir tal função, ao que a filha lhe respondeu: "A mãe de Fulana não pode, ela trabalha!" Transtornada, Sílvia saiu de casa a pé, embaixo

31 Descrevendo seu marido, Sílvia traça um paralelo entre a personalidade dele e a de sua própria mãe, em contraposição à figura paterna. Nesse sentido, ela parece indicar que sua relação com o marido reedita, com os gêneros invertidos, a relação de seus pais: "Ele tem uma inteligência mais... Como é que eu vou dizer... Ele não gosta de ler [risos], ele tem uma apatia pela leitura, assim, ojeriza pela leitura, ele gosta muito de filme e tal, ele assiste, a gente ainda comenta, eu tento fazer com que ele veja um outro lado que não só aquele... Enfim, que os opostos se atraem, eu vejo pelo meu pai e pela minha mãe, é bem por aí, né?"

de chuva, e andou alguns quarteirões até o Supletivo Califórnia, onde entrou e se matriculou para fazer o ensino médio. Quando retornou, encontrou todos preocupados: as filhas, a mãe e "o corpo de bombeiros". Disse então a todos que, a partir da data do início do curso, teria "um trabalho formal" ("eu vou ser estudante, por enquanto [...] serei es-tu-dan-te"). Quando o marido chegou em casa à noite, "era aquela coisa assim, não contraria porque ela está sob um efeito, sabe?".

Tendo nascido em 1958, em um meio marcado por rígidos valores familiares e católicos, Sílvia se viu impedida de seguir com os estudos e se submeteu aos desejos do marido sem que, no entanto, nada fosse "forçado". Apesar de sentir-se realizada como mãe, não deixava de se sentir frustrada como profissional, o que se intensificou quando as filhas chegaram à idade de prestar o vestibular. Cindida entre deixar-se ser "dona de casa, mãe e esposa" e desejar um "trabalho formal", efeito de um feminismo retardado em pelo menos uma década em função da classe social[32] e da situação brasileira daquele momento histórico específico, Sílvia se viu compelida a agir no sentido de realizar seu desejo de ter uma profissão quando deparou a morte de sua prima, causada pelas mesmas angústias que ela alimentava. E foi em função dessa ação que a profissão docente ganhou valor.

A princípio deslocada numa sala de aula cuja faixa etária era bem mais baixa do que a sua ("tinha hora que eu olhava para aquela sala com um monte de adolescente jogando bolinha de papel e eu pensava:

32 Jean-Pierre Faguer (2003, p. 640), analisando a história de vida de uma montadora de filmes francesa, 16 anos mais velha do que Sílvia, mas que, em alguns aspectos, viveu em condições sociais similares, afirma que "através dessa trajetória exemplar dos conflitos profissionais e sentimentais enfrentados pelas mulheres que só conheceram o feminismo depois de adultas, vê-se como as condições históricas que definem a experiência de uma geração separam indivíduos de idades diferentes, apesar de todas as formas de solidariedade familiar e, ainda mais, de classe ou de sexo".

'O que é que eu estou fazendo aqui?'"), começou a passar "cola" para os colegas de classe, amigos de suas filhas, que, inclusive, passaram a lhe telefonar para discutir os trabalhos escolares ("foi uma experiência bem bacana"). Quando terminou o supletivo, foi incentivada pelas meninas a prestar vestibular e escolheu o curso de Letras "por causa da leitura" ("Eu comecei a reviver tudo aquilo que eu tinha vivido e eu pensei: 'Do que é que eu gosto? Eu gosto de ler, eu tenho paixão por livro, eu gosto do cheiro do livro novo, eu gosto de pegar, de apalpar"). Apesar de as filhas argumentarem que o curso tinha um status baixo, Sílvia enxergou nele a possibilidade real de se tornar professora ("no meu imaginário, ainda tinha lá o professor de português, a professora era a mais chique que tinha na escola [...]. Nossa! Era 'a' professora de português").

Na faculdade, escolhida por ser referência no bairro ("no meu imaginário, a faculdade era esta aqui"), fez as pazes de vez com a literatura, processo que já havia começado no próprio supletivo ("quando [...] eu vi que literatura estava associada a uma outra matéria que eu também gosto muito, que é história, que eu comecei a fazer as pontes, [...] daí a coisa começou a ficar um pouquinho mais *light*"). As aulas de teoria literária, em que uma professora com a qual Sílvia se identificava tecia relações entre o teatro grego e as novelas de tevê, funcionaram como uma "descoberta", uma revelação ("eu descobri que o teatro grego, né, que a literatura grega, que é Homero, que Camões, que tudo que veio de lá está aqui até hoje!"), a partir da qual a literatura passou a ser uma chave interpretativa do mundo. O que a vida universitária parece ter dado a Sílvia talvez tenha sido a segurança de participar do que Olson (1997) chama de uma "comunidade textual", comunidade de leitores que têm em comum certos princípios de leitura, um conjunto de textos considerados significativos e algumas hipóteses de trabalho sobre interpretações válidas ("a professora Eliana ajudou muito a gente... – Ela deu lentes, né? Para você ver").

Sílvia teve consciência da influência de seu interesse intelectual sobre seus familiares. O empenho para obter uma formação superior teve efeitos sobre o irmão, que aos 43 anos voltou a estudar e cursava, no momento de nossa entrevista, a faculdade de Sociologia. As filhas, uma bióloga e outra jornalista, são herdeiras de sua relação de amor com a leitura, o que a professora pretende transmitir também ao neto recém-nascido ("Ele nasceu, ele já ganhou um livro, eu já dei para ele, né?"). Refletindo sobre sua própria história de leitura, Sílvia identifica que a falta desse hábito na vida de seus alunos é parte constitutiva da maneira deles de agir ("eu tive uma mãe que só lia, mas assim, bula de remédio, às vezes lia uma revista [risos], e um pai que não era um leitor contumaz, mas que era uma pessoa assim articulada [...]. Lia um jornal, sabe? Discutia uma questão política... Eu tive meu pai como padrão, né? Autodidata, ele aprendia as coisas assim como eu te disse... Mas e quem não teve?"). Dessa forma, a consciência de seu próprio processo de formação como sujeito leitor parece garantir a Sílvia a possibilidade de compreender o ponto de vista dos alunos, o que faz com que se alie a eles em vez de encará-los como opositores, como no caso de M.E.

PRÁTICA DE ENSINO: "EU VOU CONTINUAR ENXUGANDO GELO, EU NÃO TENHO MUITO OUTRA SAÍDA!"

É exatamente com alunos que não têm pais articulados, autodidatas, capazes de ler um jornal, revista ou mesmo uma bula de remédio que Sílvia se encontra em sua prática de ensino. Na época de nossa conversa, dando aulas para uma turma de 6º, uma de 7º, uma de 8º e uma de 9º ano[33] (situação que é resultado de seu baixo poder de

33 Quando Sílvia participou da primeira fase da pesquisa, estava lotada em uma escola estadual de ensino médio, o que fez com que se encaixasse no perfil de professor sobre o qual buscamos coletar dados. Passado um ano de nosso primeiro

escolha em função da entrada recente no magistério e na rede estadual), ela encontra salas heterogêneas, onde há "de tudo": alunos analfabetos, disléxicos, alunos com problemas psicomotores, com problemas neurológicos, alunos bolivianos que não falam português, "o que você possa imaginar". Refletindo sobre a dificuldade de ensinar seus alunos a ler ("O povo tem que ler! Tem que ler!"), Sílvia tem consciência de que o problema é de outra ordem. Originários de "famílias desestruturadas", com pais quase sempre analfabetos – a professora, inclusive, se engaja na campanha de trazer os pais para os cursos de Educação de Jovens e Adultos (EJA) que a escola mantém à noite, num esforço para que eles passem a valorizar a leitura e a cultura letrada de uma maneira geral, usando sua própria trajetória pessoal como exemplo para persuadi-los –, seus alunos fazem parte do que ela identifica como "um problema mais social do que propriamente um problema técnico". Afinal, pergunta, sem acesso a nenhum capital cultural legitimado, sem a existência do hábito da leitura em casa, sem o contato com uma articulação abstrata das ideias, como esses alunos poderiam ter algum sucesso no meio escolar?

Eles são herdeiros de uma maneira agressiva e violenta de lidar com o mundo ("as crianças se batem terrivelmente, é soco, tapa, pontapé"), omportamento que Sílvia associa a uma linguagem, ou melhor, a uma falta dela ("Eles não conseguem passar o sentimento, as ideias de outra forma que não [bate palma com a mão imitando um tapa]"). Essa situação, por vezes, leva-a a sentir-se como uma "adestradora" ("a gente tem esse lado de domesticar, mesmo, porque eles vêm selvagens"), função que assume em face do que chama de "uma

encontro, ela já se encontrava na atual escola estadual onde dá aula, no Tatuapé, agora lecionando para o ensino fundamental II. Como o teor de suas respostas e suas reflexões são pertinentes ao que nos propusemos a discutir neste trabalho, julgamos por bem manter sua entrevista no *corpus* da pesquisa.

crise social", consequência de gerações "do que começou errado lá" atrás. Nesse sentido, a professora se dá conta de que sua prática é algo pontual, dentro de um contexto maior, sobre o qual não tem nenhum controle: "Eu vou continuar enxugando gelo, eu não tenho muito outra saída!" Sem a possibilidade de verbalizar os sentimentos, os alunos têm uma comunicação descrita por Sílvia como "muito pobre", o que dificulta seu trabalho em sala de aula. Por um lado, no que diz respeito à linguagem e ao ensino de português, ela não pode "descer ao nível" deles; por outro lado, tampouco quer intimidá-los ou assustá-los, mas sim fazer uma "ponte", achar um "meio-termo" entre a sua linguagem e a deles. Por isso, Sílvia evita o uso intenso da nomenclatura em suas aulas, tanto a gramatical, como, por exemplo, os "ismos" dos estilos de época da literatura canônica escolar. Diante de tal situação, a professora nem chega a se colocar a questão da leitura literária; sua preocupação é com "a leitura pura e simples", a leitura comum, com a qual os alunos já têm muitas dificuldades ("eu fico olhando aquela turma de 9º ano, patinando para ler *Emília no país da gramática* [...] aquilo vai me dando uma angústia: o que fazer?").

Além desse problema social maior, que envolve a aquisição por parte das crianças de hábitos distintos de comportamento, Sílvia acusa também o que chama de "concorrência desleal" da cultura de massas. Para ela, televisão, internet e certos tipos de filmes, que trazem "tudo pronto" e não exigem nada além do que ela chama de "otimização" do cérebro – algo que parece estar próximo de uma automatização do pensamento –, são produtos de uma cultura em que imperam o fragmento e a velocidade, cultura essa que, para a professora, está associada ao fato de os alunos quererem "terminar rapidamente" suas tarefas e "fazer o que foi programado, pedido para eles". Preocupados com o que o mundo lá fora está requisitando, Sílvia constata que o desafio intelectual não lhes interessa e é aí que a leitura se encaixa, já que exige dos sujeitos um "outro tipo de ação".

A professora parece encarar, portanto, a cultura de massas como responsável por uma "otimização do pensamento", "concorrência desleal" ao hábito da leitura e à própria cultura transmitida pela escola, que precisam de disposições distintas das desenvolvidas pela velocidade das imagens produzidas em escala industrial, consumidas rapidamente. Sua posição em relação à cultura de massas parece estar diretamente relacionada à sua experiência pessoal, já que, durante a infância, no começo dos anos 1960, ela não teve acesso à televisão em casa e a esse fato ela parece atribuir parte da paixão que desenvolveu pelos livros e pela leitura, que funcionavam como seu mundo de fantasia. Tal posição, como vimos no capítulo 2, é também a de vários professores que responderam ao questionário na primeira fase da pesquisa e que responsabilizam a cultura de massas pela falta do desenvolvimento do hábito da leitura, acusação que intelectuais que refletiram sobre essa cultura em finais dos anos 1960 e começo dos 1970 já faziam.[34] Mas será que hoje outros modos de ler não são possíveis?[35]

---

34 Arendt (2000), por exemplo, definiu a cultura de massas como contraposta a uma cultura "tradicional", que seria destruída para produzir o entretenimento necessário à sociedade de massas. Steiner (1990) chegou a decretar inclusive que, com o desaparecimento do ato clássico de leitura, desapareceriam também os parâmetros da tradição cultural, culpa da educação de massa e do dogma liberal de acesso geral à cultura. Ambos defendiam um modo de leitura que parece hoje ser algo pertencente ao passado, muito provavelmente em função da própria época em que viveram.

35 De Certeau (2005), por exemplo, trabalha o conceito de leitor do ponto de vista da liberdade e da aventura, a partir do qual a ação do sujeito é equiparada à do caçador que, "na floresta, [...] tem o escrito à vista, descobre uma pista, ri, faz 'golpes', ou então, como jogador, deixa-se prender por aí". Entre opções opostas de processos de assimilação do texto por parte do leitor ("tornar-se semelhante [ao texto]" ou "torná-lo [o texto] semelhante"), o autor defende a "impertinente

De qualquer maneira, Sílvia identifica que, para ler, é preciso um posicionamento diferente do sujeito, que implica um distanciamento das necessidades prementes da vida cotidiana. Para a professora, esse exercício de distanciamento traria consigo a possibilidade do exercício da crítica, coisa que os alunos são incapazes de fazer ("Existe, assim, a crítica em cima do sistema: eles são contra o professor, eles são contra os pais, eles são contra a escola. [...] Mas eles não sabem o que fazer com isso, não sabem").[36] A professora, no entanto, não os culpa por essa situação, pois os percebe alienados dentro do sistema, esse sim responsabilizado pelas disposições adquiridas ou não pelos sujeitos.

Colocando-se em posição oposta à dos "profetas do apocalipse", que determinam a todo instante que "O livro vai ser extinto! O livro vai acabar!", Sílvia se ampara na larga experiência que tem com crianças para afirmar: "eu estou para ver uma [...] que não se encante ainda com livro". Preocupada, porém, com o lugar que o objeto livro e o

---

ausência" e o "exercício de ubiquidade", marcas do papel atuante do leitor, que, com sua leitura, constrói um sentido para o texto lido.

36 Segundo Alfredo Bosi, na cultura de massas, a "montagem de bens simbólicos em ritmo industrial nos fornece um modelo de *tempo cultural acelerado.* [...] [Há uma] imperiosa substituição dos signos e das séries, quando não de padrões de gosto inteiros. O *sempre novo* (embora não o *sempre original* [...]) comanda essa caricatura de eterna vanguarda" (1987, p. 9, grifos do autor). Bosi afirma ainda que esta cultura "invade, ocupa e administra o tempo do relógio e o tempo interior do cidadão" e propicia a perda de memória do consumidor, o que atende à necessidade de substituição imediata e urgente do signo, que se reveste de um caráter descartável. Com tantos estímulos, o sujeito só será capaz de guardar aquilo que puder avaliar, julgar e selecionar (sobre o que puder pensar e discernir), a partir de sua própria experiência cultural vivida em outro ritmo, ou seja, a partir de sua própria experiência em outros registros de organização temporal. A memória e a reflexão dependeriam, portanto, da possibilidade de o sujeito vivenciar uma outra cultura, de sua experiência de uma outra relação com o tempo, que lhe permita refletir sobre o signo e escolher se ele deve ser substituído ou cultivado. Logo, a reflexão, o discernimento e a memória poderiam ser encarados como resistentes à cultura de massas.

hábito da leitura terão na vida das próximas gerações, ela se questiona se o problema não estaria no modo escolar de avaliação da leitura, ainda que não defina exatamente a que se refere por modo de avaliação ("por que é que isso é cobrado ainda hoje da mesma forma que era cobrado?"), ou mesmo na maneira de encarar tal hábito ("Será que não é uma questão de mudar a visão sobre a leitura, mas sem que ela perdesse as características de leitura?"). Dessa forma, a professora parece identificar que os parâmetros utilizados pela escola para definir o que deve ser lido e como se deve ler talvez estejam ultrapassados.[37] Mas, ao mesmo tempo, ao generalizar e apontar "a escola" como responsável pela imposição aos alunos de relações específicas com a leitura, não deixa claro a quais parâmetros ultrapassados ou a quais formas antigas de cobrança se refere. De qualquer maneira, seu esforço em sala de aula parece seguir na direção de trabalhar a leitura numa acepção bem mais ampla, na qual o mundo é um texto a ser lido. Com isso, parece pretender desconstruir uma ideia, que atribui aos alunos como preconcebida, de que a leitura seja algo "chato" ("Eles acham que texto é só escrito, literatura é aquela coisa que você tem que estudar para o vestibular e leitura é aquilo que o pai fala que é ótimo, é que nem comer espinafre: faz bem para a saúde, mas ninguém quer").

---

37 Sobre a questão da leitura legítima e do hábito de leitura dos jovens, Roger Chartier (1999, p. 103-104) observa que aqueles "que são considerados não leitores leem, mas leem coisa diferente daquilo que o cânone escolar define como uma leitura legítima. O problema não é tanto o de considerar como não leituras estas leituras selvagens que se ligam a objetos escritos de fraca legitimidade cultural, mas é o de tentar apoiar-se sobre essas práticas incontroladas e disseminadas para conduzir esses leitores, pela escola mas também sem dúvida por múltiplas outras vias, a encontrar outras leituras. É preciso utilizar aquilo que a norma escolar rejeita como um suporte para dar acesso à leitura na sua plenitude, isto é, ao encontro de textos densos e mais capazes de transformar a visão do mundo, as maneiras de sentir e de pensar".

Empenhada, pois, na tarefa de levar seus alunos a ler, Sílvia busca caminhos que revelem o prazer desse ato, para que os estudantes queiram repetir a experiência ("eu vou fazer com eles o que fizeram comigo? Vou jogar um português no colo e dizer: 'Tó! Lê!'? Aí eles vão ficar com raiva até de português [risos] de Portugal"). Dessa maneira, tenta escapar do "cheiro de mofo" que ela mesma associou à literatura quando cursava o ginásio ("Eu tinha, como os meus alunos têm hoje, aquela visão de que Camões, Shakespeare, é tudo... morto!") e da "ojeriza" que a leitura escolar obrigatória mais geral ou mesmo a voltada especificamente para o vestibular podem causar. Baseada em sua experiência pessoal de leitura, seleciona um texto de Monteiro Lobato – cuja fotocópia deixa na secretaria para que os alunos tirem cópias – para o trabalho que está desenvolvendo em turmas de três anos diferentes. A princípio, encontra resistência tanto da secretaria da escola ("se algum pai resolver poderá te processar, porque você está constrangendo o filho dele a comprar alguma coisa"), como dos estudantes (reclamam do tamanho do texto ou do fato de que ele seria destinado às "criancinhas"), mas a professora já colhe resultados positivos: alguns alunos estão apreciando a leitura ("já tive aluno que chegou e: 'Ô, professora, comecei ler. Ô, bacana, hein? Estou gostando'").

Entre outras experiências que faz com o ensino de literatura, está o estudo das características do herói romântico por meio da análise do filme *O último samurai*. Há também um projeto de leitura de *A revolução dos bichos* (outro que fez parte de suas próprias leituras adolescentes), cuja discussão ela associa à do filme *O ano em que meus pais saíram de férias* e ao debate sobre as ditaduras na América Latina e na Rússia – trabalho do qual a vi desenvolver uma parte durante a observação que fiz de sua aula. Além disso, Sílvia empresta com frequência livros para seus alunos, na expectativa de que eles leiam (emprestei um *Harry Potter* para um aluno e falei: 'Ele está lendo e está gostando!

Ai, meu deus! Pelo menos uma alma se salvou do Purgatório!'"). E, satisfeita com os raros resultados positivos que vai angariando, a professora se comove quando consegue levar uma aluna a perceber que a literatura é universal e faz parte da vida comum ("quer ver uma coisa que mais me emocionou? Foi uma aluna que descobriu poesia. [...] Eu quase chorei de ver, assim, que ela sabia [...] Que o que ela estava sentindo, o outro também já sentiu, que o que ela tinha vontade de escrever, o outro também já escreveu, que tudo aquilo que estava dizendo ali, ela também queria dizer... Eu falei: 'É isso! Você descobriu!'").

Na escola, Sílvia se queixa do que identifica como uma cobrança excessiva que recai sobre o professor de português – se aos outros professores é dada a possibilidade do erro, ao professor de português não é perdoado o menor deslize. E ainda denuncia que a esse professor cabem as funções de "fazer atas" e "escrever documentos", e que a responsabilidade pelas dificuldades de leitura e escrita apresentadas pelos alunos acaba em suas costas ("A gente tem que trabalhar junto! Poxa, o enunciado de um problema é um texto, caramba! Eles não estão percebendo isso?"). Ressaltando ainda ter consciência da complexidade das atribuições específicas do professor de português ("pegue 150 redações e vai lendo, catando pelo e apontando erros. Chega uma hora que você já esqueceu se "de repente" escreve separado ou é junto com dois erres, você acaba ficando até louco"), assume a aula como sua e declara que nela faz o que julga melhor e que, à noite, dorme com a consciência tranquila. O comprometimento com os alunos não a impede, contudo, de acusar que o objetivo do Estado é de conter as crianças e não de educá-las ("[o governo] quer tirar as crianças da rua, colocar dentro da escola, fazer com que cheguem no ensino médio, dar um certificado, chegar lá no Banco Mundial e mostrar aquele gráfico lindo"), o que, para a professora, fica explícito no descaso com a profissão docente, completamente desvalorizada ("É isso que você quer? Você quer que eu tome conta, que eu seja babá? Então eu sou... Deixa ele aí").

Toda essa questão circunstancial, porém, acaba sendo relevada em função do significado que a profissão docente assume dentro de sua história de vida ("se você quantificar sucesso como satisfação pessoal, como resultados que você alcança que te dão uma compensação, aí, sim, eu considero, sim, uma conquista de sucesso").

A CONSTITUIÇÃO DE UM SUJEITO LEITOR

Durante nossa conversa, foi nítida a impressão de que a professora sabia o que queria nos contar sobre sua vida, o que a levou a organizar seu depoimento,[38] dividido claramente em duas partes. A primeira parte parece organizada como uma narrativa. Nela, Sílvia fala abertamente sobre como se tornou sujeito de sua vida, fazendo suas escolhas e sustentando-as, ainda que para tanto tenha deparado momentos difíceis do ponto de vista afetivo. Este trecho, no qual a nossa participação como entrevistadora foi exclusivamente de ouvinte, apresentado a partir de uma ordem encadeada, traz as características do que Bruner e Weisser (1995) identificam como uma *história* de vida, "tipo" do

---

38 Bruner e Weisser (1995, p. 142), tratando do gênero da autobiografia, propõem que "as vidas são textos: textos sujeitos à revisão, exegese, reinterpretação e assim por diante". Para os autores, em função de todas as escolhas presentes no relato autobiográfico (de gênero, de estilo, de tema, de convenção), esse tipo de texto força uma interpretação que exige uma administração e traduz a "mentalidade" de uma cultura. Segundo eles (p. 145), "a função última da autobiografia é a autolocalização, o resultado de um ato de navegação que fixa a posição em um sentido mais virtual que real. Pela autobiografia, situamo-nos no mundo simbólico da cultura. Por meio dela, identificamo-nos com uma família, uma comunidade e, indiretamente, com a cultura mais ampla". Tal consciência de que o sentido de nossa vida é construído à medida que nos autorizamos a narrá-la de maneira a reinterpretá-la esteve presente durante todo o depoimento de Sílvia, que, em certo momento da entrevista, afirmou: "Gente, texto é tudo! [...] Eu sou um texto".

gênero autobiográfico em que o enredo alcança seu total significado, visto que ele se torna um "relato sistemático da natureza moral das coisas". Já a segunda parte do depoimento, na qual a professora discorre sobre sua prática docente com reflexões nem tão organizadas sobre a escola, sobre o papel do professor de português no âmbito escolar e sobre os alunos e sua falta de capital cultural, parece corresponder ao que Bruner e Weisser (1995) denominam *crônicas* de cunho autobiográfico, nas quais Sílvia cria "coágulos de significado" que, embora não alcancem a forma de um enredo estruturante, trazem à luz aspectos pontuais que, tomados em conjunto, constroem um sentido para o tema geral sobre o qual havíamos nos proposto a conversar.

Perpassando as duas partes do depoimento estão comentários de Sílvia a respeito de sua idade, ora tida como uma limitação – como quando reclama de sua memória, que já não dá conta de guardar nome dos autores que lê –, ora avaliada como uma vantagem – no sentido de que lhe permite uma reflexão mais profunda sobre os assuntos levantados, em função de sua experiência de vida. Se, por um lado, percebe que levou um bom tempo para decidir investir em sua formação e ter uma "profissão formal", por outro reconhece que optou por ficar em casa e tomar conta das filhas, o que não lhe traz arrependimento. Mas além das questões relativas a sua vida pessoal, é também essa vivência que a leva a adotar uma postura de aliança com relação aos alunos. A compreensão de que a falta de capital cultural que eles carregam consigo é algo da ordem do social a faz assumir sua defesa ante o sistema, a escola e os professores ou funcionários da burocracia escolar, que, ao contrário de Sílvia, partem para o embate.[39] É essa compreensão que

39 Presenciamos uma situação em que Sílvia defendeu a posição dos alunos na observação da atividade realizada na Cinemateca de São Paulo, onde estudantes de quatro classes de 9º ano da escola da professora foram assistir ao filme *O ano em que meus pais saíram de férias*, de Cao Hamburger. Observados o tempo todo por monitores, que os faziam mudar de cadeiras quando entendiam que estavam

lhe traz paciência para lidar com os estudantes e que a leva a diminuir suas expectativas quando julga necessário. Isso fica claro quando cita o exemplo de um aluno de 6º ano com problemas neurológicos, com o qual tem um bom relacionamento, porque percebe que o menino precisa de interlocução, de alguém que possa ouvi-lo e entendê-lo ("Os outros professores tiveram altos problemas, até de agressão – ele agrediu uma professora. Comigo, não. Outro dia, ele me deu um bombom todo amassado, acho que ele sentou em cima, ele pôs lá em cima da minha mesa. [...] o que ele quer é isso, ele quer ter a mesma atenção").

Além disso, o fato de ter cursado a faculdade já com certa idade parece ter tido para Sílvia também um papel fundamental na reconstrução de um prazer com a leitura literária. É então que ela passa a dar um sentido para esse tipo de leitura, é então que aprende a ver com "outras lentes", que aprende a construir "pontes" entre a literatura – antes "velha" e "mofada" – e a vida cotidiana atual – as novelas, os filmes e todas as produções que, de alguma maneira, conversam com os textos literários. É quando discorre sobre seu curso de graduação que as relações entre um poema de Shakespeare e uma música de Ari Barroso aparecem, que a associação entre o filme *A poderosa Afrodite* (Woody Allen) e a tragédia grega pode ser realizada, que a mobilização de conhecimentos prévios e de um pensamento "espiralado", que não se foca só no "reto", tem lugar. Todavia, a professora reconhece que poucos de seus alunos terão um repertório diferenciado como o

fazendo bagunça, os estudantes não tinham nem permissão de ir ao banheiro sozinhos, precisavam de companhia para deixar a sala. Por vezes, os alunos foram, inclusive, repreendidos em voz alta por estarem conversando entre si. Tal atitude dos monitores foi recriminada pela professora quando conversávamos após a sessão. Segundo ela, os monitores "ainda" não sabiam lidar com os alunos "direito". Precisavam de mais tempo para "aprender" a se relacionar com os meninos de uma forma melhor.

seu, acumulado ao longo da vida, visto que são treinados a ler resumos da mesma maneira como comem *fast-food* no McDonald's.

A FORMAÇÃO DE UM LEITOR CRÍTICO (ENTREVISTA COM CRISTIANO)

O primeiro contato que tivemos com Cristiano foi durante a aplicação dos questionários da pesquisa, na DE Norte 1, em setembro de 2006. Ao final da atividade, ele veio conversar conosco, disse que estava interessado em fazer pós-graduação em Literatura e comentou que já havia sondado os cursos disponíveis na Pontifícia Universidade Católica de São Paulo (PUC-SP). Quando voltamos a nos encontrar para a entrevista, marcada por ele numa sexta-feira à tarde, em junho de 2007, em uma das lanchonetes da própria PUC-SP, ele já estava cursando a pós-graduação nessa universidade, onde cursou seu mestrado sobre Cruz e Souza, com bolsa da Secretaria de Educação do Estado de São Paulo.[40] Rapaz alto, forte e bem-humorado, de 26 anos, há nove dando aulas na rede estadual e municipal no bairro em que mora, em Perus, periferia da Zona Norte da cidade de São Paulo, Cristiano pareceu bastante à vontade e disponível, tendo aceitado imediatamente a proposta da conversa, colocando-se o tempo todo como sujeito da pesquisa e como colega de pós-graduação, brincando com as possíveis consequências da gravação de seu depoimento. Seguro de seu lugar como leitor, como professor, como estudante de pós-graduação e como intelectual, questionou-se algumas vezes, contudo, sobre a

---

40 Cf. a respeito nota 21, p. 176. Segundo Cristiano, "sobram" bolsas por falta de pretendentes. Ele, no entanto, chega a reclamar de uma situação de "escravidão" com relação à bolsa, ao aventar a possibilidade de pedir exoneração do Estado, o que, por ter firmado tal compromisso, não poderá fazer pelos próximos três anos (um ano para concluir o mestrado e mais dois de permanência obrigatória no magistério estadual).

importância desses lugares numa sociedade como a nossa, revelando consciência da desvalorização tanto da profissão, como do papel do intelectual e do próprio ensino de literatura. Tais reflexões se explicitaram nos momentos em que nos confidenciou os problemas enfrentados em sala de aula e seu desejo de se afastar da rede estadual.

≈

Em seu questionário, Cristiano havia sido bastante lacônico e suas respostas se aproximaram às de um perfil médio do professor da rede, obtido a partir da análise dos dados quantitativos. Seus pais – mãe costureira e pai cobrador de ônibus – chegaram a cursar parte do ensino fundamental II. Ele cursou o ensino fundamental I e II e o ensino médio em escola pública, frequentou o curso noturno da Universidade de Filosofia, Ciências e Letras de Guarulhos – uma instituição particular – e não havia feito nenhum curso de especialização ou de pós-graduação até então. Sobre o que o levou a cursar Letras, respondeu simplesmente: "O gosto pela literatura". Quando questionado sobre o que era literatura, afirmou que ela era "a vida em palavras" e que tinha o sentido de fazê-lo "entender mais a própria vida". Julgou o ensino de literatura, tanto quando era aluno como quando professor, como "mediano, sem profundidade", tendo afirmado que trabalhava com história da literatura e com análise de textos em suas aulas e se queixado do desinteresse dos alunos pela leitura. Nesses aspectos, nada de muito diferente das respostas dos professores que participaram da primeira fase da pesquisa, a não ser pelo fato de que a maioria deles tem ou teve pais que chegaram a concluir, no máximo, o ensino fundamental I.

No questionário, Cristiano comentou ainda que na casa de sua infância havia livros de contos de fada e enciclopédias, que seus pais liam "às vezes" e que em seu tempo de lazer ele costumava "ler e assistir filmes". Sobre seus hábitos de leitura, afirmou que, apesar de não ter um tempo específico para a leitura, gostava "muito de ler os clássicos e poesia durante a noite ou durante a tarde nos fins de semana", calculando gastar com a atividade algo em torno de dez horas semanais. Entre os livros que o marcaram, estão alguns clássicos adaptados (*D. Quixote, Cândido, Otelo, O retrato de Dorian Gray*) e *Werther,* de Goethe. Sua última leitura havia sido *Evocações,* de Cruz e Souza. Gostaria de ler *A montanha mágica,* de Thomas Mann. Ainda que a leitura legitimada dos "clássicos", citada por Cristiano como parte de sua formação, pudesse ser interpretada como uma resposta "correta" e "esperada" a uma pesquisa sobre o ensino de literatura, a leitura de poesia – e de Cruz e Souza, mais especificamente – já poderia apontar para uma singularidade em seu perfil. Nós, no entanto, não prestamos atenção a esse indício ao propor a entrevista, talvez em função de suas respostas sucintas, que nos levaram a encaixá-lo no perfil médio citado. Por essa razão, nos surpreendemos com o nível de apropriação de leitura literária que Cristiano conquistou ao longo de sua vida, apesar das condições materiais de existência a que esteve submetido. Como se formou esse leitor crítico, singular, que tem com a literatura uma relação de intimidade, formado por uma escola básica pública e o primeiro de sua família de origem a cursar o ensino médio e o superior?

Na entrevista, Cristiano logo apropriou-se da noção de "história de leitura", que usamos na introdução preliminar à nossa conversa, para narrar como ele havia aprendido a ler, destacando o papel de sua mãe em sua formação como leitor. O estímulo dela, segundo ele, foi dado de forma "lúdica", com a compra de jogos educativos de letras, quadrinhos (*Turma da Mônica, Disney*) e revistas *Pais e filhos.* Dos passeios com a mãe, ele se lembra das placas das lojas ("Mappin é uma coisa que não sai da minha cabeça"). Na escola, até o 7º ano do ensino fundamental II, Cristiano só se lembra da leitura da cartilha *Caminho suave*. Mas a partir do 8º ano, quando mudou de escola e de professora, passou a ler clássicos adaptados, da série Reencontros, da editora Scipione ("Somente quando eu cheguei no 8º ano, que eu mudei de escola e tudo o mais, que eu comecei a ter um trabalho mais... que eu descobri realmente a literatura, né?"). Por intermédio de *O retrato de Dorian Gray, Otelo, O médico e o monstro* e *Cândido,* lidos a princípio sob o peso da obrigação escolar e familiar ("Minha mãe ficava: 'Oh, tem que ler! Tem que ler! Vai ter prova, eu comprei o livro e você vai ter que ler'"), se deu o que ele chama de sua "entrada na literatura". Mais tarde, já no 1º ano do ensino médio, por meio da mesma professora que teve no 8º ano, teve o que chama de seu "encontro com a poesia", quando começou a ler Fernando Pessoa, Manuel Bandeira e Carlos Drummond de Andrade e aprendeu a valorizar esse gênero literário ("Aí que eu fui descobrir realmente o que era poesia, que poesia não era *coisa de mulherzinha,* né? [risos]" – grifos nossos). A descoberta de que a poesia não é algo exclusivamente dirigido ao público feminino, algo "romântico", na acepção pejorativa do termo, mas que pode tocar em aspectos cruciais da vida humana, foi determinante nas escolhas de Cristiano, tanto na opção pelo curso de Letras, como na decisão de fazer um curso de pós-graduação em Literatura, sobre poesia.

Ao final do 1º ano do ensino médio, Cristiano começou a trabalhar como *office-boy* e mudou para o período noturno. Percebeu então que o nível do ensino cai à noite e, para fugir à "tentação" de cabular as aulas das sextas-feiras – hábito dos colegas –, transferiu-se para outra escola ("Droga por droga, vou para uma droga perto de casa"). Sem que a opção pelo curso superior ou mesmo pela carreira de professor estivesse pautada, Cristiano demonstra nessa atitude capacidade de organizar seu futuro escolar e de investir nele, mobilizando autoconsciência e autodisciplina, mesmo ciente da má qualidade da escola que iria frequentar. Pelo percurso narrado, observa-se que tal estratégia para continuar estudando já pode ser considerada um resultado da própria experiência escolar vivida até então.[41]

Ao mudar de escola para continuar estudando, Cristiano não escapa à queda do nível de ensino do curso noturno ("por causa dos alunos, que não queriam saber de nada") e ainda lamenta a orientação pedagógica da nova professora de português, cujos textos usados em sala de aula eram retirados de livros didáticos ("ela se preocupava muito mais com gramática do que com literatura e tudo o mais"). Ainda assim, resolveu prestar vestibular para o curso de Letras ("eu vou fazer Letras por causa de literatura"). Para se preparar para o exame, leu as dez obras selecionadas pela Fuvest-SP,[42] em exemplares "novos", de "boa qualidade", comprados pelo pai – investimento paterno ao qual Cristiano precisou corresponder ("embora eu trabalhasse, meu pai comprou os dez livros para mim. Ele foi lá e comprou. Falou assim: 'Olha, estuda aí, você quer, você precisa ler, você quer ler, então eu vou comprar. Agora, ai de você se você não ler!' [risos] [...] Bom, aquilo foi para mim definitivo para ir para o curso de Letras, né?"), como já havia correspondido ao investimento materno quando cursava o ensino fundamental. Na lista de espera do vestibular do curso de Artes

---

41 Lahire (2004, p. 22-23), analisando o sucesso escolar de crianças das classes populares, afirma que "[...] uma grande parte das práticas de escrita pode contribuir para a constituição de uma relação específica com o tempo na aprendizagem da capacidade de prorrogar (seus desejos, seus impulsos) e de planejar. [...] As práticas de escrita e gráficas introduzem uma distância entre o sujeito falante e sua linguagem e lhe dão os meios de dominar simbolicamente o que até então dominava de forma prática: a linguagem, o espaço e o tempo".

42 Dentre elas, Cristiano se lembra de sete: *O auto da barca do inferno; Dom Casmurro; O primo Basílio; São Bernardo; Morte e vida severina; O cortiço*; e *Os Lusíadas* (episódios de Inês de Castro e O velho do resteiro). Segundo ele, a leitura lhe serviu como formação, já que no exame que prestou para a faculdade de Guarulhos não houve questões sobre essas obras.

da Unesp, sem sequer ter prestado Fuvest por ter julgado seu capital cultural abaixo do requerido ("Fiquei com medo de não passar. Eu falei assim: 'Não, eu não vou conseguir fazer uma prova daquele peso, vai ser uma coisa absurda'") – o que hoje ele chega a lamentar, sem se queixar –, Cristiano escolheu conscientemente o curso de Letras, entrou na faculdade de Guarulhos e lá começou uma outra etapa de sua história de leitura.

Comentando seus hábitos de leitura antes de entrar na faculdade e durante o 1º ano do curso, Cristiano explica que, quando trabalhava como *office-boy* em uma ótica na Lapa, pegava uma linha de ônibus que passava pela Vila Madalena e levava quase uma hora e meia para chegar ao Centro ("Eu ia lendo, dormindo, acordava, lia mais um pouco, dormia de novo e aí, foi assim... [...] *Eu tinha que ler, tinha que arrumar algum tempo para ler*"[43] – grifos nossos). Lembrando-se da cobrança dos pais em relação à leitura, Cristiano se recorda de uma entrevista de Marcelo Rubens Paiva,[44] na qual o escritor afirma ter sido obrigado a ler na escola os "grandes clássicos", com os quais não teria tido contato de outra maneira – o que ambos parecem considerar como uma atribuição válida da escola.

Nesse caso específico, parece possível afirmar que a relação afetiva dos pais com Cristiano se dá também por meio do investimento em livros destinados a ele, do incentivo à leitura, da cobrança do cumprimento das obrigações escolares e, inclusive, por meio da pressão para que ele fizesse o exame vestibular e cursasse uma faculdade. É explícito o investimento dos pais em capital cultural objetivado, para que ele

43 Em pesquisa sobre leituras literárias realizada com alunos de licenciatura em Letras da FEUSP em 2006, Neide Luzia de Rezende constatou que a maioria deles afirmava ter pouco tempo disponível para a leitura e que, em função disso, desenvolviam o hábito de ler no ônibus ou outro tipo de transporte público.

44 O depoimento de Paiva se encontra no vídeo *Palavra de leitor*, dirigido por Jorge Miguel Marinho.

pudesse realizar seu desejo de estudar – misto de herança e imposição a que Cristiano se sente obrigado a corresponder. A cobrança simbólica em relação à leitura, reiterada pela avaliação da instituição escolar e pelo exame vestibular, constitui-se numa "obrigação" considerada por Cristiano como formadora, *a posteriori*. Essa relação parental específica possibilita a aquisição de um *habitus*[45] distinto, que leva ao investimento em um capital cultural incorporado à custa daquilo que o sujeito tem de mais pessoal: seu tempo. É esse tempo necessário ao investimento na leitura que Cristiano "rouba" a seu trabalho de *office-boy*, quando pega um ônibus que faz o trajeto mais longo para chegar da Lapa ao Centro.

Também importante na construção da história de leitura de Cristiano é a identificação com sua professora de português. A leitura de uma seleção invulgar de "clássicos" da literatura universal adaptados, que ele passou a fazer a partir do 8ª ano, tem também a princípio o peso da obrigação escolar, percebido principalmente nas avaliações escolares. Mas, ao mesmo tempo, Cristiano se orgulha de ter lido *Cândido* nessa fase de sua vida, ressaltando a singularidade desse acontecimento, e destaca a necessidade do "convencimento" que deve ser trabalhado com o aluno, dando a entender que sua professora alcançava seus objetivos com a turma ou, pelo menos, com ele. Diferente do que aconteceu com Sílvia, Cristiano parece não ter encarado a leitura somente como uma obrigação escolar, embora o caráter de leitura forçada tenha estado presente ao longo de sua formação. Para isso, parece ter contribuído o trabalho de sua professora do ensino fundamental II, desenvolvido no sentido de conduzir os alunos a ler, de persuadi-los, de convencê-los da importância da leitura. É com essa mesma professora que Cristiano descobriu a força que a poesia

45 No sentido a que lhe atribui Bourdieu, cf. nota 18, p. 76.

brasileira modernista pode ter e parece possível afirmar que ela foi uma das responsáveis por sua escolha pelo curso de Letras.

Na faculdade, o contato com a teoria da literatura e com a literatura clássica (Sófocles, literaturas grega e latina), mediadas por uma outra professora "fantástica" e trabalhadas por um grupo de quatro ou cinco alunos – que se destacou do resto da turma, sentava com os professores, discutia a bibliografia e "fuçava" –, levou Cristiano a encarar a literatura como arte, "um fenômeno único", "indomável", "um animal violento". A identificação com outra professora do ensino superior o fez descobrir Cruz e Souza e Álvares de Azevedo, de onde surgiu a paixão pelo objeto de seu mestrado ("É por isso que eu estou aqui, fazendo mestrado em Literatura justamente por isso, né? Por causa dessa curiosidade. A gente se sentia muito provocado por isso, meu deus do céu! [...] conhecendo melhor o Cruz e Souza com ela [sua professora], meu deus, que cara fantástico! É um absurdo! Como um cara consegue escrever desse jeito? Que dor é essa? Que revolta é essa?"). Ainda que hoje Cristiano julgue sua graduação fraca e comente que precisou "ralar" para acompanhar as disciplinas de pós-graduação da PUC-SP, foi na faculdade que a literatura passou a ser pensada como provocação à vida, como convite à reflexão, ideias presentes no trabalho que ele desenvolve em sala de aula com seus alunos do ensino médio e fundamental. Nessa fase de sua formação, Cristiano encontrou espaço para discutir com as professoras questões formais dos textos literários.

A essa altura, a apropriação das disposições estéticas que permitem a passagem de uma leitura comum e forçada a uma leitura literária já havia acontecido e é evidente que Cristiano realiza uma leitura prazerosa, apaixonada e crítica. Nesse percurso, ele define o que lhe interessa na literatura: o que o atrai é aquilo que o provoca, o que o cativa é aquilo que é vivo, tem força, violência, revolta e dor, aquilo que o leva a pensar sobre a vida.[46]

PRÁTICA DE ENSINO: "ELES ESTÃO APRENDENDO QUE A LITERATURA PODE INFLUENCIAR A VIDA DELES"

Cristiano começou sua carreira de professor dando aulas na escola de ensino médio onde havia estudado, convidado por uma antiga professora de filosofia e psicologia, quando estava no 1º ano de seu curso de graduação. Nesse Centro Específico de Formação e Aperfeiçoamento do Magistério (Cefam)[47] ("Era uma Pasárgada aquilo, né?"), teve contato com colegas que já faziam pós-graduação e com um diretor, na época doutorando pela PUC-SP, para quem o ensino médio era o lugar do ensino de literatura ("ele questionava: 'Para que a gente vai estudar tanto gramática, sem contextualizá-la, sem refletir sobre o uso dessa própria gramática? E não existe lugar melhor para refletir do que na própria literatura'"). A convivência com os colegas no Cefam, ambiente no qual "o cuidado com o trabalho pedagógico era incrível", favoreceu sua formação docente e se tornou uma referência para a continuação dos estudos. Foi essa experiência prática

46 Essa noção de literatura remete à concepção de Antonio Candido – ainda que o teórico não tenha sido citado por Cristiano durante a entrevista –, quando o crítico afirma que a literatura fala de tudo, constrói e destrói, nos ensina a viver dialeticamente, traz em si uma força indiscriminada que provém da própria vida, "não corrompe nem edifica, portanto; mas trazendo livremente em si o que chamamos o bem e o que chamamos o mal, humaniza em sentido profundo, porque faz viver" (Candido, 1995, p. 176).

47 Os Cefam foram criados por decreto governamental em janeiro de 1988, no âmbito da Rede Estadual de Ensino do Estado de São Paulo. Tinham como objetivo oferecer um curso de formação de professores em nível médio e período integral com habilitação específica para o exercício do magistério na educação infantil e nas quatro séries iniciais do ensino fundamental e eram previstas concessões de bolsas de estudo. A última turma foi formada no Estado de São Paulo, em 2005.

formadora aliada ao estudo da própria literatura que permitiram a Cristiano questionar os conteúdos pedagógicos que recebeu em sua graduação e o levaram a adotar uma postura crítica em relação ao próprio sistema educacional, no qual ele se insere ("eu tive uma disciplina de prática de ensino. [...] Vamos falar sobre Perrenoud? E? [...] Põe uns *slides* lá, põe uma transparência lá, vamos ver como pensam, as habilidades, as competências... E aí? Aquilo lá me ajudou muito para passar no concurso, sem dúvida. Só. Só. Só").

Ao escolher os textos que trabalha com os alunos, Cristiano tem consciência de que usa em sua prática de ensino as obras que despertaram nele próprio o gosto pela leitura literária quando era aluno na escola básica ("eu uso isso [*O retrato de Dorian Gray*] porque eu me apaixonei por isso lá atrás, né? [risos] [...] é a minha história repetindo"), mas não trabalha com adaptações ("porque eles não são crianças") e não aplica provas sobre livros que considera "mais pesados", reservados para o trabalho em sala de aula. Seleciona assim o que julga ter sido eficaz em sua formação e descarta o que acredita não ter sido adequado. Como metodologia, Cristiano "até" usa história da literatura ("para ter uma espinha dorsal"), mas o cerne de seu trabalho se concentra na leitura literária aprofundada. Aos alunos de seu 2º ano do ensino médio, por exemplo, propôs a leitura dos autores estrangeiros do século XIX, pelos quais é apaixonado (Oscar Wilde, Goethe, Baudelaire, Mallarmé), buscando um diálogo constante com os autores brasileiros da época, no que poderia ser chamado de um estudo comparativo. Dessa perspectiva, a literatura é tratada acima de tudo como um fenômeno artístico, uma experiência estética a partir da qual é possível pensar a cultura e tecer associações ("eles estão aprendendo que a literatura pode influenciar a vida deles e muito [...], que a literatura pode dar novas perspectivas para eles, pode ajudá-los a pensar"). Demonstrando que certos autores tinham projetos artísticos, espera contribuir para que os alunos tracem objetivos para suas próprias vidas. Provocando reflexões "meio absurdas" sobre o senso comum, como, por exemplo, sobre a propagada felicidade do brasileiro que aparece em pesquisas divulgadas pela televisão,[48] e em seguida discutindo textos "decadentistas" do simbolismo brasileiro, procura fazer com que os alunos entendam o diálogo entre a literatura e a vida comum, que ele busca construir. Traçando correlações entre os super-heróis da cultura de massas e as mentalidades e ideais de determinadas épocas e correntes artísticas – como o trabalho que observamos em uma aula sua, na qual conduziu os alunos a relacionarem o personagem do Super-homem aos heróis românticos, por exemplo –, procura despertar nos estudantes o interesse pela cultura letrada e dar a eles meios pelos quais possam dela se apropriar. Tanto a gramática é estudada por meio dos textos literários ("Eu busco fazer o quê? Trazer essa ideia de subordinação, por exemplo, subordinação e coordenação, fazer com que elas venham para a superfície do texto, para o contexto macro"), como a produção de textos, trabalhada por meio da seleção de trechos de uma obra, a proposta de uma reflexão e o pedido para que os alunos escrevam a respeito.

Em função dessa metodologia ("Lógico que é um trabalho, é cansativo, quer dizer, é cansativo para mim, que tenho que ficar lendo e preparando e tudo o mais"), Cristiano recebe cobranças dos pais, que acham que ele não está ensinando gramática, críticas dos colegas professores e, por vezes, provoca reações violentas nos alunos. Cerca de um mês antes da entrevista, ele vivenciou uma situação de embate com um estudante que lhe disse: "Eu odeio você, eu odeio a sua aula, eu odeio tudo isso que você fala. Isso aqui é idiota, não tem sentido, é uma grande besteira. Você vem aqui, passa esse texto, manda

---

48 Cristiano se refere especificamente a uma pesquisa divulgada em 2007 pelo programa *Fantástico*, da TV Globo.

a gente ler ou coloca um poema besta na lousa para a gente ler e isso não tem sentido. Nem dar aula você sabe". A experiência fez com que Cristiano adoecesse, levou-o a pedir licença e a cogitar uma terapia. A partir desse episódio, ele repensa sua prática de ensino ("Se eu fosse mesmo para a lousa: 'Vamos passar a lição na lousa e vou olhar os cadernos depois', tem mais adesão. É incrível isso"). Mas, refletindo sobre o acontecimento durante a própria entrevista, ele conclui que o incômodo causado intencionalmente nos alunos às vezes volta como adesão, às vezes como reação violentamente contrária. Entre desenvolver um trabalho "tradicional" com a literatura numa aula burocrática que se estruture a partir da cópia como instrumento de avaliação dos alunos ou desenvolver um trabalho crítico, baseado na leitura de textos literários que provoquem reflexões sobre a cultura e a vida, ele fica com a segunda opção e paga o preço desta escolha, traduzido em críticas, cobranças, embates, angústias, crises e somatizações.[49]

Mas Cristiano contabiliza também elogios e histórias de sucesso como professor. Costuma desenvolver uma boa relação com os alunos (no dia em que fomos observar sua prática, dois estudantes de outra série que estavam sem aula pediram para assistir à dele), apesar

49 Discorrendo sobre as relações entre o exercício da narrativa autobiográfica e a interpretação da própria vida, Bruner e Weisser (1995, p. 149) observam que "qualquer interpretação envolve um mergulho reflexivo em nossos próprios pensamentos, essa reflexão acarreta necessariamente um elemento de autoconsciência". É o que parece acontecer com Cristiano: ao discorrer e refletir sobre seus problemas durante a própria entrevista, parece ter alcançado um distanciamento que lhe permitiu tomar uma posição perante o embate vivenciado. O professor mostrou-se, inclusive, consciente o tempo todo do jogo proposto pela situação da entrevista. Prova disso é que, ao longo da conversa, perguntou-nos algumas vezes se estava tocando nas questões que queríamos discutir. Ao final de nosso encontro, quando agradecemos sua participação, Cristiano nos respondeu que ele mesmo havia se beneficiado com a conversa, pois encarou a entrevista como um espaço de interlocução para as questões discutidas.

de o considerarem rigoroso demais. Se, a princípio, os estudantes estranham sua maneira de trabalhar, geralmente se encantam com os comentários e histórias de sua pesquisa e o consideram "bom demais" para estar na escola pública, chegando a perguntar: "O que é que você está fazendo na nossa escola? Vai embora!" Tal atitude é recebida com ambiguidade pelo professor: ao mesmo tempo que se sente lisonjeado, assusta-se com a baixa autoestima dos alunos. Considerando-se um "referencial bom" para os estudantes, cumprindo de alguma maneira o papel que seus bons professores tiveram para ele, procura servir de modelo de intelectual ("Eles percebem que não é tanta loucura querer estudar, né? Não é tanta loucura querer ser intelectual neste país... [risos] É possível e tem alguma serventia, né?"). Uma das histórias de sucesso que conta é a respeito de um aluno com sérios problemas de indisciplina (havia colocado fogo no cabelo de uma colega), que ele resolveu "adotar", pois percebeu que o rapaz tinha uma "mente aberta" e um "jogo de cintura diante da cultura". Segundo seu depoimento, o garoto conseguiu, por meio da leitura e do trabalho em sala de aula, "despertar" para as coisas da cultura e "se salvar". Atualmente, o jovem faz um curso de roteirista no Centro Cultural São Paulo, vaga que conquistou depois de ter participado de um projeto de cinema com alunos da periferia do Centro Pastoral Santa Fé, e articula os poemas e discussões da sala de aula com novas leituras que faz espontaneamente e com o trabalho criativo da escrita de roteiros.

Apesar dos casos de alunos com os quais Cristiano consegue construir conjuntamente uma *história* de leitura, o professor lamenta a dificuldade de fazer isso com a grande maioria ("Muitos não leram nada, né? Muitos se recusam a ler"). Ao mesmo tempo, descarta uma ideia naturalizada da leitura e da apropriação da cultura letrada[50] ao

50 François Bresson, em seu artigo "A leitura e suas dificuldades" (2001), chama a atenção para o fato de que, ao contrário da linguagem oral – única forma da

empregar justamente o verbo "construir" para se referir a esse trabalho conjunto de professor e alunos, revelando consciência do esforço empregado na aquisição e no desenvolvimento desse hábito. Cristiano constata também que as novas gerações, para as quais ele dá aulas, vão desembocar nos cursos de licenciatura de faculdades particulares, como a que ele mesmo cursou, carregando consigo uma péssima formação ("Eu lembro que, quando eu estava na faculdade, os professores falavam assim: 'Olha, a gente não vai poder ir além, porque a sala não vai aguentar...' [...] E é de onde sai a maioria dos professores: das faculdades particulares menores. A maioria esmagadora!"). E é com colegas formados nesses institutos que ele trabalha, colegas que ensinam a partir do que Cristiano chama de pensamento "linear", utilizando como metodologia didática a cópia da lousa[51] – cujas turmas, segundo ele, podem até obter melhores resultados em exames do tipo do Saresp (Sistema de Avaliação de Rendimento do Estado de São Paulo) ou mesmo em vestibulares de faculdades particulares. É com eles que tenta discutir quais seriam os objetivos do ensino médio público, sem que, contudo, a interlocução se realize ("No início do ano eu propus: 'Gente', na reunião de planejamento, 'aonde a gente quer chegar com esses alunos? A gente vai formá-los para quê? A gente vai formá-los para o vestibular? A gente vai ensinar, preparar esses meninos para a vida? [...] Vamos, sei lá, trabalhar a forma de pensar desses meninos? Aonde a gente quer chegar?' Nada...").

---

língua que poderia ser considerada "natural", já que pode ser adquirida no contato com a palavra do outro, sem ser explicitamente organizada e socialmente dirigida –, a escrita e a leitura não podem ser objetos de um procedimento espontâneo de aquisição. Trata-se de práticas sociais instituídas, que não são transmitidas pelo simples contato com a escrita ou a partir da observação de alguém lendo.

51 Na observação de aula da professora M.E. essa foi a metodologia empregada e pareceu ser recorrente.

Ciente da existência de uma hierarquia das disciplinas dentro da escola, reprodutora da mesma noção de hierarquia estruturante do campo acadêmico,[52] Cristiano encontra dificuldades para defender o ensino do conteúdo de sua disciplina e acusa os colegas professores de português de não conseguirem manejar bem a literatura ("Não têm o cuidado no manejo desse objeto que é a literatura, sabe? Não têm essa preocupação... É vivo aquilo! Meu deus, é pensamento vivo! Então tem que ter cuidado, tem que ter todo um respeito, tem que ter cuidado com aquilo, né? O que se tem, por exemplo, pela matemática! A matemática, meu deus! Báscara... Bendito seja Báscara, que nos iluminou a equação, né? E aí? E o coitado do Machado?"). Discutindo a questão em seu curso de pós-graduação ("A gente até questiona [na PUC]: será que existe ensino de literatura? Ou, será que literatura se ensina?"), vê a literatura como um espaço de reflexão do papel da cultura e da própria função da língua, o que pode desencadear mudanças na vida dos que leem ("Pô, esse negócio muda a sua vida! A gente está lidando com um objeto que passa pela sociologia, caminha pela antropologia, pela psicanálise e é muito sério isso, é muito sério! Isso mexe com a cabeça de qualquer um, né? Para o bem ou para o mal").

---

52 Para Bourdieu (1990 e 2003b), a questão da hierarquia dos campos tem relação direta com o grau de autonomia deles, variando de acordo com a época e com a sociedade. Os campos da Filosofia ou da Matemática, por exemplo, são muito autônomos, pois para se falar alguma coisa sobre eles deve-se ter um conhecimento específico que, geralmente, só quem está dentro do próprio campo detém. Quanto mais autônomo o campo, mais fechado ele é, maior a taxa de entrada que os novatos devem pagar, menos importância o capital de outros campos têm, mais difícil a revolução das categorias vir de fora. Se fizermos uma analogia da hierarquia existente dentro do campo acadêmico com a que existe dentro da escola, é possível afirmar que a disciplina de português é desvalorizada em relação às outras, assim como a Faculdade de Letras, e em especial a que é voltada especificamente para a Licenciatura, o é em relação aos outros cursos da área de Humanas.

Mas quando interpelado se o ensino de literatura não seria exatamente ensinar uma maneira de pensar, uma possibilidade de ver as coisas de uma outra forma, revela sua solidão e a dificuldade de sustentar tal posição ao responder: "Para mim é... Mas eu precisava de um documento que falasse alguma coisa para a DE..."

Ao longo de seu depoimento, Cristiano identifica dois modos diferentes de lidar com o conhecimento na escola pública: um modo pragmático, com o foco nas finalidades e funcionalidades da educação, e um modo que entende que o acesso ao conhecimento se dá por meio da reflexão sobre o próprio conhecimento. Daquele lado, estão as instâncias governamentais que cobram o desenvolvimento de competências e habilidades, estão professores malformados movidos por um pensamento "linear" ("aquela coisa de causa e efeito"), ocupados com as funções práticas e técnicas da escola e que, junto com pais e alunos, operam disposições éticas e exigem antes o reconhecimento do que o conhecimento efetivo da cultura legítima (quando cobram, por exemplo, o ensino tradicional de gramática em vez de seu estudo por meio de textos literários). Ou seja, todos aqueles que estão preocupados com as questões pragmáticas relativas ao processo de escolarização, com o "para que serve" a escola na vida cotidiana. Deste lado, estão os professores preocupados em prover o acesso ao conhecimento, por intermédio de chaves de interpretação da construção desse próprio conhecimento, levando os alunos a desenvolverem disposições estéticas – distanciadas das pressões materiais e das urgências temporais –, mediante as quais seria possível contestar o que é socialmente estabelecido.

Quando Cristiano expõe suas dúvidas em relação à função do intelectual ("Eu estava conversando com um amigo meu, que terminou o doutorado aqui, ele estava conversando essa coisa da crise, essa crise da intelectualidade hoje no Brasil e no mundo, né? A gente não serve para nada, essa é a grande verdade... Num mercado onde a tecnologia é o mais importante, para que é que se precisa de pessoas que pensem no fenômeno da literatura ou pensem em quem está ensinando literatura, sendo que, na outra ponta, você tem ensinadores de literatura que não sabem literatura, nem sabem o que é que é isso ainda?"), é à percepção da desvalorização do papel desse intelectual de lidar com o conhecimento que ele se refere, o que lhe causa a insegurança de não ter uma função ("já que estamos num mundo pragmático, não é?").[53]

UM DISCURSO HABITADO PELA LITERATURA

A imersão na cultura letrada – a partir da prática da leitura e da escrita – é perceptível no discurso de Cristiano. Tanto durante a entrevista, como na regência de sua aula, foi constante o uso de referências literárias. Com os alunos, cita Jung e o conceito de inconsciente coletivo, Harold Bloom e Shakespeare, cita trabalhos de professoras suas da pós-graduação, associa Super-homem ao romantismo, Batman ao simbolismo, usa noções como "artificialidade" para definir uma corrente literária e afirma que, apesar de cristalizadas, certas ideias podem

53 Esse mal-estar de Cristiano com relação à desvalorização de seu papel como intelectual já era acusado por Leyla Perrone-Moisés, quando, em 2000, ela explicava que, numa "sociedade dominada pela tecnologia e pela economia de mercado, a instituição literária sofreu um rebaixamento. Os economistas passaram a vê-la como um supérfluo com pouco (embora não desprezível) valor mercadológico; os gerenciadores do ensino, como perfumaria sem utilidade na vida profissional futura dos ensinados. Tendo sido identificadas, abusivamente, as 'demandas sociais' com as 'demandas de mercado', as profissões de professor de literatura e de crítico literário são, hoje, pouco atraentes. Um especialista de literatura não pode receber a ambicionada qualificação de 'profissional do futuro'; pelo contrário, ele corre o risco de ser um profissional sem futuro. Uma universidade interessada apenas em ciência e tecnologia, voltada para o mercado e aspirando a parcerias com empresas tenderá naturalmente a ver com desinteresse esse tipo de curso e, a longo termo, a aboli-lo como 'improdutivo' ou não lucrativo".

não ser verdadeiras, como "poesia tem que rimar", "poesia tem que ser grande", "poesia tem que falar de amor". Além disso, propõe trabalhar com Cecília Meireles, Adélia Prado, Fernando Pessoa, revê esquemas dos romances de Eça de Queirós e compara-os aos esquemas de romances românticos e aos esquemas reproduzidos nos roteiros de novelas. Essa capacidade de se movimentar com desenvoltura e tranquilidade dentro do campo da cultura indica que Cristiano, assim como Sílvia, também faz parte de uma "comunidade textual" (Olson, 1997), cujos membros compartilham valores estéticos. Comentando certos aspectos de sua pesquisa de mestrado, ele conta com certo alívio que seus estudos estão reafirmando antigas hipóteses ("'Ufa, pelo menos eu estou no caminho certo.' Agora só vai dos alunos me mostrarem se eu estou mesmo, né?"), demonstrando que as dúvidas com relação a suas ideias sobre o ensino de literatura encontraram na pós-graduação o suporte que não tiveram em outras instâncias, como a própria escola ou a esfera governamental.

Ao longo do depoimento, é possível notar também o uso de recursos poéticos na construção da fala de Cristiano. Trechos como "Essa felicidade eterna dos brasileiros e o povo passando fome. Essa felicidade eterna dos brasileiros e todo mundo morrendo. Essa felicidade eterna dos brasileiros e professor apanhando de aluno na escola. E aí? E vocês? E a vida de vocês? Vocês já pensaram nisso?" apresentam um ritmo marcado, repetições enfáticas e poderiam até ser estruturados em versos,[54] o que parece revelar as influências da leitura poética na

54 Só a título de visualização do que seria a fala de Cristiano organizada como um poema, teríamos:

Essa felicidade eterna dos brasileiros
e o povo passando fome.
Essa felicidade eterna dos brasileiros
e todo mundo morrendo.
Essa felicidade eterna dos brasileiros

maneira da organização do discurso e, portanto, do próprio pensamento. Além disso, um outro movimento presente no discurso que Cristiano estruturou ao longo da entrevista, em parte em função dos temas que orientaram nossa conversa, foi o vaivém constante entre a sua história de formação como leitor e sua prática de ensino de literatura em sala de aula. A reflexão sobre suas memórias de leitura levou-o constantemente à reflexão sobre sua prática de ensino e vice-versa, ambas caminhando juntas, estando associadas o tempo todo.

---

e professor apanhando de aluno na escola.
E aí?
E vocês?
E a vida de vocês?
Vocês já pensaram nisso?

Para Walter Ong (1998, p. 93), "sem a escrita, a mente letrada não pensaria e não poderia pensar como pensa, não apenas quando se ocupa da escrita, mas normalmente, até mesmo quando está compondo seus pensamentos de forma oral". Tecendo reflexões acerca de como a escrita reestrutura a consciência humana, o autor explica que a "apresentação visual do material verbalizado no espaço possui sua própria economia, suas próprias leis de movimento e estrutura", ou seja, tudo na escrita "constitui um mundo de ordem, totalmente diferente de tudo o que existe na sensibilidade oral, que não tem como operar com 'cabeçalhos' ou com linearidade verbal" (1998, p. 116-117). Por essa razão, conforme Ong, a escrita possibilita ao sujeito lidar de maneira distanciada com um pensamento que está fora dele, objetivado em algo impresso. Tal exercício aumentaria a consciência, visto que, "para viver e compreender plenamente, necessitamos não apenas da proximidade, mas também da distância" (Ong, 1998, p. 98). No mesmo caminho, Olson (1997, p. 293), ao se questionar sobre a contribuição da escrita para o pensamento, afirma que ela "transforma os próprios pensamentos em objetos dignos de contemplação. [...] Ela transforma as ideias em hipóteses, inferências e pressupostos que podem então tornar-se conhecimento pela acumulação de evidências. [...] O pensamento que resulta do domínio da escrita tem como pressuposto a autoconsciência da linguagem". Nesse sentido, é possível relacionar o nível de leitura literária alcançado por Cristiano e a construção de seu discurso oral durante a entrevista e em suas aulas.

Se, como afirmam Bruner e Weisser (1995, p. 158), "a mente é formada, numa incrível proporção, pelo ato da invenção do ser, pois por meio dos prolongados e repetitivos atos da autoinvenção definimos o mundo, o alcance de nossa atuação nele e a natureza da epistemologia que governa o modo como o ser conhecerá o mundo e, na verdade, a si mesmo", a mente e o mundo de Cristiano são formados e habitados pela literatura. E no esforço de construção de um sentido para a vida e para sua atuação como professor, que pode ser percebido ao longo da entrevista, ao final ele conclui: "A grande coisa do Pessoa é de que a literatura fosse uma semente civilizatória... A resposta para mim está aí, está no Pessoa, né? A poesia deveria ser pelo menos uma semente de civilização".

Atualmente fazendo leituras relativas a seu objeto de estudo, que incluem, entre outras questões, o romantismo alemão, e "enlouquecendo" com a leitura da poesia de Fernando Pessoa – tema de uma das disciplinas que está cursando –, considera sua pesquisa uma espécie de oásis dos problemas que enfrenta na escola ("na hora em que eu sento e começo a escrever ou eu começo a ler, eu me transporto... Aí é... Tudo se resolve, o mundo volta a ser cor-de-rosa, eu volto a ser feliz"). Entre uma viagem a Santa Catarina para coleta de dados para sua pesquisa, onde foi recebido pelo escritor Salim Miguel, e os planos futuros difusos de ir ao Rio de Janeiro investigar o acervo sobre Cruz e Souza da Fundação Casa de Rui Barbosa, de fazer um doutorado sanduíche na França ou de prosseguir com os estudos na própria PUC-SP, Cristiano comenta, pela quarta vez, que pensa em parar de dar aulas no ensino médio da rede estadual, para logo em seguida afirmar: "Mas é o que eu gosto de trabalhar: a literatura".

ENSINANDO A LEITURA LITERÁRIA (ENTREVISTA COM ANTÔNIA)

Solteira, 44 anos, morando sozinha, Antônia dá aulas no ensino médio da rede estadual e no ensino fundamental (EJA) da rede municipal há cinco anos, no bairro de periferia do Perus, Zona Norte da capital paulista. Como já mencionamos, chegamos a ela por indicação da Prof.ª Drª Ivone Daré Rabello, que havia sido sua professora no curso de graduação da Faculdade de Filosofia, Letras e Ciências Humanas (FFLCH) da USP e sugeriu que nós a entrevistássemos por considerá-la uma professora "representativa".[55] Antônia, portanto, não participou da primeira fase da pesquisa, não respondeu ao questionário e a ocasião de sua entrevista foi nosso primeiro encontro. Como, a princípio, ela se mostrou bastante desconfiada, ficando claro que respondia a um pedido de sua antiga professora para que tomasse parte na pesquisa, iniciamos nossa conversa enfocando sua prática de ensino, na expectativa de que, ao longo da entrevista, pudéssemos tratar de questões mais pessoais. Mas, à medida que avançávamos e que propúnhamos questões relativas à sua própria formação, a resistência não cedia: as respostas eram sempre curtas e Antônia rapidamente retornava à questão da prática. Isso nos deixou sem dados importantes sobre sua história de vida, sobre sua família de origem e sobre sua formação escolar. Tal situação deveu-se também ao fato de Antônia ter sido a primeira professora a ser entrevistada. Nossa inexperiência somada à situação de imposição da entrevista fizeram com que não conseguíssemos conduzi-la ao relato de sua história de leitura satisfatoriamente.

Mais tarde, chegamos a contatá-la para que tivéssemos uma segunda conversa e para que pudéssemos planejar a observação de uma aula

---

55 O temo representativo aqui é usado no sentido interno à pesquisa, relativo a professores que se tornaram sujeitos leitores.

sua, com o que ela concordou. Quando voltamos a telefonar para marcar uma data para o encontro na escola, no entanto, não conseguimos nenhum retorno: seu celular não atendeu mais a partir de então e ela não respondeu aos e-mails que lhe enviamos. Ainda assim, decidimos manter seu depoimento no *corpus* da pesquisa, pois suas considerações a respeito da leitura literária e do ensino de literatura são valiosas. Tudo o que consta desta apresentação-análise foi coletado, portanto, nas entrelinhas de seu discurso sobre sua prática docente.

≈

Pelo celular, Antônia agendou nosso encontro para uma quinta-feira à tarde, no Conjunto Nacional, na avenida Paulista. De lá, decidimos nos sentar no café do então Espaço Unibanco de Cinema, na rua Augusta, para a conversa. Durante a caminhada, comentamos nossas impressões sobre o curso de licenciatura em português da Faculdade de Educação da USP, na qual nos licenciamos, falamos sobre os professores comuns, as dificuldades que encontramos, e ela comentou sobre como venceu o medo de dar aulas com o apoio de um antigo professor. Já no café, explicamos do que tratava nossa pesquisa, sua metodologia e suas fases, ligamos o gravador e começamos a conversar sobre o ensino de literatura.

Durante o depoimento, Antônia pouco falou sobre sua formação. Quando perguntamos se ela havia começado a ler por conta própria, respondeu que sempre gostou de ler ("que eu me lembre"), acrescentando que sua madrinha era professora e que ela teve acesso a livros quando criança. Sobre suas leituras de adolescente, comentou que lia José de Alencar – que "todo mundo" fala que é "chato" –, mesmo com dificuldades para entendê-lo, porque "gostava de ler". Disse ainda que primeiro aprendeu a gostar de ler, "sem saber do nome *literatura*". Antônia frequentou o ensino fundamental I e II em escola pública e, no ensino médio, decidiu fazer um curso técnico em contabilidade e processamento ("Eu gostava muito dessa área [...] de números"), o que lhe garantiu independência e liberdade para seguir para uma faculdade. Quando chegou ao curso de Letras da FFLCH na USP, o fez conscientemente, depois de adulta ("levei anos [...] O pobre hoje nesse mundo tem que trabalhar e chega mais tarde à faculdade") e movida pelo gosto da leitura ("quando eu fui prestar a faculdade, eu já sabia o que eu queria mesmo. Eu gostava mesmo"). Única professora entrevistada a ter cursado o ensino superior em uma universidade pública, Antônia não corresponde ao perfil médio dos professores que responderam ao questionário da primeira fase da pesquisa.[56] E, apesar da falta de dados a respeito da formação escolar de seus pais, o fato de sua madrinha ter sido professora também indica que Antônia provavelmente teve contato durante a infância com sujeitos cuja educação formal deve ter sido mais extensa do que a média dos professores pesquisados.

No momento da entrevista, a professora estava relendo *Cem anos de solidão*, de Gabriel García Márquez ("acho assim maravilhoso"), lendo *O livreiro de Cabul*, de Asne Seierstad, "voltava" constantemente a Caio Fernando Abreu – que parece ser seu autor favorito – e lia também alguma poesia ("sempre você deixa uns poemas ali"). Além dessas referências, Antônia afirma gostar muito de contos e destaca como seu livro preferido *Primeiras estórias*, de Guimarães Rosa, que ela lê "sempre". Entre outros autores citados no depoimento estão Clarice Lispector, Rubem Braga, Machado de Assis, Fernando Pessoa, Carlos Drummond de Andrade, Cruz e Souza, Ferréz, Alan da Rosa e os teóricos Walter Benjamin e Roberto Schwartz.

Ao longo dos anos, Antônia adquiriu um hábito que chama de "leitura paralela", que consiste em ler concomitantemente mais de um

56 Cerca de 90% dos professores que participaram da primeira fase da pesquisa cursaram o ensino superior em instituições particulares no período noturno.

livro ("Quando você gosta de ler, você lê vários livros, às vezes, ao mesmo tempo"). Além disso, parece ter desenvolvido também o hábito de reler muitas vezes o mesmo livro, o que faz também com seus filmes prediletos ("eu tenho essa mania: eu não vejo filme uma vez só e eu não leio livro uma vez só"). Afirmando que a leitura é diversa a cada vez ("você vê uma coisa diferente"), se diz "viciada" em cinema ("Eu sou cinéfila, né?") e relata que já viu "várias vezes" *Cenas de um casamento*, de Ingmar Bergman – filme que "chega a durar quase cinco horas" e que ela costuma convidar os amigos para ver em sua casa. Tais hábitos indicam que Antônia tem com a literatura e com o cinema uma efetiva relação de intimidade, que parece ter sido consolidada durante seu curso de graduação (ela cita algumas vezes as indicações de leitura e de filmes presentes nas aulas da professora Ivone, com a qual se identifica e a quem parece ter como modelo), apesar de tal relação de intimidade aparecer também associada à figura de sua madrinha e de ela afirmar que na adolescência já havia adquirido o gosto pela leitura. A maneira como ela cita os teóricos da literatura e da filosofia, que de alguma forma estão presentes em sua prática docente, reforça a ideia de que, a partir de sua formação, Antônia se tornou uma leitora crítica, capaz de mobilizar as disposições estéticas necessárias ao distanciamento das pressões materiais e urgências temporais e, consequentemente, à fruição da arte. São esses hábitos e disposições que ela procura transmitir a seus alunos em suas salas de aula.

PRÁTICA DE ENSINO: "DIZER QUE O ALUNO NÃO GOSTA DE LER É FÁCIL! MAS VOCÊ DEU AS FERRAMENTAS PARA ELE?"

Ao longo de seu depoimento, Antônia demonstra ter nítida consciência de que lida com sujeitos que não tiveram acesso a livros ou à leitura em suas casas e famílias de origem ("eu trabalho na periferia e a maioria, o grande problema é: os pais. Os pais não tiveram acesso...

[...] Não têm livros em casa para os filhos lerem, então, eles não tiveram acesso. Como é que eles vão gostar de ler?"). Partindo da constatação da falta deste capital cultural objetivado, ela trabalha sabendo que cabe a si, como professora, transmitir e ensinar o hábito da leitura, dando aos alunos os instrumentos e as ferramentas necessárias para que essa prática possa ser incorporada.

A partir de experiências suas que não deram certo ("eu já fiz: 'Leia!' Mandar ler. [...] Eles chegam para você e dizem assim: 'Não entendi nada'"), Antônia parece ter aprendido na prática que o simples comando não leva os alunos a lerem textos "clássicos" – considerados por ela importantes, mas de difícil leitura ("é claro, ele tem que ler Machado de Assis, mas como é que ele vai ler Machado de Assis?"). Lutando contra as reclamações dos alunos com relação à leitura literária ("Ai, eu não gosto de literatura, literatura é uma coisa chata, um monte de nome") e afirmando que aprender literatura "de verdade" é "você pegar o livro, é você partir da leitura em si", descarta, a princípio, qualquer trabalho com a história da literatura, as datas, a biografia dos autores e a nomenclatura teórica e declara que o foco deve estar em fomentar o gosto pela leitura ("Eu insisto nisso: gostar de literatura é gostar de ler primeiro"). Por isso, Antônia começa suas aulas sempre com uma leitura em voz alta, que ela mesma faz, de um poema, uma crônica, um conto curto ou um trecho de romance para que os alunos tomem contato com a entonação e o ritmo e se acostumem com a proposta, aproveitando para trabalhar, a princípio, com uma seleção de textos com a qual eles possam se identificar ("eles adoram crônicas, porque são curtas e têm a ver muito com o nosso cotidiano"). É nesse sentido que propõe, por exemplo, a leitura de um trecho de *Brás Cubas*, que, segundo ela, pode despertar a curiosidade e levar os alunos a prosseguir com a leitura para saber o que acontece depois na trama. A partir daí, aos poucos a professora abre a possibilidade de os próprios alunos escolherem pequenos textos (contos, poesia e até artigos de jornal) para lerem eles mesmos em sala. Dessa maneira, segundo ela, consegue adesão e desperta o interesse deles pela leitura.

O próximo passo é um trabalho de contextualização da obra, que então pode fazer sentido. Antônia cita, por exemplo, toda uma discussão acerca da posição que a mulher ocupa na sociedade hoje e que ocupava na sociedade brasileira no final do século XIX, proposta durante a leitura do romance *Senhora*, de José de Alencar. Levantando questões como: Quem é Aurélia? Qual é o contexto dela? Ela é aquela mulher que vivia naquela sociedade ou ela está um pouco avante do seu tempo? Como é que era a mulher naquela sociedade e como é que é a mulher hoje? A Aurélia está mais próxima daquela mulher ou desta?, a professora procura discutir os valores da época em que José de Alencar escreveu e compará-los aos valores atuais, fazendo uma "ponte do ontem e do hoje" e aproximando o texto da realidade de seus alunos. Nessa situação, o trabalho de levá-los a se apropriarem do texto por meio da leitura pode ser complementado com o estudo do contexto de produção, a partir do qual Antônia passa a apontar os limites da interpretação: "porque é assim: primeiro, você põe para eles que a boa literatura, assim como o bom filme, ela é aberta, mas que tem o suporte também. Então, você tem que aprender que você não pode sair viajando por aí. [...] Tem um limite para viajar. E é aí que eu acho que entra essa questão da contextualização, da época, que o escritor é um representante de uma época".

Paralelamente ao desenvolvimento do hábito da leitura literária, a professora busca trabalhar questões como o olhar na literatura, as mentalidades de uma época e a voz autoral. Nessa direção, cita um projeto seu que combina uma exposição de fotografias do bairro com a coleta de depoimentos orais dos antigos moradores de Perus, ou seja, "contar a história do bairro através de fotografia e da narrativa oral".

Seu objetivo é levar os alunos a pensarem sobre como o escritor registra e faz a crítica de seu tempo, a partir de quais narrativas ele constrói a sua própria narrativa, a partir de que ângulos ele enxerga a realidade em que vive. Para colocar o projeto em prática, a professora precisa primeiro vencer as resistências iniciais dos alunos e sua baixa autoestima ("eles disseram: 'Ah, mas não tem nada para contar, professora, isso aqui é uma porcaria... O que é que nós vamos mostrar? Mostrar sujeira?'"), mas os resultados obtidos são surpreendentes: há a produção de um DVD com as histórias de uma senhora de 82 anos e sua visão do bairro – que passa pela memória de seu casamento e a narrativa de como o bairro foi se construindo, o surgimento de fábricas etc. – e uma exposição de fotos, à qual os alunos dão o título de *Perus também tem história*. Desse modo, Antônia parece levar os alunos não só a descobrir que seu bairro tem uma história, como parece levá-los a se apropriar dessa história, fazendo com que desenvolvam uma consciência sobre seu próprio olhar, o que depois, de acordo com a professora, poderá ser relacionado ao olhar dos autores de literatura ("depois eu faço a ponte com a literatura, também, que eu acho muito interessante").[57]

57 A consciência da própria subjetividade, que perpassa a construção desse "olhar" dos alunos em relação ao lugar em que vivem, pode depois ser ampliada para a consciência do olhar do outro, presente na literatura. O escritor israelense Amos Oz (2007, p. 46), em entrevista à revista *National Geographic*, ressalta que o que o salvou do fanatismo religioso foi a capacidade de imaginar o outro, "não necessariamente a fim de concordar ou de ter empatia com ele", mas de poder simplesmente se colocar no lugar dele. Para o escritor, "há algo em nossa alma – a imaginação – que tem a capacidade de nos levar muito além de nossa roupa [identidade]. Posso me imaginar como um judeu praticante, mesmo que jamais tenha sido algo parecido. Posso me imaginar como uma mulher. Ou como um árabe. Posso me imaginar sob muitas formas". Essa faculdade de imaginar o outro é exercitada na leitura literária, capaz de levar o leitor a compreender realidades diversas das que vive cotidianamente.

Ao falar sobre o trabalho desenvolvido com a interpretação do texto, Antônia faz referência às dificuldades dos estudantes e ao tipo de leitura que o professor deve buscar desenvolver com eles ("Eu acho que ele sempre sabe ler, [mas] você vai ter que definir que tipo de leitura você quer do seu aluno, né? Então, se você me perguntar assim: ele consegue entender o que lê? Aí é outra história"). Por isso, a professora procura mostrar ao aluno que ele precisa "ir descascando" o que ela chama de "camadas de cebola" do texto, para que seja possível fazer uma leitura do que está nas "entrelinhas", superando uma abordagem superficial. Como exemplo deste tipo de trabalho, Antônia cita uma proposta de leitura em sala de aula do conto *Substância*, de Guimarães Rosa, considerado por ela uma leitura difícil para que os alunos façam sozinhos. Na descrição dessa experiência, chama a atenção o caráter quase artesanal do trabalho com a leitura que a professora desenvolve com seus estudantes, a fim de que eles percebam a profundidade do texto literário:

> E é muito interessante mostrar para eles que parte lá de uma coisa simples que é a mandioca e que você fala assim: "Ah..." Aí você descasca, você tira a mandioca, a pele da mandioca cheia de terra, o que é que surge no meio da mandioca e de onde você tira isso daí? Você tem que sair disso para uma coisa maior, né? Para uma coisa universal... Que não basta... O bom escritor não é aquele que consegue só falar dos seus probleminhas do dia a dia, o bom escritor ele parte disso, mas ele vai... Universaliza essa coisa. Então o amor, ele é o amor universal, ele é o amor da humanidade, ele é um amor maior. E aí partir... Por exemplo, o conto *Substância* foi interessante por isso, né? Porque você tem aquela coisa ali, no dia a dia, trabalhando, fazendo o polvilho e tal e aí você vai partir disso para mostrar uma coisa bem maior... E eles, assim, acharam aquilo uma coisa muito bonita, né? Aí eles

> começam a entender o que é que eles têm que ver no texto. É isso que é importante.

Além de os alunos começarem a perceber a amplitude que um texto literário pode ter, Antônia ressalta que eles vão descobrindo que precisam de uma outra espécie de concentração para ler determinados textos. Segundo a professora, as dificuldades na leitura de um texto como o conto *Substância* fazem com que os alunos compreendam que é preciso "parar", que é preciso "desligar a televisão", que não dá para ler "conversando com o pai e a mãe" ou ouvindo *walkman,* que ler Guimarães Rosa é diferente de ler a revista *Carícia* ou as legendas da revista *Caras* – isto é, que é preciso um outro tempo para a leitura literária.[58] Essa percepção, descoberta de algo com que os alunos não têm contato no dia a dia e a partir da qual alguns podem despertar para o prazer da leitura, é encarada pela professora como um começo.

Outra experiência sobre a qual Antônia discorreu é o projeto *Encontro com a poesia,* proposto para driblar a resistência dos alunos

---

58 Alfredo Bosi afirma que as culturas popular e erudita têm em si um tempo propiciador da memória, da reflexão e do julgamento, justamente porque possuem um outro ritmo, que ele identifica como resistente ao tempo característico da cultura de massas. Para o autor, a cultura popular tem um tempo cíclico, ligado à natureza, ao ciclo agrário, sazonal, ao ciclo animal, de reprodução, muito diverso do da cultura de massas, serial e constantemente em busca da aparência do novo. Já a cultura erudita é caracterizada por guardar "alguma forma de liberdade interior [em relação aos signos] sem a qual não exerceria nem a criação nem a crítica" (1987, p. 12) e sua capacidade de avaliar a si mesma, sua autoconsciência e sua autocrítica definem uma maneira de pensamento que "resgata, refaz ou parodia a linguagem de outros tempos [sem se enredar] nos fios da pura tautologia" (Bosi, 1987, p. 14). Por isso, o ritmo dessa cultura erudita supõe o que o autor chama de movimento da consciência histórica, um ritmo que cultiva a memória e propõe a reflexão. O tempo necessário à leitura literária pode assim ser entendido como um tempo que resgata aquele da cultura popular e se constrói na cultura erudita, um tempo de semeadura, de cultivo da cultura, fomentador da reflexão, do discernimento e do julgamento, resistente ao tempo da cultura de massas.

a este gênero literário ("Ah, mas poesia, professora?"). Utilizando sempre a estratégia da leitura em voz alta em sala de aula, a professora começa lendo ela mesma poemas de Álvaro de Campos, que define como uma "unanimidade" ("a maioria dos jovens gosta"). Com a turma já sensibilizada pela leitura dos poemas, pede aos alunos que se organizem em grupos ("acho essa coisa de grupo importante, porque dá uma segurança [...] claro que a leitura é uma coisa individual, mas eles trabalham em grupo"), que devem pesquisar e selecionar poesias de que gostem. Um segundo obstáculo, segundo a docente, se apresenta então: a falta de material ("Ah, mas como, professora? Eu não tenho isso"), que Antônia resolve orientando a pesquisa em bibliotecas – a da escola e outras fora dela – e na internet. Ao longo do ano, os grupos passam a se revezar na leitura em voz alta em sala de aula de suas poesias preferidas ("trazem Drummond, Fernando Pessoa, Manuel Bandeira, Vinicius de Moraes"), para, como trabalho final, organizarem uma antologia, da qual devem constar uma apresentação, um sumário, alguma historiografia e uma conclusão. O papel utilizado na manufatura dos livros é produzido pelos alunos em oficinas de reciclagem de papel coordenadas pela própria professora. As capas, confeccionadas com tecido e, por vezes, bordadas por algumas alunas, demonstram o cuidado na construção do objeto livro.[59] E para arrematar o projeto, os alunos organizam um sarau, no qual apresentam poesias selecionadas ao longo do ano musicadas por eles mesmos ("para você

59 No encontro para a entrevista, a professora nos levou um exemplar de antologia poética produzido pelos alunos. A capa, de feltro vermelho, havia sido bordada por uma das alunas. As páginas, de papel reciclado, haviam sido cuidadosamente costuradas. O livro continha uma apresentação, um índice das poesias escolhidas com os respectivos nomes dos autores e uma conclusão, na qual os alunos explicavam seu percurso e justificavam rapidamente suas escolhas. Além disso, as poesias haviam sido ilustradas à mão pelo irmão de uma das alunas do grupo. Dessa maneira, a docente consegue também levar os alunos a perceberem que o objeto livro tem uma história.

ver como eles foram tomando essa intimidade com a poesia a ponto de transformá-la"). Como resultado, a professora ressalta a apropriação da poesia pelos alunos, que passam a se emocionar, a brincar e a desenvolver uma relação de intimidade com esse gênero literário, aprendendo a julgar seu valor e a fazer escolhas seletivas, atividades possíveis somente a partir de critérios avaliativos que adquirem por meio da leitura e do repertório com o qual têm contato ao longo do ano letivo.

Organizando o trabalho que constrói com os alunos cuidadosamente, Antônia parece primeiro chamar a atenção deles para a importância do desenvolvimento do gosto pela leitura, aquisição de um hábito ao qual os alunos não têm acesso em casa. Em um segundo momento, parece construir com eles os caminhos da interpretação de um texto, o que pressupõe inclusive a compreensão do contexto de produção da obra literária em questão – o que a professora procura fazer dispensando o uso da linguagem teórica e do que chama de "nomenclatura". Por fim, Antônia parece propor um trabalho mediante o qual a leitura leve a uma apropriação do texto por parte dos estudantes, envolvendo a transformação da obra literária. O resultado desse percurso parece ser o desenvolvimento de uma relação de intimidade dos alunos com a literatura, relação necessária para que eles possam julgar o que leem e para que possam discernir sobre aquilo de que gostam e aquilo de que não gostam. Com um trabalho realizado de maneira simples, que busca formar sujeitos leitores, Antônia parece pôr em prática atividades de leitura que não se restringem à formalidade, mas que favorecem a constituição de identidades literárias.[60] Seu objetivo parece ser formar sujeitos que tenham acesso a obras da cultura erudi-

60 Lembramos que, como vimos na p. 76, a pesquisadora Annie Rouxel (2012), em artigo sobre o desenvolvimento da identidade literária, afirma que as atividades de leitura que levam em consideração o sujeito leitor e não se restringem a uma prática de leitura formal são as que devem ter lugar na escola.

ta e que sejam capazes de julgá-las de acordo com critérios próprios. Como ela mesma resume, "[a literatura] É você ler, porque, a partir do momento que ela sai da livraria, do autor, aí ela vai ser aquilo em que você transforma, de apropriação sua, de valor. Aí, sim, a gente vai poder dizer: gostou, não gostou, aprendeu ou não. [...] Por isso que eu falo, não é que eles não gostam de ler, é preciso essa coisa, essa intimidade com a coisa".

Discorrendo sobre a seleção de textos com os quais trabalha em sala de aula, Antônia defende a leitura do cânone literário na escola, pois afirma que os alunos precisam ter acesso aos autores que são "revirados na academia", que caem no vestibular e que fazem parte da "nossa cultura". Nesse sentido, critica a substituição da leitura de obras clássicas literárias por filmes baseados em livros ("eu acho que eles têm que ter acesso à obra, ler o livro"), pois afirma tratar-se de linguagens diferentes, ainda que ela ressalte ser possível a discussão sobre a transposição da literatura para o cinema, o que envolveria então o trabalho a partir das especificidades de cada uma dessas artes. Além disso, Antônia não deixa de incluir em sua seleção autores não canônicos ("eu gosto de colocar novos e de ir misturando junto com os grandões"), e demonstra ter consciência do processo de constituição e afirmação do cânone literário ao citar, como exemplo, o surgimento relativamente recente de estudos sobre Cruz e Souza e Marques Rabelo na academia. Partindo de seu gosto literário, de indicações de colegas e de antigos professores e, por vezes, do que os próprios alunos trazem – como o que os adolescentes chamam de literatura da periferia, da qual são exemplos o novelista Ferréz e o poeta Alan da Rosa ("é legal também essas descobertas que eles vão tendo [...] E aí você descobre junto com eles") –, Antônia cria seu repertório e experimenta na prática para ver o que funciona e o que não dá resultados. Ressaltando que tudo depende do público, que varia de escola para escola e, às vezes, de classe para classe, constata que muitas vezes o direcionamento de seu trabalho depende do dia em que ele está sendo realizado, o que demanda do professor adequação à realidade do aluno.

Satisfeita e realizada com sua profissão ("Eu acho que se eu ficar sem os alunos, eu entro em depressão"), Antônia afirma que a facilidade que tem para conversar e lidar com o público e o fato de gostar de cuidar ("eu também sou essa coisa mãezona") fazem com que ela não "sofra" para dar aulas ("eu não tenho aquela angústia"), sentimento que identifica em vários colegas professores. Além disso, compreende que eventuais demonstrações de resistência ou raiva que os alunos "terríveis" por vezes têm não se dirigem a ela especificamente, mas são resultado da relação desses alunos com uma figura de autoridade, encarnada pelo professor. Tal análise, que implica um distanciamento da situação e uma consciência da posição exercida em sala de aula, a auxilia a enfrentar situações de embate, das quais ela procura sair deixando-se "conhecer melhor" pelos estudantes. Falando especificamente sobre o ensino de literatura, Antônia declara que o professor de português precisa gostar de ler, precisa gostar de literatura, precisa ter "amor", visto que é esse sentimento que ela julga ser possível "transferir" aos alunos e que, sem ele, há o perigo do "tédio" e do fracasso. Assumindo que nem sempre acerta e nem sempre se "dá bem", Antônia ressalta que a conquista é feita no dia a dia e conclui que, em seu caso, os resultados são gratificantes: "dos quarenta [alunos], *uma grande parte me compensa* [risos]" (grifos nossos).

ALGUMAS CONCLUSÕES

Ao longo do processo de análise das entrevistas com os quatro docentes que se dispuseram a conversar conosco, algumas hipóteses interpretativas surgiram. Parece possível afirmar, por exemplo, que a presença em suas famílias de origem de uma ética do correto e da disciplina foi determinante para seu êxito escolar. Ao mesmo tempo, a existência de figuras marcantes do ponto de vista das relações com a leitura e os livros nas histórias de vida dos professores foi igualmente determinante para o desenvolvimento desses professores como sujeitos leitores. Além disso, percebe-se que a consciência do próprio processo de formação como leitores e da posição que ocupam como sujeitos de suas leituras tem consequências na prática de ensino desses professores e em seu posicionamento ante os alunos. Todas essas questões, que permeiam as relações que esses sujeitos estabelecem com a literatura, são também estruturantes dos discursos que eles proferem sobre seus processos de formação, sua relação com os alunos e sua prática docente.

Pesquisando o sucesso escolar nos meios populares, em busca do que chamou de "as razões do improvável", Lahire (2004, p. 22) destaca que "uma configuração estável, que permita à criança relações sociais frequentes e duráveis com os pais, é uma condição necessária à produção de uma relação com o mundo adequada ao 'êxito'" na escola. A partir de sua pesquisa, Lahire chega à conclusão de que a intervenção positiva das famílias é fundamental para que a criança tenha sucesso no âmbito escolar, ainda que essa intervenção se dê em domínios periféricos aos das práticas escolares. Nesse sentido, uma moral "do bom comportamento, da conformidade às regras, moral do esforço, da perseverança" são traços que podem preparar, "sem que seja consciente ou intencionalmente visada, no âmbito de um projeto ou de uma mobilização de recurso, uma boa escolaridade" (Lahire, 2004, p. 26).

Com relação ao universo da cultura escrita, o sociólogo chama a atenção para o fato de que diferentes categorias profissionais desenvolvem diferentes modalidades e práticas de leitura e escrita. Segundo ele, o fato de "ver os pais lendo jornais, revistas ou livros pode dar a esses atos um aspecto 'natural' para a criança, cuja identidade social poderá constituir-se sobretudo através deles (ser adulto como seu pai ou sua mãe significa, naturalmente, ler livros...)". Contudo, Lahire destaca que a "questão não se limita portanto à presença ou ausência de atos de leitura em casa: quando existe a experiência, é preciso sempre perguntar se é vivida positiva ou negativamente, e se as modalidades são compatíveis com as modalidades da socialização escolar do texto escrito" (Lahire, 2004, p. 21). Ainda assim, o fato de ver os pais lerem ou escreverem com ou sem dificuldades, de ver os pais recorrerem a determinados tipos de escrita cotidianamente pode desempenhar papel importante do ponto de vista do sentido que a criança vai dar ao texto escrito na escola (Lahire, 2004, p. 20-21).

Refletindo sobre as questões levantadas pelo sociólogo tendo em mente os depoimentos a que tivemos acesso, nota-se que diferentes posições frente à leitura por parte dos pais têm relação direta com as diferentes posições que os sujeitos assumem perante a leitura quando adultos. E para além das relações que os pais desenvolvem especificamente com a leitura, percebe-se que mais importante ainda parece ser o valor atribuído a ela e à formação escolar de maneira geral e o investimento financeiro e de tempo que os pais fazem na educação dos filhos. Indo um pouco mais além, é relevante a importância do investimento por parte dos adultos próximos à criança em um desejo de saber que, quando inscrito nas crianças a partir da convivência, se fixará "progressivamente na forma que o curso de sua vida determinar", como afirma Elias (1991 *apud* Lahire, 2004, p. 18).

Na análise das entrevistas, encontramos casos que possibilitam compreender como o capital cultural familiar pode ou não ser transmitido pelos pais ou parentes próximos. Diferenças de posição frente à leitura e de investimento nos filhos ficam claras quando comparamos o caso das mães de M.E. e de Cristiano, por exemplo. Embora tivessem a mesma profissão (ambas eram costureiras) e se encaixassem num mesmo perfil socioeconômico, as duas parecem ter desenvolvido relações diferentes com a leitura, o que transmitiram a seus filhos.

Pelo depoimento de M.E., é possível afirmar que sua mãe foi capaz de lhe transmitir certa moral de bom comportamento e de conformidade às regras, de que fala Lahire. Quando a professora afirma que a ordem em sua casa era ter nota e passar de ano, "senão era um quebra-pau, né?", isso indica que a valorização da formação escolar esteve presente em sua vida. Mas a formação da mãe parece não ter sido suficiente para que ela desenvolvesse com a leitura uma relação mais íntima, o que fica claro quando a professora comenta que ela não tinha muito estudo e que não incentivou os filhos a cursarem uma faculdade porque não sabia o que era isso. Ao mesmo tempo, ao recriminar M.E. por ficar lendo as revistas *Pais e filhos* em vez de fazer os trabalhos domésticos, a mãe parece marcar negativamente a leitura não funcional, que não serve à escola ou ao trabalho, relação que parece ter sido herdada por M.E., se levarmos em consideração que ela não cita nenhuma leitura pessoal que não esteja relacionada a seu trabalho na escola durante a entrevista. No discurso da professora, seu desejo frustrado de leitura das revistas se transforma em um discurso de queixa contra a mãe – movimento que ela parece repetir em relação a outras frustrações em sua vida.

Já o caso de Cristiano parece ser diferente. A insistência de seus pais para que ele lesse os livros comprados a pedido da escola também parece ser característica, como no caso de M.E., de uma moral do bom comportamento e de conformidade às regras. Mas é claro o alto investimento financeiro dos pais durante toda a formação escolar do filho (a mãe comprava os livros escolares; o pai comprou os da lista da Fuvest), o que se traduz numa cobrança de esforço e de perseverança, à qual Cristiano quer e precisa corresponder. Entre os objetos de seu desejo de leitura infantil, o professor cita, inclusive, a mesma revista *Pais e filhos* a que se referiu M.E., comprada por sua mãe e lida por ele sofregamente sem nenhuma interdição, que não a das partes lacradas reservadas só aos adultos. O desejo de ler, nesse caso, só ganha com a proibição de leitura às crianças das tais partes da revista. Efetuando leituras que ora são da ordem do lúdico e do prazer (que aparecem em seu discurso relacionadas à figura materna) e ora fazem parte do rol das obrigações escolares, Cristiano foi capaz ao longo de sua formação de se apropriar de modos diferentes de leitura. Talvez em função disso tenha conseguido sair da obrigação de leitura dos livros pedidos pela escola e chegar ao prazer de ler sobre seu objeto de pesquisa em um curso de pós-graduação.

A família de Sílvia também parece atender à configuração estável e ser portadora de uma moral do bom comportamento e da conformidade a regras mencionadas por Lahire. Quando sua mãe, que lê com dificuldade e não consegue escrever, exige que a filha cumpra todas as etapas da escolarização e recusa a sugestão da professora para que a menina "pulasse" uma série, é a ética do esforço e da perseverança que ela encarna. E ainda que Sílvia não comente uma herança de hábitos de leitura, teve no pai uma figura sempre pronta a ajudar nos deveres escolares e que valorizava o objeto livro como um investimento necessário.

Por isso, pode-se deduzir que tanto Cristiano (filho mais velho, cujo irmão é seis anos mais novo) como Sílvia (também primeira filha, que só foi ganhar um irmão aos 7 anos) foram investidos de um desejo familiar que os levou ao mundo da escrita, da leitura e dos livros e que os fez desenvolver percursos de sucesso escolar, ainda que não tenham sido herdeiros de um alto capital cultural objetivado nem incorporado ou mesmo institucional legitimado (ambos são filhos de pais que não chegaram ao ensino médio e ambos cursaram faculdades particulares; Cristiano teve medo de prestar os exames da Fuvest). Nesse sentido, o lugar que ocuparam em suas famílias de origem foi fundamental para seu desenvolvimento como leitores literários e críticos, lugar que continuam ocupando: o irmão de Sílvia foi fazer faculdade de Sociologia depois que ela voltou a estudar; o irmão de Cristiano faz faculdade de Propaganda e Marketing e chegou a acompanhá-lo a um congresso, no qual o professor fez uma comunicação de pesquisa. Nos dois casos, são eles agora que servem de modelo aos irmãos mais novos.

Além disso, tanto Cristiano como Sílvia relatam casos de identificação com professores no ensino básico e na faculdade, com os quais parecem ter desenvolvido relações fecundas do ponto de vista intelectual e de quem parecem ter herdado disposições necessárias à construção de esquemas mentais e comportamentais favoráveis ao hábito da leitura literária. O mesmo certamente aconteceu com Antônia, de quem não obtivemos dados sobre a organização familiar na infância, mas para quem as figuras da madrinha, que tinha livros, e de sua professora na universidade parecem ter sido fundamentais na transmissão de um desejo de saber e de uma relação de intimidade com os livros e a cultura erudita.

Do ponto de vista discursivo, os professores parecem ter estruturado seus depoimentos com diferentes objetivos, que revelaram, entre outras questões, as diferentes relações que cada um deles estabeleceu conosco. Nesse sentido, as posições discursivas assumidas se basearam provavelmente naquilo que imaginaram ter sido nossa demanda. No entanto, ao longo da conversa, refletindo sobre sua formação como leitores, sobre seus hábitos de leitura e sobre sua prática de ensino de literatura, deixaram transparecer também muito de suas identidades e demonstraram diferentes níveis de consciência acerca de suas escolhas e da posição que ocupam como professores.

Durante a entrevista com M.E., foi flagrante sua resistência em responder sobre seus hábitos de leitura e sobre sua prática efetiva de ensino de literatura. Quando questionada sobre esses aspectos, o discurso da professora derivou para a acusação da falência do sistema educacional, para a queixa do desinteresse dos alunos e de sua falta de hábito da leitura e para o lamento sobre sua própria incapacidade de desenvolver o que consideraria ser um bom trabalho. Ao tentar se lembrar de como começou a ler, M.E. logo invocou sua própria relação com duas sobrinhas que considera "bem-sucedidas", sobre quem de alguma maneira parece projetar seus desejos não realizados (falar línguas; estudar Jornalismo). Seu discurso sobre o ensino de literatura é quase um estereótipo do discurso que defende a legitimidade do estudo do cânone literário de forma tradicional (supostamente com o apoio da história da literatura, da biografia dos autores, do contexto de época) e funciona como uma espécie de defesa do lugar que ela própria ocupa como professora. Dessa maneira, M.E. posiciona-se ao lado da instituição escolar e se contrapõe aos alunos que, para ela, não gostam da escola, não gostam da figura do professor, não gostam de ler e não gostam de literatura. Percebe-se ainda nas entrelinhas de seu discurso a narrativa de uma experiência de mobilidade cultural e escolar cujo caráter parece ser de um "fracasso relativo" (Batista, 1998). Por meio dessa mobilidade, ela parece ter conseguido construir apenas uma "autoimagem" arranhada, resultado de um "blefe" cultural que a leva a considerar o espaço escolar como uma intensa e contínua fonte de decepção (Bourdieu, 2003a). Tal situação é muito provavelmente resultado de sua não escolha pela profissão que exerce: a carreira docente não era o que ela desejava, mas o acesso a um curso de Jornalismo não foi possível em função de seu insuficiente capital cultural.

Já Sílvia e Cristiano recuperam por intermédio de suas respectivas entrevistas a história de sua formação como leitores, passando pelos períodos da infância, da adolescência e da idade adulta. Sílvia parece ter feito esse percurso com o objetivo de nos narrar sua conquista da profissão docente: tornar-se professora para ela foi uma escolha adulta e significou ter uma função social, o que é uma realização. Tendo se tornado uma leitora eclética, que "foge da novela" para ler "de tudo", conseguiu fazer as pazes com a literatura "clássica" na faculdade, onde encontrou um lugar para a reflexão e uma comunidade leitora com a qual pôde compartilhar valores literários. Em função dessa formação, em seu discurso o ensino de literatura é concebido como possibilidade de pensar sobre o mundo, de relacionar o que é dito hoje ao que já foi dito no passado.

Cristiano, por sua vez, parece ter buscado construir uma "história de leitura", como nós lhe havíamos proposto, desenhando um arco que percorreu desde seu aprendizado das primeiras letras à pesquisa de mestrado sobre Cruz e Souza, defendido na PUC-SP. Durante a entrevista, o professor sustentou algumas vezes sua escolha pela profissão, afirmando que gosta de dar aulas de literatura, mas, aproveitando o depoimento para refletir sobre questões nas quais estava imerso no momento da pesquisa, chegou a questionar o sistema, a carreira e as políticas educacionais do estado. Em seu discurso, Cristiano recorreu constantemente às referências literárias que fizeram parte de sua formação, revelando-se um leitor crítico e obcecado por seu objeto de pesquisa. E discorrendo sobre sua prática docente, explicitou algumas vezes que compreende o ensino de literatura como um modo de ver o mundo, uma maneira de provocar os alunos e levá-los a pensar sobre a vida.

Nos dois casos – de Sílvia e de Cristiano –, a prática de ensino pontuou e ajudou a compor a narrativa dessas histórias de vida, surgindo em diversos momentos, nos quais o diálogo derivou para situações específicas de sala de aula ou para reflexões sobre a prática docente. Ou seja, ao buscarem em sua memória os episódios que os levariam a reconstruir seus percursos de formação como sujeitos leitores, a profissão docente e o ensino de leitura e de literatura ganharam destaque.

Já com Antônia, a entrevista se restringiu à discussão sobre sua prática de ensino, sobre a qual discorreu em detalhes, e às considerações sobre a necessidade de se aprender a gostar de ler para se poder chegar a ler literatura. A professora parece ter se preparado para, em seu depoimento, descrever como encaminha sua prática e comentar os resultados que obtém. Durante a conversa, no entanto, mais do que isso veio à tona: discorrendo sobre seus hábitos de leitura, desenhou-se seu perfil de leitora "praticante" e apaixonada pela literatura, algo que, aliás, considera imprescindível àqueles que se propõem ao ensino da disciplina. Falando abertamente de suas preferências literárias e demonstrando que se movimenta com desenvoltura dentro do campo da cultura erudita, a professora declarou não ter problemas em aceitar sugestões de leitura dos alunos ou em ler autores que não estão no cânone e incluí-los em sua prática de ensino, se julgar que eles têm qualidades para isso. A despeito de termos tido muito pouco acesso a dados sobre sua formação escolar, ficou claro que tornar-se professora foi uma escolha consciente e que Antônia é uma leitora segura de seu juízo e do gosto literário que desenvolveu ao longo da vida, e que o "amor" que sente pela literatura e o prazer que tem ao ler o texto literário, ela busca "transferir" aos alunos, criando possibilidades para que eles se tornem leitores literários como ela.

António Nóvoa (2007), discorrendo sobre o trabalho com autobiografias de professores, destaca a autoconsciência como premissa fundamental para o trabalho docente, visto que é por meio da reflexão que, para o teórico, o professor pode ser capaz de agir conscientemente, escolhendo técnicas e métodos de acordo com o que funciona ou não em sua sala de aula e implementando mudanças e inovações em sua prática quando julgar necessário. Nesse sentido, a consciência do processo de formação pelo qual o professor passou e das razões que o levaram à escolha da profissão parece ter relação direta com a capacidade que desenvolve de compreensão da perspectiva do aluno, ou seja, com sua possibilidade de adequação a um público real e o consequente descarte do trabalho com um aluno ideal.

Na escola, lugar de aprendizagem não só de saberes, mas também da aprendizagem de formas de exercício do poder e de relações com o poder, como observa Lahire (2004, p. 59), o professor parece esperar que os alunos apresentem um comportamento "ideal" que pressupõe o autocontrole, a sensatez, a racionalidade, a autodisciplina e a capacidade de se organizar sozinhos. Entre essas expectativas está também a de que o aluno traga de casa as disposições necessárias ao aprendizado da leitura quando não o próprio hábito da leitura. No entanto, e se o aluno não tiver comportamentos que correspondam a esse ideal? Os dados coletados mediante os questionários e analisados no capítulo 2 mostram uma clara tendência do professor de responsabilizar os estudantes por sua falta de capital cultural e pelo fracasso do ensino de maneira geral. Essa posição defensiva de sua própria autoimagem, encontrada também no discurso de M.E., parece levar o professor a não regular seu ensino pelas competências reais de seu público, mas por supostas competências que seriam exigidas de um aluno "ideal". Os professores que conseguem abrir mão do desejo de dar aulas a esse ideal de aluno e optam pelo trabalho com os alunos que têm à sua frente escapam da armadilha do discurso que culpabiliza os estudantes pelas condições socioeconômicas a que estiveram submetidos.

Na análise dos depoimentos, fica claro que Sílvia, Cristiano e Antônia compreendem o ponto de vista de seus alunos, o que lhes abre a possibilidade de desenvolver com eles uma relação de aliança e um trabalho que leve em conta suas reais competências. Talvez por serem leitores literários e críticos, esses professores tenham conseguido desenvolver a capacidade de compreender o outro que o aluno é, o que os leva a tomar as atitudes que julgam justas na condução de suas aulas e a agir conscientemente na direção de proporcionar aos estudantes as ferramentas necessárias ao desenvolvimento do hábito leitor e de uma boa relação com a literatura. Em seus discursos, é explícita a consciência de que a leitura é um hábito de aquisição difícil, uma atividade que precisa ser ensinada. Por isso, ao trazer a obra literária para dentro da sala de aula, fazendo com que ela se torne uma leitura cotidiana (como propõe Antônia) ou ao comparar a estrutura do texto literário e suas características peculiares às estruturas e características de novelas, filmes ou histórias em quadrinhos, gêneros e mídias aos quais os alunos têm acesso em seu dia a dia (como faz Cristiano), esses professores almejam e alcançam o objetivo de aproximar o aluno da literatura por intermédio do ensino da leitura literária. Tais maneiras de trabalhar o texto literário resgatam-no de um registro do passado, do sagrado, do inacessível, relacionado aos clássicos, à antiguidade e ao "mofo", e o tratam como parte integrante do cotidiano, como algo que pode dar sentido à vida comum. Aí, sim, é possível que a letra possa despertar a curiosidade e possa ajudar os jovens, de alguma forma, a reorganizar o que de caótico e angustiante existe em suas vidas.

conclusão

ÚLTIMAS PALAVRAS

Pesquisar é isso. É um itinerário, um caminho que trilhamos e com o qual aprendemos muito, não por acaso, mas por não podermos deixar de colocar em xeque "nossas verdades" diante de descobertas reveladas, seja pela leitura de autores consagrados, seja pelos nosso informantes, que têm outras formas de marcar suas presenças no mundo. Eles também nos ensinam a olhar o outro, o diferente, com outras lentes e perspectivas. Por isso, não saímos de uma pesquisa do mesmo jeito que entramos porque, como pesquisadores, somos também atores sociais desse processo de elaboração

Nadir Zago

Como os objetivos deste trabalho foram, basicamente, traçar um perfil médio dos professores de português da rede estadual paulistana e investigar as possíveis relações entre a formação, o desenvolvimento de hábitos de leitura e as práticas de ensino de literatura de quatro docentes específicos, tecendo uma comparação entre esses dois polos de pesquisa – o quantitativo e o qualitativo –, acreditamos que nos foi possível coletar dados que indicaram serem essas relações fundamentais na constituição de sujeitos leitores e de professores capazes de um ensino de literatura autônomo e livre, criador de novos saberes.

Assim sendo, inicialmente gostaríamos de retomar o perfil médio dos professores desenhado a partir dos dados quantitativos no capítulo 2. Como foi visto, a grande maioria desses professores é originária de famílias com baixos níveis de escolarização, tendo tido pouco contato com a leitura durante a infância e constituindo a primeira geração a conquistar uma escolarização de longa duração. Essa escolarização, no entanto, se mostra precária quando analisados os dados que apontam para a frequência ao ensino básico público e ao ensino superior em instituições particulares, geralmente no período noturno. Tal formação não costuma levar esses professores a desenvolverem as disposições necessárias ao hábito da leitura literária, no sentido de se apropriarem das obras de literatura, conhecendo-as efetivamente; apenas os leva a reconhecer o que é "legítimo" dentro da cultura letrada instituída. Dessa maneira, esses docentes tendem a reproduzir o conhecimento a que tiveram acesso, sem que tenham se tornado sujeitos de suas leituras e de tal conhecimento.

Aliados a essa precária formação, encontramos os baixos salários, as longas jornadas de trabalho, um estranhamento dos professores aos discursos oficiais, que muitas vezes propõem ações, currículos – dos quais eles não conseguem dar conta –, e os cursos de formação continuada. Estes, como observa Lahire (2004, p. 63), reeditam situações sociais burocráticas nas quais procedimentos a serem seguidos são repassados aos professores por meio do uso de imperativos, sistema que impossibilita a formação efetiva de sujeitos do conhecimento.

Esses professores, leitores restritos aos *best-sellers* e aos clássicos escolares, tendem a ensinar a literatura a partir de um modelo historicista em moldes antigos e a atribuir a responsabilidade pelo fracasso do ensino ao desinteresse dos alunos e à suposta omissão parental na educação de seus filhos. Além disso, indicam também a concorrência da cultura de massa, representada pela onipresença dos veículos de comunicação, como a televisão e a internet, como fatores desestimulantes a um modo de leitura que os alunos, supostamente, deveriam ser capazes de realizar, tipo de leitura que os próprios professores não costumam praticar. Ou seja, de modo geral, os docentes tendem a não enxergar no estudante os alunos que eles mesmos foram.

Essa representação que os professores fazem dos alunos, dissociando-se deles e encarando-os como antagonistas desprovidos de capital cultural, acusando-os de impedir, em função de sua carência, que o ensino se desenvolva de forma correta em sala de aula, além de estar ligada a um ideal de aluno muito longe daquele que existe na realidade, também parece reproduzir o tipo de relação perversa que o Estado estabelece com os próprios professores. Para as instâncias governamentais, a mídia de forma geral e, por vezes, a própria academia, os professores são responsáveis pela atual situação do ensino brasileiro. Para os docentes, seus alunos e suas famílias desfavorecidas são encarados como um obstáculo quase intransponível à prática do ensino.

Nesse imbróglio, chama a atenção o fato de esses mesmos professores não serem capazes de refletir sobre sua própria formação, também precária, e de criticar os cursos a eles oferecidos, aos quais assistem com sono e desinteresse... Parece-nos claro que não serão cursos de formação continuada, pautados na transmissão de técnicas e estratégias, que fornecerão as ferramentas necessárias aos professores para que eles se tornem sujeitos de suas leituras e vidas.

Dessa maneira, desenha-se uma problemática do sistema que gostaríamos de registrar, já que ela também é constituinte do objeto de estudo de nossa pesquisa: professores malformados não serão capazes de formar leitores, que dirá leitores literários. O caminho é cruel e complicado: a escola pública básica forma mal; os institutos particulares de ensino superior formam mal; os professores vão para as salas de aula despreparados; os cursos de formação continuada dos diferentes níveis governamentais parecem, a princípio, mal planejados e não chegam a levar à modificação de práticas de ensino cristalizadas.

Todavia, para além dos problemas sistêmicos há ainda questões relativas à postura que o professor assume em sala de aula. Seu nível de assujeitamento não é só relativo ao sistema, mas também à sua própria vida de uma maneira mais geral. Se o professor não teve meios de se tornar sujeito de suas escolhas, será difícil que se torne o sujeito de suas leituras.

A análise das entrevistas dos professores na segunda fase da pesquisa foi assim fundamental para o levantamento de questões que puseram em causa as características desse perfil médio do professor que acabam por corroborar algumas de nossas propostas de análise. Buscando compreender o que faz com que docentes que, a princípio, teriam tudo para corresponder a esse perfil médio, se tornem sujeitos de suas vidas e de suas leituras, pudemos estabelecer possíveis relações entre a formação, o desenvolvimento de hábitos de leitura e a prática de ensino de literatura.

Retomando rapidamente as análises feitas no capítulo 3, depreendeu-se que a presença nas famílias de origem de uma ética do "bom comportamento" e da perseverança foi determinante na boa formação dos professores entrevistados e que a existência de figuras marcantes do ponto de vista das relações com a leitura e os livros também foi por esses docentes considerada fundamental para que eles pudessem desenvolver as disposições necessárias à leitura literária. Nesse sentido, a partir da análise dos depoimentos, conclui-se também que a simples presença objetiva de capital cultural familiar não é suficiente para que a apropriação desse capital seja feita de modo eficaz. Para que aconteça a transmissão de disposições, que levem ao êxito escolar e a práticas de leitura, são necessárias configurações familiares que possibilitem, por seu lado, a transmissão de um certo desejo pelo conhecimento e pelo saber. Tal desejo não advém necessariamente de uma suposta "boa cultura" da família ou mesmo de pais leitores ou com uma escolaridade de longa duração, mas parece residir em um interesse pela cultura de forma mais geral. Interesse que não precisa estar voltado à cultura erudita ou letrada, podendo aparecer nas práticas da própria cultura popular – como o pai da professora DECO 5 (cf. capítulo 2), que contava histórias e cantava modas de viola, o que leva a filha a assinalar como leitura mais marcante a tradição oral. Portanto, não se trata de uma herança de hábitos específicos, mas de uma "faísca" de desejo pelo conhecimento.

Além disso, verificou-se que a consciência do próprio processo de formação como leitores e da posição que ocupam como sujeitos de suas leituras tem consequências efetivas na prática docente desses professores e no posicionamento que eles assumem frente a seus alunos, o que, do ponto de vista do ensino, é determinante. O professor que, por meio de sua formação, se torna um leitor literário é capaz de formar alunos leitores literários, desde que ele possa compreender a perspectiva de seus estudantes. Essa capacidade de compreensão de uma perspectiva alheia pode ser fruto, entre outras coisas, da própria experiência estética advinda da leitura literária. Como lembra Iser (1976, *apud* Jouve, 2004):

> As contradições que o leitor produziu formando suas configurações adquirem sua importância própria. Elas o obrigam a se dar conta da insuficiência dessas configurações que ele próprio produziu. Ele pode então se distanciar do texto do qual ele faz parte de sorte a poder se observar, ou ao menos se perceber implicado. A atitude de se perceber a si mesmo num processo do qual participa é um momento central da experiência estética.

Os professores que ensinam a leitura literária fazem isso porque podem: são leitores literários e têm consciência de seu processo de formação e de suas escolhas. Por isso, levam em consideração que a articulação entre conhecimento e prazer não é algo simples e natural, que a aprendizagem da leitura requer esforço, emprego de energia, disciplina e concentração, e partem do princípio de que esse modo de leitura precisa ser ensinado. Professores capazes de lidar com essas questões podem optar por melhores orientações de seus cursos. E o vínculo adequado entre professor e aluno, como lembra Antonio Candido, é essencial para que a formação do aluno aconteça:

> (...) talvez seja mesmo o elemento básico, cuja falta pode comprometer a formação da sensibilidade e a transmissão viva do conhecimento, isto é, a que promove uma incorporação real à personalidade. Sem esse vínculo pouco se obtém, por mais corretos que sejam os métodos e por mais sólidas que sejam as concepções. Inversamente, quando ele existe operam-se milagres inesperados,

> e um texto de antologia decorado por obrigação pode abrir perspectivas infinitas. Para além dos métodos está a possibilidade de tornar atuante esta relação criadora, porque a literatura funciona de maneira algo misteriosa e indefinível, acima dos propósitos do educador e muito além da consciência do educando. Há nela uma parte imensurável absorvida de maneira subconsciente e inconsciente, que escapa às receitas pedagógicas e didáticas mas pode ser estimulada por um relacionamento propício. (1981, p. xiii).

Portanto, por meio desta pesquisa, esperamos ter contribuído para iluminar mais um ângulo da problemática do ensino de literatura: a noção de que o professor, ele mesmo, precisa se tornar um leitor literário para que sua prática docente possa ser adequada a seu público. Essa questão, muitas vezes tomada como pressuposto básico, precisa ser posta em causa pelas instâncias governamentais e rediscutida dentro da academia.

Para concluir, valeria a pena ainda colocar algumas questões que, embora não delineadas no projeto, foram apontadas pelos depoimentos e questionários.

Em primeiro lugar, verifica-se que seria necessária uma investigação mais aprofundada sobre os cursos de formação dirigidos aos professores pelas várias instâncias governamentais. De duração variada e com objetivos os mais diversos, alguns desses cursos parecem não propiciar ao professor um desenvolvimento como sujeito, sem contribuir, dessa maneira, para sua formação efetiva. No caso do curso específico com o qual tivemos contato em função da coleta dos dados da primeira fase da pesquisa, pareceu-nos que todos os agentes envolvidos não acreditavam em seu potencial de mudança, à exceção dos professores que participavam como videoconferencistas. Resta-nos questionar: por que então esses cursos se realizam? A quais interesses atendem e com que propósitos?

Em segundo lugar, pareceu-nos que um estudo sobre as representações que os professores têm de seus alunos e do próprio sistema de ensino pode ser fecundo, no sentido de apontar como essas representações se constituem e de que maneira são apropriadas por um grande número de docentes. Como pudemos observar, elas parecem funcionar como defesa da autoimagem dos professores e, ao mesmo tempo, como obstáculo a práticas de ensino menos engessadas e cristalizadas.

Em terceiro lugar, surgiu-nos a curiosidade de, a partir da pesquisa com os professores, chegar à pesquisa das práticas efetivas de leitura dos alunos: o que leem, de que modo e quando?; em que se baseiam para suas escolhas de leitura pessoal?; o que lhes interessa?; as práticas de leitura escolar interferem em suas práticas de leitura pessoal?; eles chegam a se tornar leitores literários?; as relações com seus professores de português são de que tipo?; elas influenciam seus hábitos de leitura? Enfim, questões que poderiam levar à reflexão sobre o ensino de literatura agora por um outro ângulo, o do aluno, submetido ao sistema e também formado por ele.

BIBLIOGRAFIA

ALMEIDA, Maria Isabel. *Perfil dos professores da escola pública paulista*. Dissertação (Mestrado em Educação). São Paulo, Faculdade de Educação da Universidade de São Paulo, 1991.

ARENDT, Hannah. "A crise na cultura: sua importância social e política". In: ______. *Entre o passado e o futuro*. São Paulo: Perspectiva, 2000, p. 248-281.

BANDEIRA, Manuel. *Noções de história das literaturas*. São Paulo: Companhia Editora Nacional, 1954.

BARTHES, Roland. *Aula*. São Paulo: Cultrix, 1997.

BATISTA, Antônio Augusto G. "Os professores são não-leitores?". In: MARINHO; M. e SILVA, C. S. R. (org.). *Leituras do professor*. Campinas: Mercado de Letras, 1998, p. 23-60.

______. *A escolha de livros didáticos de 1ª a 4ª séries no PNLD: padrões e condições, exposição de pesquisa*. Brasília: SEF/MEC, 2002.

BAUDELOT, Christian; CARTIER, Marie. "Lire au collège et au lycée". *Actes de la Recherche en Sciences Sociales*, Paris, n. 123, juin, 1998.

BOSI, Alfredo. "Plural, mas não caótico". In: ______. (org.). *Cultura brasileira. Temas e situações*. São Paulo: Ática, 1987.

______. "Cultura brasileira, culturas brasileiras". In: ______. *Dialética da colonização*. São Paulo: Companhia das Letras, 1992.

_______. "Por um historicismo renovado". *Teresa – Revista de Literatura Brasileira*, São Paulo: FFLCH/Ed. 34, n. 1, 1º sem. 2000, p. 9-47.

BOURDIEU, Pierre. *Questões de sociologia.* Rio de Janeiro: Marco Zero, 1983.

_______. *Lições da aula.* São Paulo: Ática, 1988.

_______. *Coisas ditas.* São Paulo: Brasiliense, 1990.

_______. *Escritos de educação.* Petrópolis: Vozes, 1998.

_______. (coord.) *A miséria do mundo.* Petrópolis: Vozes, 2003a.

_______. *Os usos sociais da ciência.* São Paulo: Unesp, 2003b.

_______. "Gostos de classe e estilos de vida". In: ORTIZ, Renato (org.). *A sociologia de Pierre Bourdieu.* São Paulo: Olho d'Água, 2003c.

_______. *A economia das trocas simbólicas.* São Paulo: Perspectiva, 2005a.

_______. *O poder simbólico.* Rio de Janeiro: Bertrand Brasil, 2005b.

_______. *A distinção.* Porto Alegre/São Paulo: Zouk/Edusp, 2006.

BRESSON, François. "A leitura e suas dificuldades". In: CHARTIER, Roger (org.). *Práticas de leitura.* São Paulo: Estação Liberdade, 2006.

BRITTO, Luiz Percival Leme. "Leitor interditado". In: MARINHO, M.; SILVA, C. S. R. (orgs.). *Leituras do professor.* Campinas: Mercado de Letras, 1998.

BRUNER, Jerome; WEISSER, Susan. "A invenção do ser: a autobiografia e suas formas". In: OLSON, David R.; TORRANCE, Nancy. *Cultura escrita e oralidade.* São Paulo: Ática, 1995.

CALLIGARIS, Contardo. "Saber ler e escrever". *Folha de S. Paulo* (Ilustrada). São Paulo, 27 out. 2005.

CANDIDO, Antonio. Prefácio. In: ROCCO, Maria Thereza Fraga. *Literatura/ensino: uma problemática*. São Paulo: Ática, 1981.

_______. "O direito à literatura". Palestra pronunciada na XXIV reunião anual da SBPC em São Paulo, jul. 1972. In: _______. *Vários escritos*. 3ª ed. rev. ampl. São Paulo: Duas Cidades, 1995.

_______. *Formação da literatura brasileira*. Rio de Janeiro: Itatiaia, 2000.

CEREJA, William Roberto. *Ensino de literatura. Uma proposta dialógica para o trabalho com literatura*. São Paulo: Atual, 2005.

CHARTIER, Roger. *A aventura do livro. Do leitor ao navegador*. São Paulo: Unesp/Imprensa Oficial do Estado, 1999.

_______. *Cultura escrita, literatura e história: conversas de Roger Chartier com Carlos Aguirre Anaya, Jesús Anaya Rosique, Daniel Goldin e Antonio Saborit*. Porto Alegre: Armed, 2001.

DARNTON, Robert. "História da leitura". In: BURKE, P. (org.) *A escrita da história. Novas perspectivas*. São Paulo: Unesp, 1992.

DE CERTEAU, Michel de. "Ler: uma operação de caça". In: _______. *A invenção do cotidiano*. Petrópolis: Vozes, 2005.

EAGLETON, Terry. *Teoria da literatura. Uma introdução*. 5ª ed. São Paulo: Martins Fontes, 2003.

ECO, Umberto. "O texto, o prazer, o consumo". In: *Sobre os espelhos e outros ensaios*. Rio de Janeiro: Nova Fronteira, 1989.

_______. *Ensaios sobre a literatura*. Rio de Janeiro: Record, 2003.

ELIAS, N. *Mozart. Sociologie d'un génie*. Paris: Seul, 1991.

ENSINO MÉDIO EM REDE. *Programa de formação continuada para professores do ensino médio*. Regimento Interno do Programa.

Desenvolvimento: Fundação Vanzolini; Secretaria de Estado da Educação; Governo do Estado de São Paulo.

FAGUER, Jean-Pierre. "Esposa e colaboradora". In: BOURDIEU, Pierre (coord.). *A miséria do mundo*. Petrópolis: Vozes, 2003.

FREDERICO, Enid Yatsuda; OSAKABE, Haquira. "PCNEM – Literatura. Análise crítica". In: MEC/SEB/DEPARTAMENTO DE POLÍTICAS DE ENSINO MÉDIO. *Orientações Curriculares do Ensino Médio*. Brasília, 2004.

GATTI, Bernadete *et al.* "Características de professores de 1º grau no Brasil: perfil e expectativas". *Educação e Realidade*, n. 48, p. 248-260, ago. 1994.

GEERTZ, C. "Uma descrição densa: por uma teoria interpretativa da cultura". In: ______. *A interpretação das culturas*. Rio de Janeiro: Jorge Zahar, p. 13-41, 1978.

GERALDI, João Wanderlay. *Portos de passagem*. São Paulo: Martins Fontes, 2002.

GRIBLE, James. *Literary education: a revaluation*. Cambridge: C.U.P, 1983.

HUBERMAN, Michaël. "O ciclo de vida profissional dos professores". In: NÓVOA, António. *Vidas de professores*. 2ª ed. Porto: Porto. p. 11-30, 2007.

ISER, Wolfgang. *L'Acte de lecture*. Liège: Mardaga, 1976.

______. "Problemas da teoria da literatura atual: o imaginário e os conceitos-chaves da época". In: LIMA, L. C. *Teoria da literatura em suas fontes*. Rio de Janeiro: Francisco Alves, 1983.

JAUSS, Hans Robert. *A história da literatura como provocação à teoria literária*. São Paulo: Ática, 1994.

______. "O prazer estético e as experiências fundamentais da *Poiesis, Aisthesis* e *Katharsis*". In: LIMA, L. C. (org.) *A literatura e o leitor: textos de estética da recepção.* São Paulo: Paz e Terra, 2002.

JOUVE, Vicent. "A leitura como retorno a si: sobre o interesse pedagógico das leituras subjetivas". In: ROUXEL, Annie; LANGLADE, Gérard; REZENDE, Neide L. (orgs.). *Leitura subjetiva e ensino de literatura.* São Paulo: Alameda, 2012.

KAUFMANN. *L'Entretien compréhensif.* Paris: Natan, 1996.

LAHIRE, Bernard. *Sucesso escolar nos meios populares. As razões do improvável.* São Paulo: Ática, 2004.

LAJOLO, Marisa. *Usos e abusos da literatura na escola. Bilac e a literatura escolar na República Velha.* Rio de Janeiro: Globo, 1982.

LEAHY-DIOS, Cyana. *Educação literária como metáfora social. Desvios e rumos.* Rio de Janeiro: EdUFF, 2000.

LIMA, Licínio C. "Construindo um objecto: para uma análise crítica da investigação portuguesa sobre a escola". In: BARROSO, J. (org.). *O estudo da escola.* Porto: Porto, 1996.

LOPES, Elisa Cristina. *Por onde caminha a literatura no ensino médio.* 2003. Tese (doutorado em Linguagem e Educação). São Paulo, Faculdade de Educação da Universidade de São Paulo, 2003.

MAINGUENEAU, Dominique. *Novas tendências em análise do discurso.* Campinas: Pontes/Unicamp, 1997.

______. "Ethos, cenografia, incorporação". In: AMOSSY, Ruth (org.). *Imagens de si no discurso: a construção do ethos.* São Paulo: Contexto, 2005.

MARTINS, Heloísa H. T. de S. "Metodologia qualitativa de pesquisa". *Educação e Pesquisa,* São Paulo, v. 30, n. 2, p. 289-300, maio/ago. 2004.

MINISTÉRIO DA EDUCAÇÃO/CNE. *Diretrizes Curriculares Nacionais para o Ensino Médio (DCNEM).* In: PCNEM. BRASIL, MEC/SEMTEC. Brasília, 1999.

MINISTÉRIO DA EDUCAÇÃO E CULTURA/SEB. *Orientações Curriculares Nacionais* (ensino médio). Literatura. Ministério da Educação. Secretaria de Educação Média e Tecnológica. Brasília, 2006.

MINISTÉRIO DA EDUCAÇÃO E CULTURA/SEF. *Parâmetros Curriculares Nacionais* (primeiro e segundo ciclos do ensino fundamental). Língua Portuguesa. Brasília, 1997.

_______. *Parâmetros Curriculares Nacionais* (terceiro e quarto ciclos do ensino fundamental). Língua Portuguesa. Brasília, 1998.

MINISTÉRIO DA EDUCAÇÃO E CULTURA/SEMTEC. *Parâmetros Curriculares Nacionais* (ensino médio). Brasília, 1999.

_______. *Parâmetros Curriculares Nacionais + Ensino Médio. Orientações Educacionais aos PCN.* Brasília, 2002.

_______. *Edital de convocação do Programa Nacional do Livro Didático do Ensino Médio/2005.* Brasília, 2003.

MINISTÉRIO DA EDUCAÇÃO E CULTURA/FNDE/SEMTEC. (2003) *Edital de convocação para inscrição de livros didáticos no processo de avaliação e seleção de obras a serem incluídas no catálogo de escolha de livros da 1ª a 3ª séries do Programa Nacional do Livro para o Ensino Médio – PNLEM/2005.* Disponível em: www.fnde.gov.br. Acesso em mar. 2006.

NÓVOA, António. "Os professores e as histórias da sua vida". In: ______. *Vidas de professores.* 2ª ed. Porto: Porto, 2007.

OLIVEIRA, Francisco de. "No silêncio do pensamento único: intelectuais, marxismo e política no Brasil". In: NOVAES, Adauto (org.). *O silêncio dos intelectuais.* São Paulo: Companhia das Letras, 2006.

OLSON, David R. "A escrita e a formação da mente". In: OLSON, David R. *O mundo no papel. As implicações conceituais e cognitivas da leitura e da escrita.* São Paulo: Ática, 1997.

ONG, Walter. *Oralidade e cultura escrita. A tecnologização da palavra.* São Paulo: Papirus, 1998.

OZ, Amos. Entrevista a Yossi Klein Halevi. *National Geographic Brasil,* São Paulo, ano 7, nº 83, dez. 2007.

PAULINO, Graça. *et al.* "A formação de professores leitores literários. Uma ligação entre infância e idade adulta?". *Educação em Revista,* Belo Horizonte, n. 30, 1999.

PEREIRA, Gilson *et al.* "Lucro de ação: um exame das condições de possibilidade do magistério oficial". *Revista Brasileira de Estudos Pedagógicos,* Brasília, v. 87, n. 215, p. 9-18, jan./abr. 2006.

PERRONE-MOISÉS, Leyla. "Em defesa da literatura". *Folha de S. Paulo* (Mais!), São Paulo, 18 jun. 2000.

QUEIROZ, Maria Isaura Pereira de. *Variações sobre a técnica de gravador no registro da informação viva.* São Paulo: T. A. Queiroz, 1991.

RAZZINI, Márcia de Paula Gregorio. *O espelho da nação: a Antologia Nacional e o ensino de português e de literatura.* Tese (doutorado). Instituto de Estudos da Linguagem. Campinas, Unicamp, 2000.

ROCCO, Maria Thereza Fraga. *Literatura/ensino: uma problemática.* São Paulo: Ática, 1981.

ROUXEL, Annie. "Autobiografia de leitor e identidade literária". In: ROUXEL, Annie; LANGLADE, Gérard; REZENDE, Neide L. (orgs.). *Leitura subjetiva e ensino de literatura.* São Paulo: Alameda, 2012.

SMOLKA, A. L. B. *Leitura e desenvolvimento da linguagem.* Porto Alegre: Mercado Aberto, 1989.

SPOSITO, Marília Pontes. *Juventude, pesquisa e educação.* In: XXIV REUNIÃO ANUAL DA ASSOCIAÇÃO NACIONAL DE PÓS-GRADUAÇÃO E PESQUISA EM EDUCAÇÃO (ANPED). Caxambu, 2001.

STEINER, George. *Extraterritorial. A literatura e a revolução da linguagem.* São Paulo: Companhia das Letras, 1990.

VERÍSSIMO, José. *A educação nacional.* 2ª ed. Rio de Janeiro: Francisco Alves, 1906.

VERRIER, Jean. "Vãs querelas e verdadeiros objetivos do ensino de literatura na França". *Educação e Pesquisa,* São Paulo, v. 33, n. 2, mai./ago. 2007.

VIEIRA, Alice. *Análise de uma realidade escolar: o ensino de literatura no 2º grau, hoje.* Tese (doutorado em Educação). São Paulo, Faculdade de Educação da Universidade de São Paulo, 1988.

_______. "A formação de leitores de literatura na escola brasileira: caminhadas e labirintos". *Cadernos de pesquisa.* FCC, n. 134, v. 38, mai./ago. 2008, p. 441-458. Disponível em: http://www.scielo.br/pdf/cp/v38n134/a0938134.pdf.

WACQUANT, Loïc. "Esclarecer o habitus". *Educação & Linguagem,* n. 16, ano 10, jul.-dez. 2007, p. 63-71. Disponível em: https://www.metodista.br/revistas/revistas-ims/index.php/EL/article/view/126/136.

ZAGO, Nadir. "A entrevista e seu processo de construção: reflexões com base na experiência prática de pesquisa". In: ZAGO, Nadir *et al.* (org.) *Itinerários de pesquisa. Perspectivas qualitativas em sociologia da educação.* Rio de Janeiro: DP&A, 2003.

ZILBERMAN, Regina. "Segundo grau, vestibular e literatura". In: ______. *A leitura e o ensino de literatura.* 2ª ed. São Paulo: Contexto, 1988a.

______. "A teoria da literatura e a leitura na escola". In:______. *A leitura e o ensino de literatura.* 2ª ed. São Paulo: Contexto, 1988b.

ANEXOS

ANEXO A – QUESTIONÁRIO

Caro professor, cara professora,

Desde 2005, estamos desenvolvendo pesquisa de mestrado sobre as práticas e hábitos de leitura e sobre as concepções de literatura e ensino literário dos professores de Língua Portuguesa do ensino médio da rede. É por esse motivo que solicitamos a sua participação, com o preenchimento deste questionário.

Gostaríamos de esclarecer que seus *dados pessoais* são totalmente *confidenciais* e que eles não serão divulgados ou publicados na pesquisa ou em qualquer outra instância. Esperamos contar com sua colaboração e agradecemos, desde já, a sua cooperação.

Gabriela Rodella de Oliveira – Mestranda na área de Linguagem e Educação da FE-USP.

A. DADOS PESSOAIS E PROFISSIONAIS:

1. Nome:
2. Idade:
3. Escola(s) em que trabalha:
4. Endereço da(s) escola(s):
5. Séries para as quais leciona:
6. Há quantos anos leciona na rede pública?

7. Qual a sua carga horária semanal?
   ( ) 20 horas ou menos
   ( ) entre 20 e 40 horas
   ( ) mais de 40 horas
8. Contato/e-mail

B. FORMAÇÃO:

1. *Escolaridade do pai:*
   ( ) sem escolaridade
   ( ) ensino fundamental I
   ( ) ensino fundamental II
   ( ) ensino médio
   ( ) nível superior

2. *Escolaridade da mãe:*
   ( ) sem escolaridade
   ( ) ensino fundamental I
   ( ) ensino fundamental II
   ( ) ensino médio
   ( ) nível superior

3. Onde você cursou o Ensino Fundamental:
   ( ) escola pública
   ( ) escola privada

4. Onde você cursou o Ensino Médio:
   ( ) escola pública
   ( ) escola privada

5. Onde fez o curso superior (assinale M para curso matutino; V para vespertino e N para noturno)?

( ) Universidade Pública Estadual
( ) Universidade Pública Federal
( ) Universidade Particular

6. Nome da faculdade:

7. Ano do término do curso:

8. Faz/fez curso de pós-graduação ou especialização? (Assinale PG para pós-graduação e E para especialização.)
( ) sim, já cursou
( ) sim, está cursando
( ) não cursou

9. Onde faz/fez curso de pós-graduação ou especialização?
( ) Universidade Pública Estadual
( ) Universidade Pública Federal
( ) Universidade Particular
( ) outros

10. O que o levou a escolher o curso de Letras e a se tornar professor de Língua Portuguesa?

C. PRÁTICAS E HÁBITOS DE LEITURA:

1. Na sua infância, havia livros em sua casa? Que tipos de livros havia?

2. Seus pais tinham o hábito de ler durante a sua infância?
( ) Sempre
( ) Às vezes
( ) Raramente
( ) Nunca

Se quiser, comente a respeito:

3. O que costuma fazer em seu tempo de lazer?

4. Há leituras que o marcaram durante a vida? Quais e por quê? Em que fase da vida elas aconteceram?

5. O que costuma ler em geral? (Assinale com numerais, sendo 1 para o que mais lê.)

( ) *best-sellers*
( ) poesia
( ) revista
( ) clássicos
( ) blogs/internet
( ) livros teóricos
( ) ficção contemporânea
( ) jornal
( ) outros

6. Qual o último livro que leu ou releu?

7. Qual o livro que gostaria de ler?

8. Como adquire os livros que lê?

9. Comente seus hábitos de leitura (o que lê, onde lê, com que frequência costuma ler, qual o *tempo* que destina à leitura).

10. Para você, o que é Literatura? Qual o seu sentido?

D. ENSINO DE LITERATURA:

1. Como você avalia o ensino de Literatura na época em que você cursou o Ensino Médio?

2. Como você avalia o ensino de Literatura hoje em relação ao que você teve no passado?

3. Possui uma didática para a Literatura? (Se puder, explicite critérios para a seleção de textos; linhas e concepções que segue; por exemplo, leitura livre, história da literatura, literatura para o vestibular.)

4. Por favor, teça considerações a respeito do seu trabalho com a Literatura na escola; por exemplo, que problemas enfrenta? Que frutos colhe? Etc.

5. Na sua opinião, o que faz com que seja difícil para os alunos desenvolverem o hábito da leitura literária?

6. Escolheu adotar algum livro didático? Qual? Como o utiliza? (Usa como apoio, aproveita os textos, segue-o integralmente etc.)

Se quiser, faça comentários a respeito do questionário:

ANEXO B — LISTA DE ESTABELECIMENTOS E MAPA DA CIDADE DE SÃO PAULO

Relação das Escolas Estaduais nas quais os professores de literatura que participaram da pesquisa dão aulas e mapa da cobertura das diretorias pesquisadas

Professores de 83 escolas diferentes responderam ao questionário. Apenas um deles não identificou o estabelecimento em que trabalha.

DIRETORIA CENTRO-OESTE[1]

E.E. Alexandre Von Humboldt
E.E. Anhanguera
E.E. Fernão Dias Paes[2]
E.E. Godofredo Furtado
E.E. João XXIII
E.E. Oswaldo Aranha
E.E. Pereira Barreto
E.E. Prof.º Achiticlino Santos
E.E. Prof.º Almeida Jr.
E.E. Prof.º Andronico de Mello
E.E. Prof.º Antônio Alves Cruz
E.E. Prof.º Daniel Paulo Verano Pontes
E.E. Prof.º Emygidio de Barros
E.E. Prof.º José Monteiro Boanova
E.E. Rui Bloem

1 Professores de 15 escolas que respondem à Diretoria Centro-Oeste participaram da pesquisa.

2 Dois professores que trabalham nessa escola responderam à pesquisa.

DIRETORIA LESTE 4[3]

E.E. Chibata Miyakoshi
E.E. Cidade de Hiroshima
E.E. Dep. Astolfo Araújo
E.E. Dep. Shiro Kyono
E.E. Dom Camilo Maria Cavalheiro
E.E. Exército Brasileiro
E.E. Fazenda da Juta II
E.E. João Sarmento Pimentel
E.E. José de Oliveira Orlandi
E.E. Lourenço Zanelatti
E.E. Maria Ferraz de Campos
E.E. Prof.ª Adelaide Ferraz de Oliveira
E.E. Prof.ª Luzia de Queiroz e Oliveira
E.E. Prof.° Aroldo de Azevedo
E.E. Prof.° Orestes Rosólia
E.E. Prof.° Octacílio de Carvalho Lopes
E.E. Prof.° Wilfredo Pinheiro
E.E. Romeu Montoro
E.E. Sapopemba

DIRETORIA NORTE 1[4]

E.E. Almirante Marquês de Tamandaré
E.E. Ana Siqueira da Silva
E.E. J. V. Celegre
E.E. Clodomiro Carneiro
E.E. Dep. Luiz Sérgio Claudino dos Santos
E.E. Dr. Agenor Couto de Magalhães
E.E. Dr. Genésio de Almeida Moura
E.E. Dr. Joaquim Silvado[5]
E.E. Ítalo Betarello[6]
E.E. João Solimeo
E.E. Jornalista Carlos Frederico Werneck Lacerda[7]
E.E. Manuel Bandeira
E.E. Parque Nações Unidas

---

3 Professores de 19 escolas que respondem à Diretoria Leste-4 participaram da pesquisa.

4 Professores de 27 escolas que respondem à Diretoria Norte-1 participaram da pesquisa.

5 Dois professores que trabalham nessa escola responderam à pesquisa.

6 Dois professores que trabalham nessa escola responderam à pesquisa.

7 Dois professores que trabalham nessa escola responderam à pesquisa.

E.E. Prof.ª Aparecida Simões Mesquita
E.E. Prof.ª Elizabeth Aparecida Simões Mesquita
E.E. Prof.ª Luiza Salette Junca de Almeida
E.E. Prof.º Antônio Cândido Correa Guimarães Filho
E.E. Prof.º Ayres de Moura
E.E. Prof.º Cândido Gonçalves Gomide
E.E. Prof.º Edgard Pimentel Rezende[8]
E.E. Prof.º Flamínio Favero[9]
E.E. Prof.º Hélios Heber Lino
E.E. Prof.º Joaquim Luiz de Brito
E.E. Prof.º Miguel Oliva Feitosa
E.E. Prof.º Pio Telles Peixoto
E.E. Prof.º Renato de Arruda Penteado
E.E. Prof. Jair Toledo Xavier

DIRETORIA SUL 3[10]

E.E. Afrânio de Oliveira
E.E. Calhim Manoel Abud
E.E. Clarice Seiko Ikeda Chagas
E.E. Dom Duarte Leopoldo e Silva
E.E. Dona Prisciliana Duarte de Almeida
E.E. Eng. Argeo Pinto Dias
E.E. Irmã Charlita
E.E. Jardim Castro Alves
E.E. Levi Carneiro
E.E. Maestro Callia
E.E. Moraes Prodo II
E.E. Pastor Emílio Warwick Kerr
E.E. Parque das Árvores
E.E. Prof.ª Juventina Marcondes Domingues de Castro
E.E. Prof.ª Maria Amélia Braz
E.E. Prof.ª Maria Juvenal Homem de Mello
E.E. Prof.ª Vera Athayde Pereira
E.E. Prof.º Adolfo Casais Monteiro
E.E. Prof.º José Geraldo de Lima
E.E. Prof.º José Vieira de Morais
E.E. Rosento Marge
E.E. Washington Alves Natel

8 Dois professores que trabalham nessa escola responderam à pesquisa.

9 Dois professores que trabalham nessa escola responderam à pesquisa.

10 Professores de 22 escolas que respondem à Diretoria Sul-3 participaram da pesquisa.

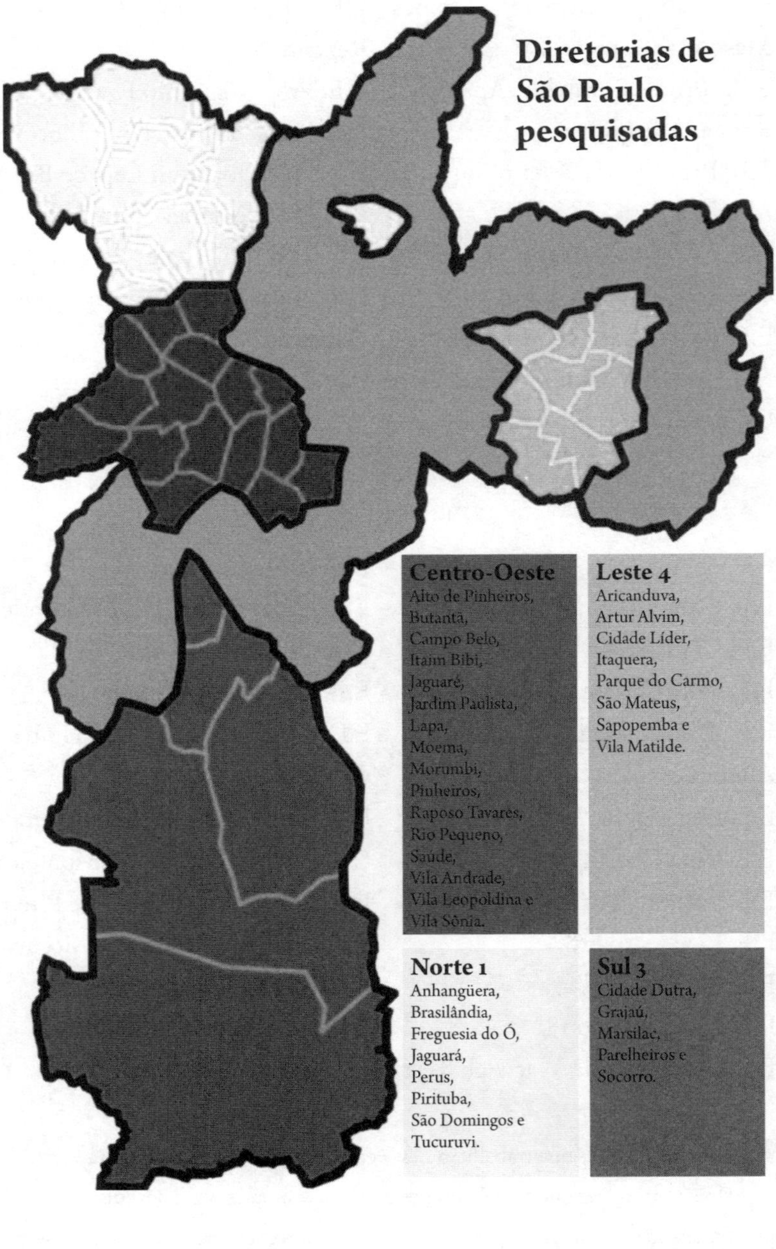
Diretorias de São Paulo pesquisadas
Centro-Oeste
Alto de Pinheiros,
Butantã,
Campo Belo,
Itaim Bibi,
Jaguaré,
Jardim Paulista,
Lapa,
Moema,
Morumbi,
Pinheiros,
Raposo Tavares,
Rio Pequeno,
Saúde,
Vila Andrade,
Vila Leopoldina e
Vila Sônia.
Leste 4
Aricanduva,
Artur Alvim,
Cidade Líder,
Itaquera,
Parque do Carmo,
São Mateus,
Sapopemba e
Vila Matilde.
Norte 1
Anhangüera,
Brasilândia,
Freguesia do Ó,
Jaguará,
Perus,
Pirituba,
São Domingos e
Tucuruvi.
Sul 3
Cidade Dutra,
Grajaú,
Marsilac,
Parelheiros e
Socorro.

AGRADECIMENTOS

Este livro é a publicação da dissertação de mestrado defendida em 2008 na Faculdade de Educação da Universidade de São Paulo, o que só se tornou possível com o apoio de pessoas queridas e instituições às quais gostaria de agradecer:

A Neide Luzia de Rezende, pela amizade e orientação generosa e confiante, capaz de proteger e incutir segurança, mesmo nos momentos em que dúvidas atrozes me assombraram.

A todos os professores que participaram da pesquisa respondendo aos questionários e concedendo entrevistas e confiando-me parte de seu tempo e das histórias de suas vidas. Espero ter correspondido a esse esforço propondo análises que lhes devolvam a dignidade de que são portadores.

A Ivone Daré Rabello e a Alice Vieira, pelas importantes considerações, decisivas no redirecionamento do trabalho, e pela participação valiosa na banca de defesa.

Às colegas do curso de pós-graduação Márcia Feitosa e Regina Resek, pelo acesso a reuniões de professores em diferentes Diretorias de Ensino da capital. A Amaury Moraes e aos colegas do Grupo de Estudos, pelas leituras, discussões teóricas e companheirismo.

Aos amigos Anna Maria Nigro Rodrigues, Carmen Garcez, Cíntia Nigro Rodrigues, Heitor Ferraz, Júlia Pinheiro Andrade, Marília Rodela de Oliveira, Rosana Seligmann e Tereza Gomes, que estão, cada um a sua maneira, presentes neste trabalho.

A Joana Monteleone, agradeço pelo pronto acolhimento na Alameda Editorial. À Fapesp (Fundação de Amparo à Pesquisa de São Paulo), pelo auxílio à publicação concedido para que a pesquisa se tornasse livro.

Aos Rodella, aos Oliveira, aos Nigro Rodrigues e a todos que fazem parte dessa grande família agradeço o carinho, o apoio e o incentivo ao longo dos anos em que estive envolvida na pesquisa.

E ao Flávio, agradeço pela escuta, pelas leituras, pelas muitas sugestões e pelo companheirismo.

ESTA OBRA FOI IMPRESSA EM SÃO PAULO NO VERÃO DE 2013 PELA GRÁFICA VIDA E CONSCIÊNCIA. NO TEXTO FOI UTILIZADA A FONTE ARNO PRO EM CORPO 11,5 E ENTRELINHA DE 15,5 PONTOS.